생생하게 살아 있는
과학이야기

생생하게 살아 있는
과학이야기

2015년 2월 25일 초판 1쇄 (개정판)

글 • 니콜라스 해리스 · 그림 • 게리 힝스 외 8인

발행인 • 박형준 / 펴낸곳 • 도서출판 거인
편집책임 • 안성철 디자인 • 박윤선
마케팅 • 이희경 김경진 서하나
번역 • 김세은 김미연 김상일 윤정숙
주소 • 서울시 마포구 와우산로 48 상수동 로하스타워 803호
출판등록 • 제 2002-000121호
전화 • (02)715-6857,9 / 팩스 • (02)715-6858
출력 • 거호 (02)3141-2416

Original edition published in English under the title of
The Incredible Journey To The Centre Of The Earth
The Incredible Journey To The Depths Of The Oceans
The Incredible Journey To The Planets
The Incredible Journey Through The World Of The Dinosaurs
The Incredible Journey Through The Human Body
The Incredible Journey To The Centre Of The Atom

Earth copyright©1999 Orpheus Books Limited
Ocean copyright©1999 Orpheus Books Limited
Planets copyright©1999 Orpheus Books Limited
Dinosaurs copyright©2002 Orpheus Books Limited
Human Body copyright©2001 Orpheus Books Limited
Atom copyright©1996 Orpheus Books Limited

ALL RIGHTS RESERVED

Korean Translation Copyright © 2008 by Giant Publishing Co. through
BRIT Literary Agency, Seoul, Korea.

이 책의 한국어판 저작권은 브리트 에이전시를 통한 Orpheus Books Limited와의
독점계약으로 도서출판 거인에게 있습니다.
신저작권법에 의해 한국 내에서 보호를 받는 저작물이므로 무단전재와 무단복제를 금합니다.

생생하게 살아 있는
과학이야기

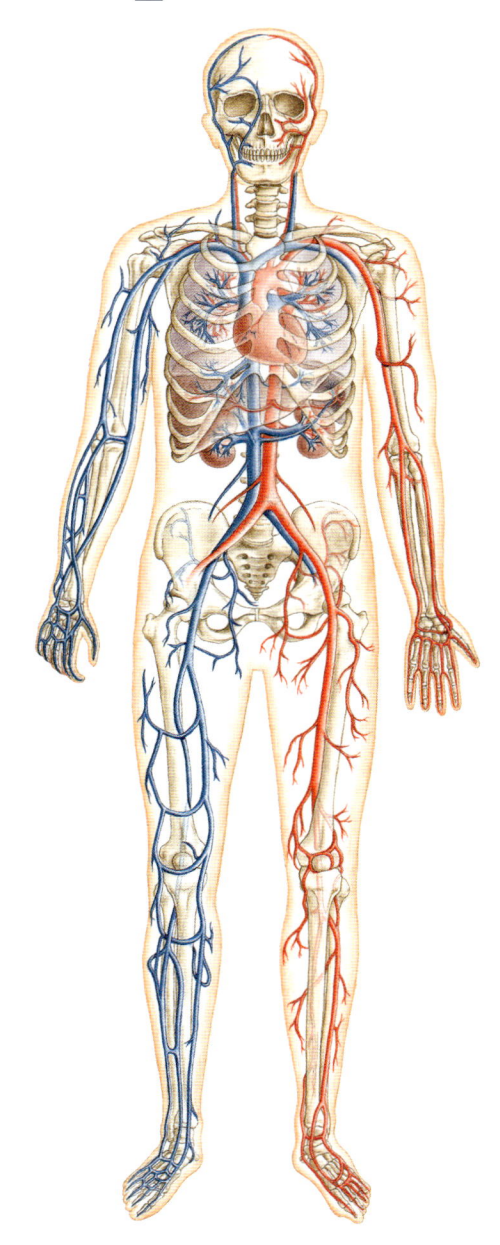

글 니콜라스 해리스 · 그림 게리 힝스 외 8인

거인

◆ 차 례 ◆

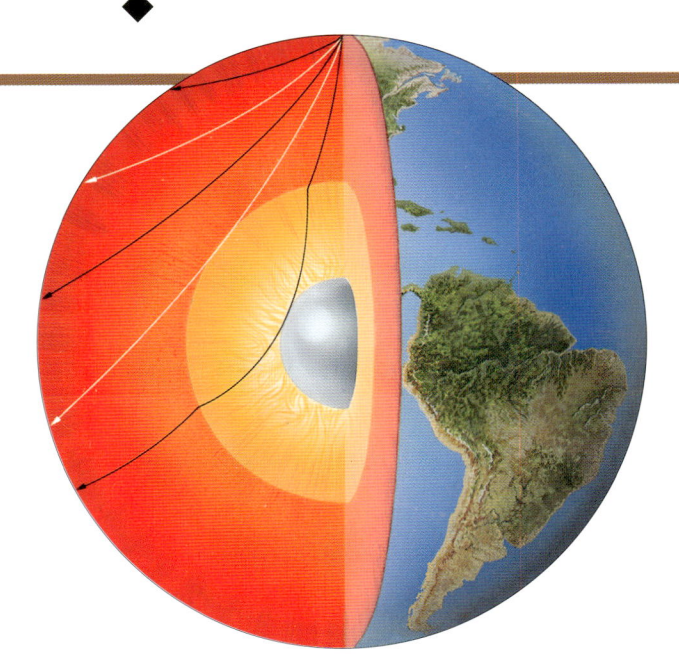

8 믿을 수 없는 지구 여행
물로 가득한 행성 • 역동하는 지구 • 대기권 • 구름
식물과 동물 • 토양 • 암석 • 지각 • 상부 맨틀
하부 맨틀 • 외핵 • 내핵

34 믿을 수 없는 심해 여행
대양을 가로질러서 • 해변 • 다시마 숲 • 파도 위 • 해수면
빛이 닿는 바다의 가장 깊은 층(약광층)
빛이 닿지 않는 바다의 가장 깊은 곳(점심해수층)
대륙사면 • 심해의 대평원을 찾아서 • 산호초의 신비
바다 속의 산맥, 중앙해령 • 지구에서 가장 깊은 곳, 심해구

60 믿을 수 없는 행성 여행
은하수 • 태양계 • 태양
수성 • 금성 • 지구 • 화성
소행성 • 목성 • 토성
천왕성 • 해왕성 • 혜성

86 믿을 수 없는 공룡 여행
공룡이 살기 전(1) • 공룡이 살기 전(2)
트라이아스기 • 초기 쥐라기 • 말기 쥐라기
초기 백악기 • 중기 백악기 • 말기 백악기
마지막 공룡들 • 공룡의 멸종 • 공룡 이후의 시대
공룡의 흔적을 찾아서

112 믿을 수 없는 인체 여행
우리의 신체 • 입 • 식도 • 위 • 소장 • 대장 • 핼액
간 • 심장 • 폐 • 신장 • 뇌 • 눈

138 믿을 수 없는 원자 · 우주 여행
우주 • 은하 • 태양계 • 지구 • 땅
환경 • 토양 • 동물 • 세포 • DNA
분자 • 원자 • 소립자

여행을 떠나기 전에

인간은 땅속 어디까지 들어갈 수 있을까요? 지금까지 인간이 땅속으로 들어갈 수 있는 깊이는 고작해야 4킬로미터입니다. 구멍을 낸다면 15킬로미터 깊이까지 내려갈 수 있지만 이것도 지구의 중심까지의 거리인 650킬로미터에 비하면 아주 얕은 깊이일 뿐이지요.

무엇이 더 깊은 곳으로 들어가려는 인간들을 방해하는 걸까요?

우리는 처음부터 엄청난 두께의 딱딱한 바위 덩어리를 만나게 됩니다. 이곳을 뚫고 들어간다 하더라도 이내 우리는 엄청난 온도에 맞닥뜨리게 될 것입니다. 어찌나 뜨거운지 바위도 녹일 수 있는 정도의 온도랍니다.

만약 이 온도를 견뎌낼 수 있는 옷을 입고 있다고 해 봅시다. 그 다음에 만나게 될 복병은 압력입니다. 그 어떤 것도 무시무시한 지구 중심의 압력으로부터 우리를 지켜주지 못할 것입니다.

그러나 이런 어려움에도 굴하지 않고 과학자들은 지구 속 연구를 멈추지 않았습니다. 그들은 특별히 고안된 장치들을 이용해서 지구의 땅속을 이루고 있는 여러 겹의 층에 대하여 많은 것을 알아냈답니다.

지금부터 여러분들은 과학자들이 알아낸 지구 속 비밀을 하나씩 만나게 될 것입니다. 그럼 이제 지구 속으로의 가상의 여행을 시작해 보겠습니다.

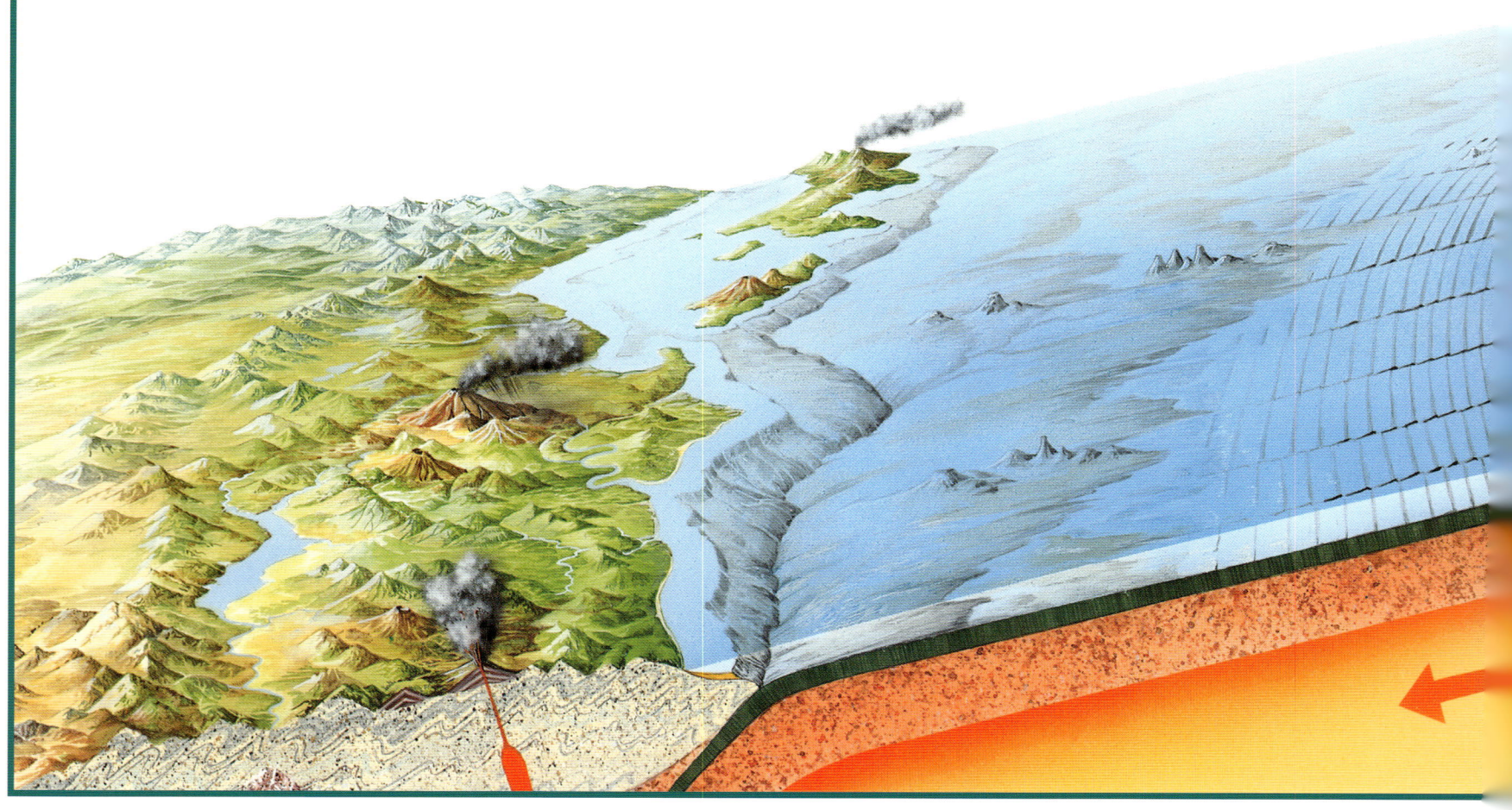

믿을 수 없는
지구 여행

◆ 물로 가득한 행성 ◆

자, 여행을 시작하기에 앞서 우리가 사는 행성, 지구를 전체적으로 한번 살펴볼까요?

우리가 우주 공간에서 지구를 내려다 보고 있다고 가정해 봅니다. 우리의 눈 앞에는 거대한 비치볼 하나가 놓여 있군요. 전체적으로 푸른빛을 띠고 있지만 여러 군데 하얀 줄무늬가 나 있고, 커다란 흰 조각이 위 아래에 덮여 있네요.

하얀 줄무늬는 바로 지구의 표면 위를 떠다니는 구름입니다. 하얀 조각은 북극과 남극을 덮고 있는 빙하 지역이지요. 지구의 3분의 2이상을 덮고 있는 푸른색을 띤 부분은 바로 바다랍니다. 지구는 태양계에서 유일하게 액체 상태의 물을 가지고 있는 행성이에요.

바다 아래에는 커다란 산맥과 불뚝 솟은 화산이 여러 지역을 이루고 있답니다.

하지만 바다 밑바닥의 대부분은 편평한 대평원을 이루고 있지요. 이것을 심해평원이라고 부른답니다.

바다의 깊이는 평균 5킬로미터이지만 해구라고 불리는 어떤 지역은 10킬로미터가 넘기도 합니다.

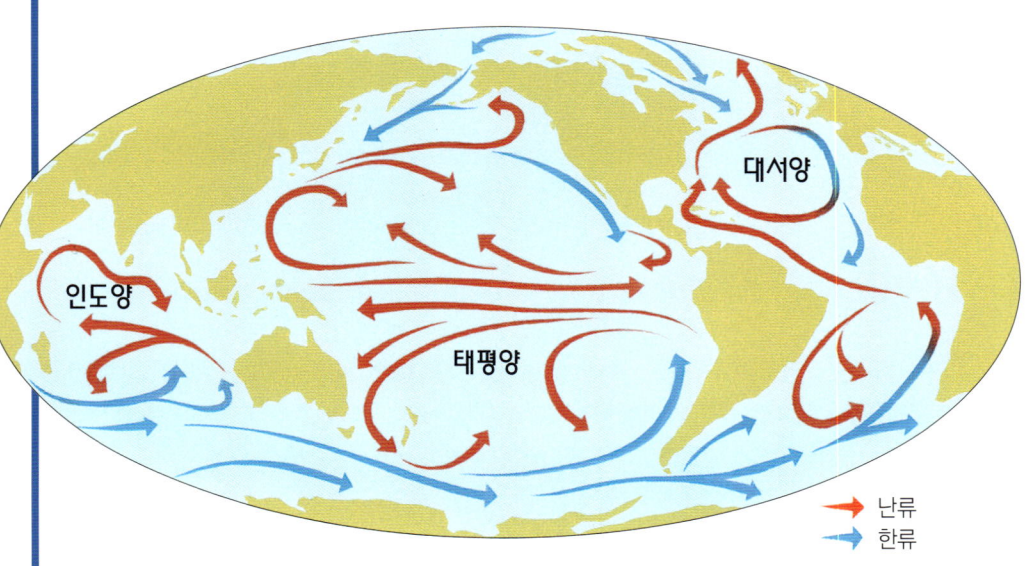

◀바닷물은 지구 전체를 휘돌고 있어요. 태양열을 받아 따뜻해진 바다 표면의 물은 따뜻한 적도에서 추운 극지방으로 이동합니다. 이것은 따뜻한 바닷물의 흐름인 난류의 이동입니다. 반면에 차가운 바닷물의 흐름을 말하는 한류는 추운 극지방을 따라 한방향으로 이동을 합니다. 해류를 따라 불어오는 바람은 근처의 섬으로 따뜻하거나 또는 차가운 온도를 가져다 주기도 합니다.

▶아주 가파르게 바다로 직행하는 대륙사면은 대양과 육지 사이를 뚜렷하게 갈라놓고 있어요. 육지에서 바다로 이어진 강물은 좁고 깊은 해저 협곡을 지나 경사면을 따라서 깊은 바다와 만나게 됩니다. 대륙붕은 바닷물 아래에 놓여 있는 대륙의 일부분인데 여기는 대부분의 바다 생물이 살고 있는 곳이에요.
이어서 거의 얼음물에 가까울 정도로 차가운 깊고 어두운 심해 속에는 아주 희귀한 생명체들이 몇몇 살고 있을 뿐이랍니다.

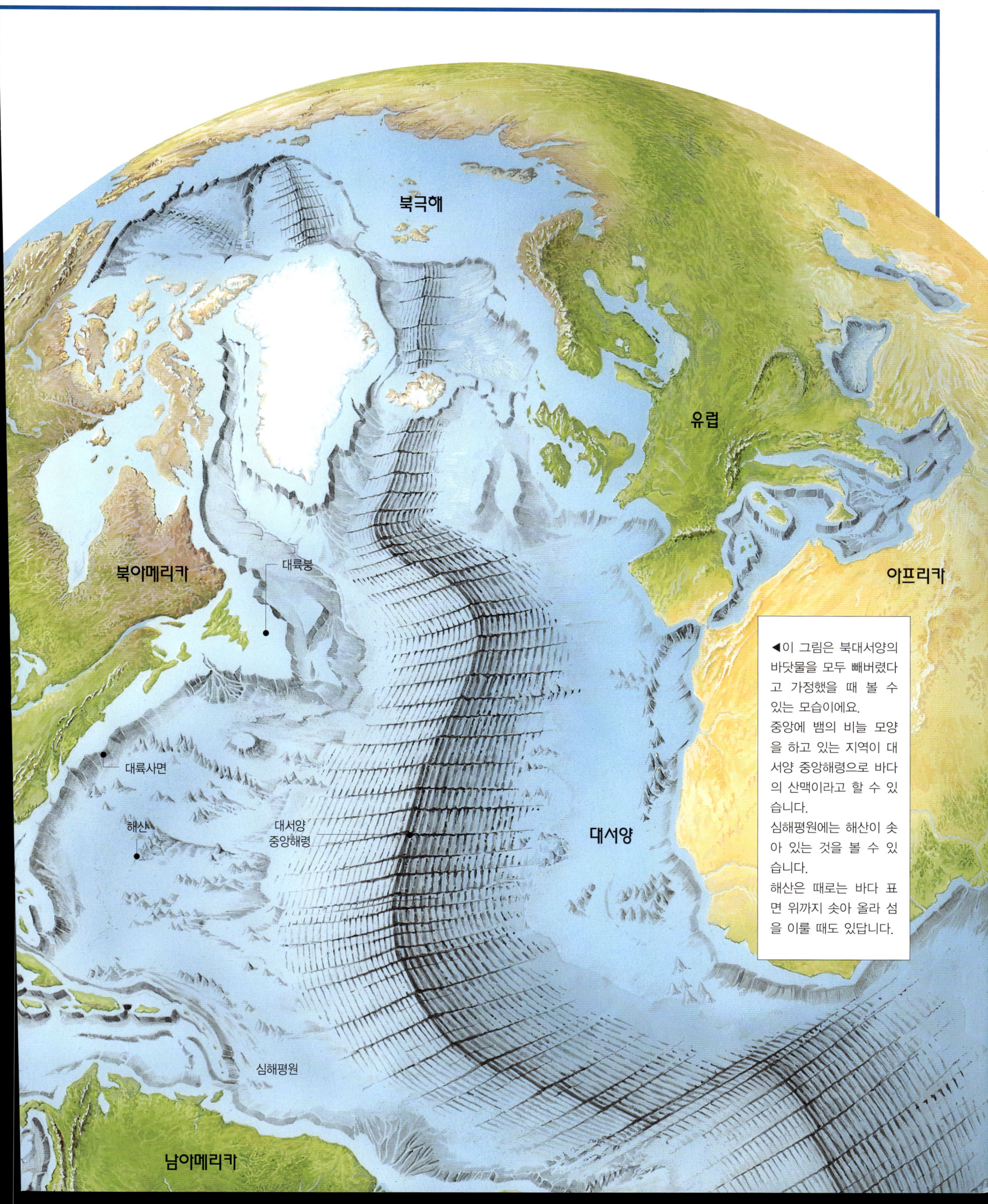

◀ 이 그림은 북대서양의 바닷물을 모두 빼버렸다고 가정했을 때 볼 수 있는 모습이에요.
중앙에 뱀의 비늘 모양을 하고 있는 지역이 대서양 중앙해령으로 바다의 산맥이라고 할 수 있습니다.
심해평원에는 해산이 솟아 있는 것을 볼 수 있습니다.
해산은 때로는 바다 표면 위까지 솟아 올라 섬을 이룰 때도 있답니다.

◆ 역동하는 지구 ◆

지구는 마치 여러 부속이 움직이고 있는 기계와도 같아요. 한시도 똑같은 모습을 하고 있지 않아요. 우리가 대륙이라고 부르는 거대한 땅덩어리조차도 어제 다르고 오늘 다르답니다. 수백만 년 동안 대륙은 지구 위를 이동하면서 대양을 좁게도 또는 넓게도 만들었답니다.

예를 들면 수백만 년 전 남미 대륙은 맞춤옷처럼 아프리카 대륙의 서쪽 해안에 딱 들어맞은 상태였어요.

마치 지그소 퍼즐처럼 말이에요. 어떻게 이런 일이 생겼을까요?

지구의 표면은 지그소 퍼즐처럼 15개로 나뉘어져 있답니다. 이것을 지각판이라고 해요. 지각판은 비록 우리가 몸으로 느끼지는 못하지만 쉬지 않고 움직이고 있습니다. 바다 아래의 해양판이 대륙판과 만나게 되면 얇고 밀도가 높은 해양판 끝부분이 대륙판 아래로 깔려 들어가게 됩니다.

이런 과정을 침강이라고 하고, 해양판이 아래로 깔려 들어간 지역을 침강대 또는 섭입대라고 해요.

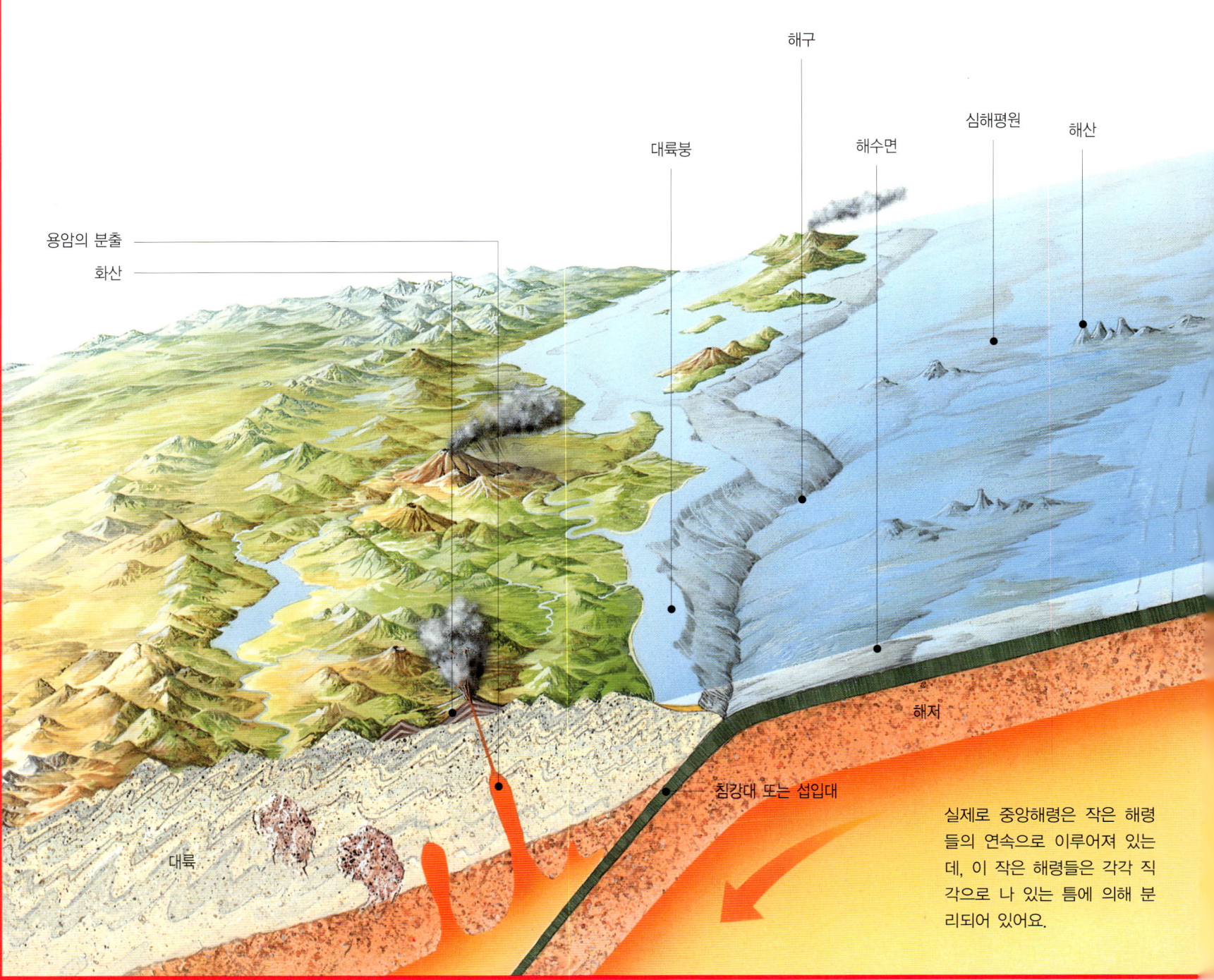

실제로 중앙해령은 작은 해령들의 연속으로 이루어져 있는데, 이 작은 해령들은 각각 직각으로 나 있는 틈에 의해 분리되어 있어요.

2개의 대륙판이 충돌하는 경우에는 판이 찌그러들면서 산맥을 만들어 내기도 합니다. 대표적인 예가 인도판과 유라시아판의 충돌로 생겨난 히말라야 산맥이에요.

대부분의 지진은 판이 충돌하거나 판과 판들이 서로 많은 시간이 흐른 상태에 있을 때 발생하는데, 캘리포니아의 산안드레아스 단층이 그 대표적인 형태랍니다.

때로는 큰 압력을 발생시키면서 서로가 맞물려 잠기는 경우도 있습니다. 갑작스러운 판의 움직임은 강력한 에너지를 발생시키는데, 이때 충격의 파장은 거의 모든 방향으로 뻗쳐 나가게 됩니다.

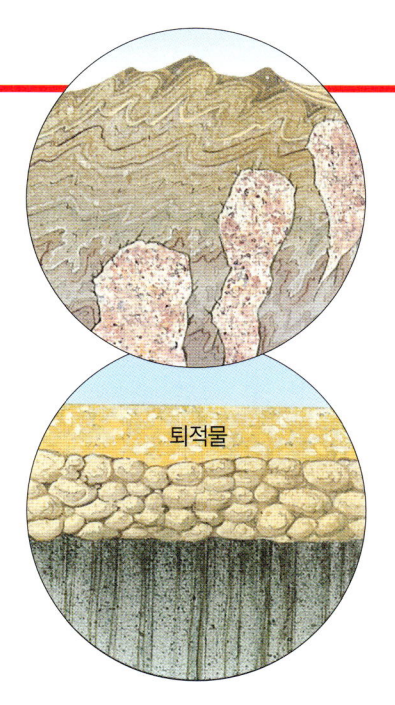

▶오른쪽의 그림은 대륙을 형성하고 있는 암석(위)과 해저의 밑바닥(아래) 사이의 차이점을 보여주는 거예요.
대륙은 아주 복잡하면서도 거대한 암석으로 되어 있는데 이는 해저에 있는 암석보다 훨씬 오래된 것들이에요.
바다 아래에는 베개와 기둥 형태를 하고 있는 화산 암석들이 놓여 있답니다.

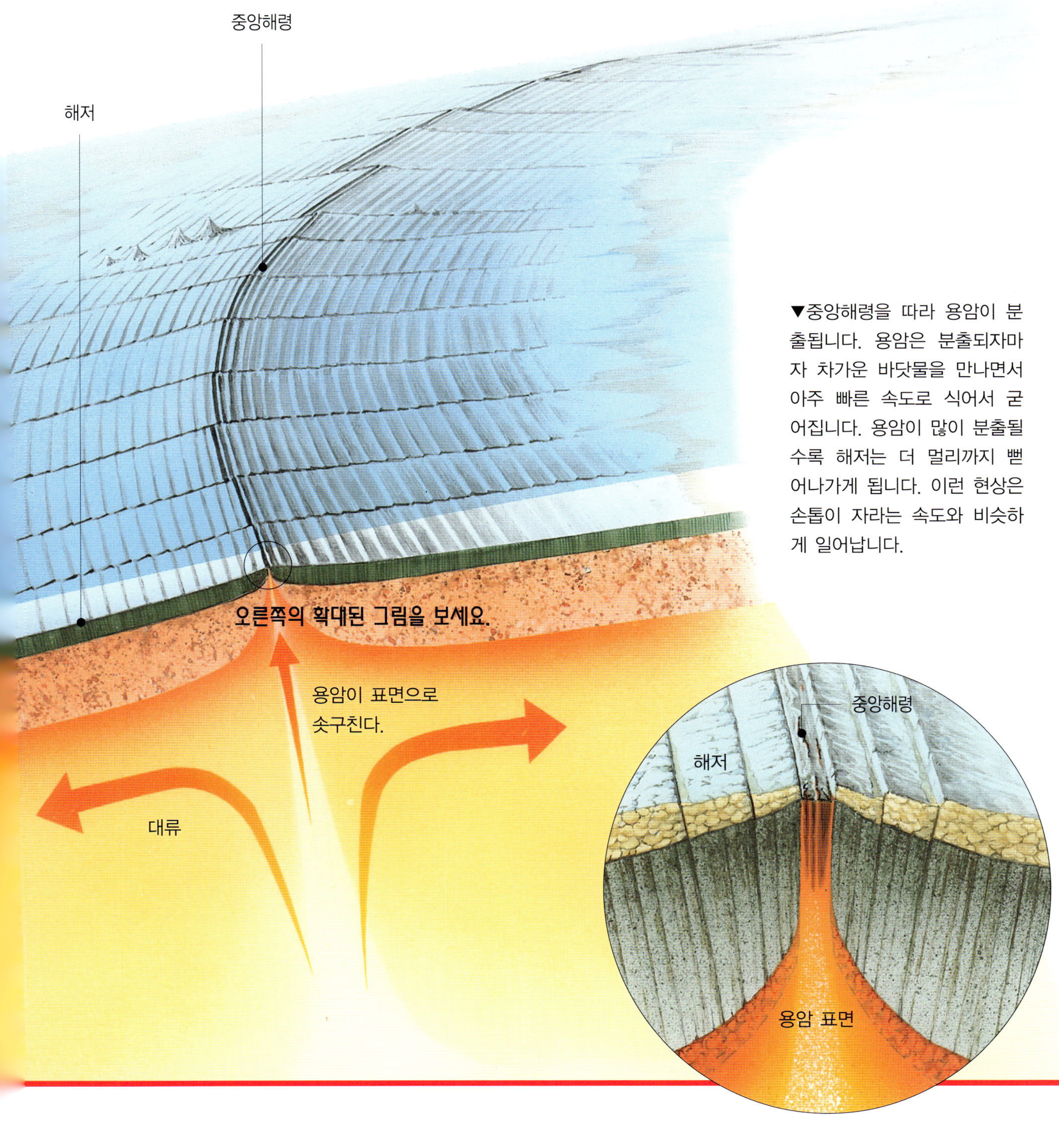

▼중앙해령을 따라 용암이 분출됩니다. 용암은 분출되자마자 차가운 바닷물을 만나면서 아주 빠른 속도로 식어서 굳어집니다. 용암이 많이 분출될수록 해저는 더 멀리까지 뻗어나가게 됩니다. 이런 현상은 손톱이 자라는 속도와 비슷하게 일어납니다.

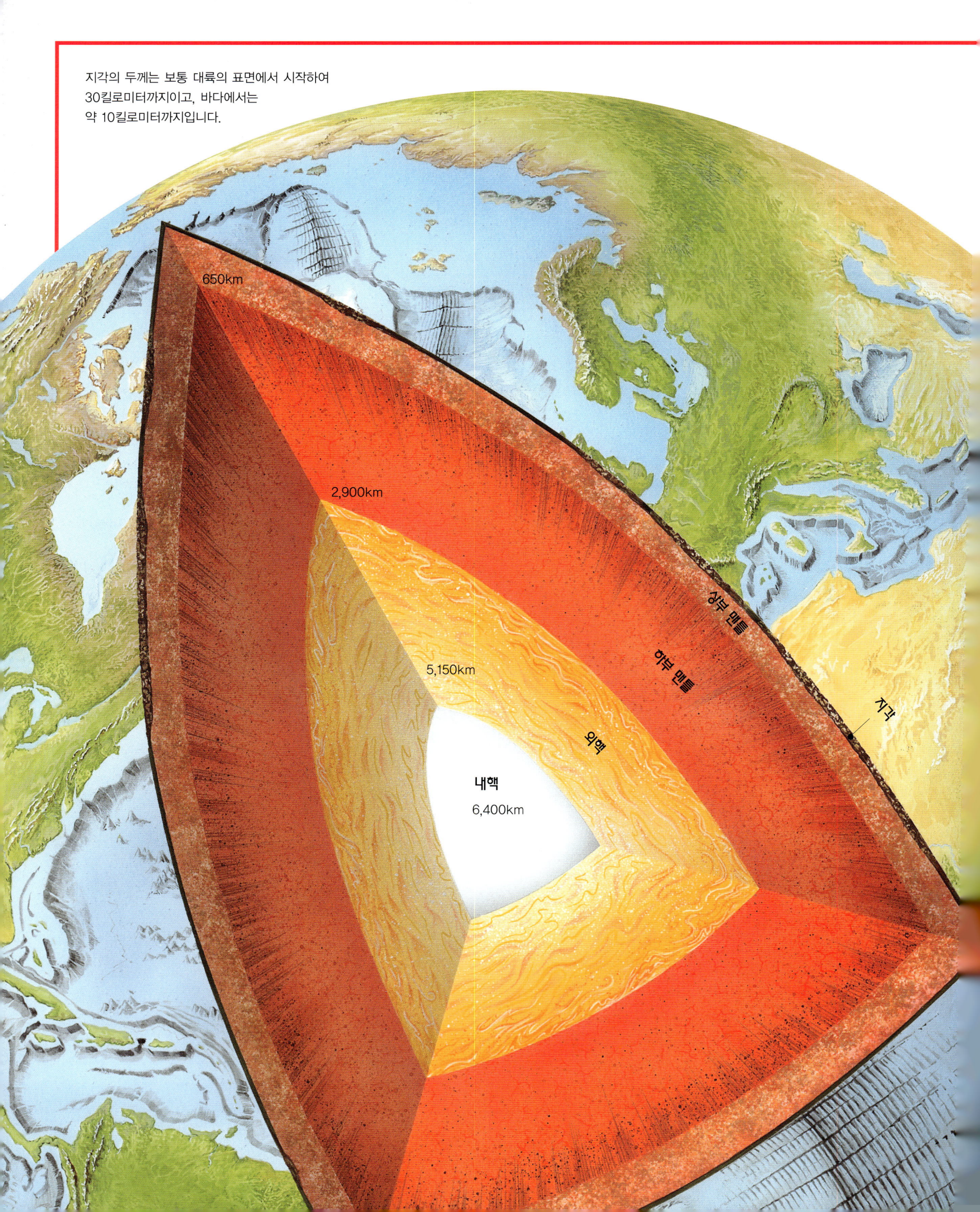
지각의 두께는 보통 대륙의 표면에서 시작하여 30킬로미터까지이고, 바다에서는 약 10킬로미터까지입니다.

◆ 대기권 ◆

지구 중심으로의 여행은 사실상 땅으로부터 800킬로미터 상공에서 시작됩니다. 이곳은 바로 대기권 위에 있는 외기권으로 여기서 우리는 지구의 대기를 구성하고 있는 공기의 첫 번째 입자를 만날 수 있답니다.

인간은 지구를 감싸고 있는 공기의 바다가 없다면 생존할 수 없을 것입니다. 대기는 생명체가 숨쉴 수 있는 공기를 제공하며, 살아가기에 적당한 온도를 일정하게 유지해 주기도 한답니다. 대기권의 역할은 여기서 끝나지 않아요. 태양으로부터의 해로운 광선을 차단하는 일도 하고 있지요. 태양광선은 사람을 비롯해 지구의 모든 생물이 살고 있는 대류권에 도달하기 전에 열층, 중간층, 성층권을 거쳐 오게 됩니다.

옆의 지구 단면도는 지구의 내부 모습이 어떻게 생겼는지를 생생하게 보여주고 있어요. 암석으로 되어 있는 비교적 얇은 껍데기인 지각 아래로는 여러 개의 층이 있어요. 고체 상태의 아주 딱딱한 상부 맨틀이 있는데, 국소적으로는 액체 상태인 경우도 있습니다. 그 아래로는 액체 상태의 외핵과 다시 그 아래로는 고체 상태의 내핵이 있어요. 깊이 들어갈수록 온도는 더 올라간답니다.

우주왕복선

외기권

오로라

우주에서 지구로 떨어지는 운석(별똥별)은 보통 열층에서 모두 타버립니다.

인공위성

운석

열층

중간층

성층권

대류권

▼태양광선의 일부는 대기권에서 구름 등에 의해 흡수되고, 일부는 다시 우주로 반사됩니다.

성층권은 오존층과 태양의 자외선을 흡수하는 가스를 포함하고 있어요.

대기
구름
태양광선
지면에서 반사되는 열
구름에 흡수되는 열

◆ 구름 ◆

우리는 지금 대기권에서 가장 아랫부분에 있습니다. 이곳이 바로 지구의 날씨가 결정되는 곳입니다. 이 층에서 바람이 불고 구름이 생기게 됩니다. 구름은 땅으로부터 약 20킬로미터 높이의 하늘 어디에서든 생깁니다. 구름은 보통 3가지의 기본 형태를 가지고 있습니다. 적운, 층운, 권운이 그것입니다.

구름은 수증기가 응축하여 액체상태로 될 때 발생합니다. 이 현상은 보통 공기가 지상의 높은 지형을 넘어 상승하면서 차가워질 때 주로 발생합니다. 수증기는 먼지 또는 바다 소금 등의 대기 속 작은 입자 주변에서 엉겨 응축하게 됩니다.

공기의 온도가 어는점 아래로 떨어지면 작은 물방울은 얼음 결정체로 변하게 됩니다. 그리고 물방울이나 얼음 결정체가 점점 커지면 비 또는 눈이 되어 땅으로 떨어지게 되는 것이지요.

옆 그림은 우리가 보통 보는 하늘의 구름입니다. 대기권 넘어 파란 하늘이 한눈에 들어옵니다.

▼구름은 작은 물방울과 얼음 결정체 등이 모여서 만들어집니다. 눈송이는 수천만 개의 얼음 결정체로 되어 있습니다.

물방울
얼음 결정체

구름의 형태

권운
권층운
권적운
고층운
고적운
적란운
적운
층운

물의 순환

지구 상의 물은 땅에서 하늘로 계속해서 순환하고 있어요. 태양열에 의해 따뜻해진 물은 땅이나 바다, 강물 등에서 증발합니다. 그렇게 증발한 작은 물방울들은 바람을 타고 어디든지 옮겨다니게 됩니다. 그리고 기온이 차가워지면 다시 응축하여 물의 상태로 돌아가면서 구름이 됩니다. 결국 물은 비나 눈이 되어 다시 지구로 떨어지게 되는 것이지요. 추운 극지방 등지에서는 눈이 얼음으로 변하기도 합니다. 그리고 오랜 세월 동안 언 상태 그대로 남아 있기도 합니다.

땅으로 내린 비가 흘러서 개울을 만들고, 개울이 커져 강을 만들고, 다시 바다로 흘러들어 대양을 만들게 된답니다.

▲위 그림은 물의 순환을 표현한 것이에요. 이슬의 형성은 물의 순환을 축소판으로 보여주는 사례입니다. 낮 동안에 물은 땅에서 증발합니다. 날씨가 맑은 밤 시간이면 땅은 점차 식게 됩니다. 이때 공기 중에 있던 수증기들이 응축하여 작은 이슬 방울을 만들게 됩니다.

다음 장에서는 육지에서 만나는 식물과 동물들의 생태에 대한 여행이에요.

◆ 식물과 동물 ◆

지구 상에는 대략 2,000만 종의 생명체들이 살아가고 있을 것으로 추정하고 있어요. 여기에는 보통의 식물과 동물은 물론 박테리아나 각종 균들까지 포함됩니다.

모든 생명체들은 생존을 위해서는 서로 의존 관계에 있게 마련입니다. 식물은 초식 동물의 먹이가 되고 초식 동물은 육식 동물의 먹이가 되지요. 다시 육식 동물들은 순서대로 더 힘세고 큰 육식 동물의 먹이가 됩니다. 이것을 우리는 먹이 사슬이라고 한답니다. 동물들은 여러 종류의 먹이들을 먹기 때문에 많은 먹이 사슬이 서로 연결되어 하나의 먹이 그물을 만듭니다.

생명체들은 또 다른 방식으로도 서로에게 의존하고 있어요. 모든 생명체들은 반드시 죽게 되어 있는데, 죽은 시체는 부패합니다. 아주 미세한 토양의 생명체들(다음 페이지에서 자세히 만날 수 있어요!)은 부패한 시체들을 영양분으로 바꾸는 일을 합니다. 이런 토양의 생명체들은 미생물과 곤충, 여러 종류의 벌레들입니다.

먹이 사슬의 가장 아래 단계에 있었던 식물들은 바로 이 양분으로 성장하게 되는 것이랍니다.

옆 그림은 지상에 뿌리를 내리고 살아가는 숲 속의 풍경을 보여주고 있어요. 나무의 가지와 잎에는 많은 숲 속 생명체들이 살아가고 있답니다.

▼아래의 그림은 북미 대륙에서 볼 수 있는 먹이 연쇄를 보여 주고 있어요. 스라소니와 곰은 토끼 등의 초식 동물을 잡아먹습니다. 뒤쥐도 이들의 먹이가 되는데, 뒤쥐는 곤충을 잡아먹지요. 곰은 식물이나 곤충을 직접 먹기도 합니다. (화살표는 상위의 포식자를 가리키고 있어요!)

식물들은 물과 공기 그리고 햇빛으로부터 스스로 섭취할 영양분을 만들어 냅니다. 식물의 잎사귀에서는 햇빛과 공기 중의 이산화탄소를 받아들입니다. 이산화탄소 중 일부는 사람이나 동물들이 숨을 쉬었다가 내뿜으면서 배출되기도 합니다. 반면에 식물의 뿌리는 땅속에서 수분과 영양분들을 빨아들입니다. 그 다음으로, 잎에서는 광합성이라고 하는 화학 작용이 일어나게 되는데, 이때 당분이 생산됩니다. 그리고 이 과정을 통하여 산소를 내보내게 됩니다. 산소는 사람을 포함하여 모든 동물에게는 생존을 위해 필수적인 기체이지요.

▲영양분이란 항상 자연에서 재순환되고 있습니다. 동물은 식물을 먹고①, 동물의 배설물 또는 동물의 시체②들은 썩으면서 미생물③에 의하여 영양분으로 탈바꿈하게 되지요. 식물은 땅속에 있는 뿌리를 통해 이러한 영양분을 받아들이게 됩니다④.

대부분의 식물들은 성장을 위해서는 반드시 땅에 뿌리를 내리고 있어야 합니다. 다음 장에서 우리는 토양에 대한 여러 가지를 알게 될 것입니다.

◆ 토양 ◆

우리가 이번에 여행하게 될 곳은 흙으로 덮인 땅입니다. 땅은 앞서 여행했던 지구의 깊은 중심에 비하면 지극히 얇은 층을 이루고 있을 뿐이랍니다. 하지만 사람에게 있어서는 가장 중요한 곳이기도 하지요. 또한 대부분의 식물들은 땅이 없이는 살아갈 수 없지요. 식물이 살 수 없다는 것은 초식 동물은 물론 모든 동물들도 존재할 수 없다는 것을 의미하는 것이지요. 사람도 예외가 될 수는 없답니다.

흙에 대해서 모르는 사람은 없습니다. 하지만 흙이 무엇으로 되어 있는지 아는 사람은 그다지 많지 않지요. 흙은 썩는 과정에 있는 동물, 식물의 잔해와 아주 작은 바위의 가루들이 섞여 있는 것입니다.

여기에 수분과 공기가 흙 입자 사이의 공간을 메우고 있습니다. 또한 흙 속에는 사람의 눈으로는 볼 수 없는 미생물이 가득합니다. 이들은 부패 중인 물질 위에서 열심히 시체를 분해하는 일을 하고 있답니다.

그러나 모든 흙이 같은 것은 아닙니다. 흙은 편평한 땅 위에서는 비교적 두꺼운 층을 이루고 있지만, 반면에 경사면에는 훨씬 얇은 층으로 되어 있습니다. 기후(온도의 차이나 습도

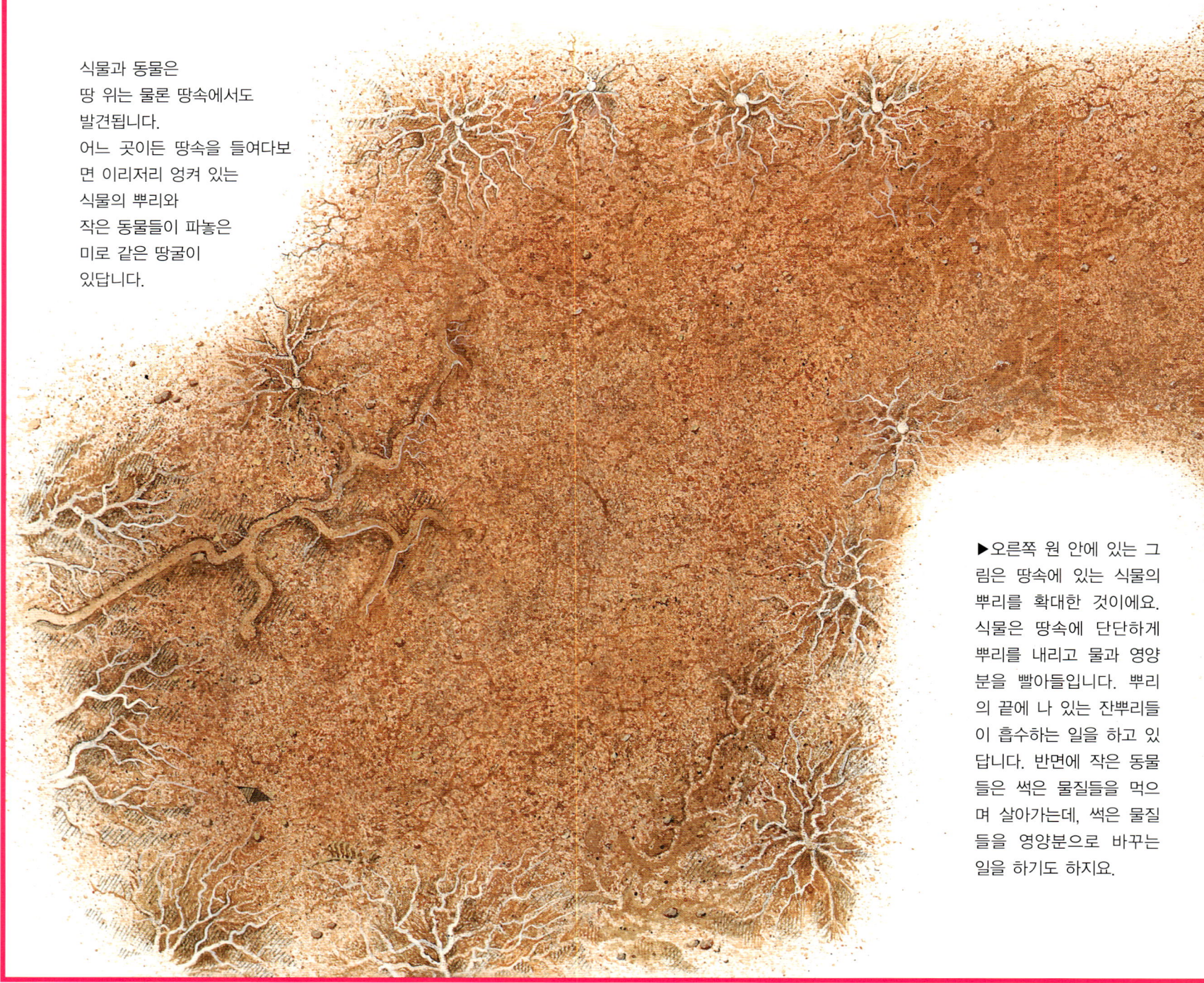

식물과 동물은 땅 위는 물론 땅속에서도 발견됩니다. 어느 곳이든 땅속을 들여다보면 이리저리 엉켜 있는 식물의 뿌리와 작은 동물들이 파놓은 미로 같은 땅굴이 있답니다.

▶오른쪽 원 안에 있는 그림은 땅속에 있는 식물의 뿌리를 확대한 것이에요. 식물은 땅속에 단단하게 뿌리를 내리고 물과 영양분을 빨아들입니다. 뿌리의 끝에 나 있는 잔뿌리들이 흡수하는 일을 하고 있답니다. 반면에 작은 동물들은 썩은 물질들을 먹으며 살아가는데, 썩은 물질들을 영양분으로 바꾸는 일을 하기도 하지요.

의 차이), 흙 속에 살고 있는 식물의 종류, 흙 아래 놓여 있는 바위의 종류 등은 얼마나 흙이 비옥한지를 결정하는 중요한 요소들입니다.

흙 속으로 들어가 보겠습니다. 우리는 곧 여러 개의 층을 만나게 됩니다. 처음 만나는 곳은 식물의 뿌리와 작은 동물들을 포함하여 유기물들로 가득찬 표토입니다. 흙의 가장 윗 부분이지요. 그 아래로는 하층토라고 하는데, 이곳에서는 좀더 많은 바위의 조각들이 발견됩니다. 더 깊이 들어갈수록 바위 조각의 크기는 점점 더 커지고 많아집니다. 그러고는 완전한 덩어리의 바위를 만나게 됩니다.

▲위 단면도는 각기 다른 토양의 층을 보여 주고 있어요. 토양은 여러 종류의 생명체로 가득하답니다. 두더지와 곤충, 각종 벌레들이 발견되는가 하면 대부분의 토양 속 미생물들은 너무 작아서 눈으로는 볼 수가 없어요.

땅속으로 더욱 깊이 들어갈수록 점점 더 커다란 바위 조각들을 만나게 됩니다. 이제 우리는 단단한 바위를 만나게 됩니다.

◆ 암석 ◆

암석은 지표 아래 딱딱한 고체의 덩어리로 지각의 맨 위 층을 이루고 있어요. 암석은 땅은 물론 도시의 아스팔트 아래, 심지어 바다 밑에도 놓여 있어요. 때때로는 표면으로 들어나 있기도 한답니다.

암석은 여러 가지 광물로 이루어져 있는데, 형성되는 3가지 방식에 따라 성질이 다릅니다. 이번 여행에서 우리는 화성암과 변성암은 건너 뛰고 퇴적암에 대해 알아보려고 합니다.

퇴적암은 악천후로 인해 부서진 바위들의 조각들로 만들어집니다. 바람과 물, 또는 침식 작용 중인 빙하 등으로 인해 깎여진 바위 조각들은 바다의 밑바닥이나 강 바닥에 가라앉게 됩니다. 이런 바위 조각들은 모래와 자갈, 진흙 등을 포함하고 있는데, 때로는 생명체가 섞여 들어가 있기도 합니다. 이런 퇴적물들이 수백만 년 동안 아무런 외부의 방해 없이 놓여 있게 되면, 딱딱하게 굳어지면서 결국 바위가 됩니다. 사암, 이판암, 석회암 등이 바로 이런 과정을 거쳐서 만들어진 퇴적암의 종류들이에요.

석회암은 수백만 년 전 얕은 바다에 살았던 수많은 식물과 동물들의 침전물에 의하여 만들어졌어요. 석회암 지대에서는

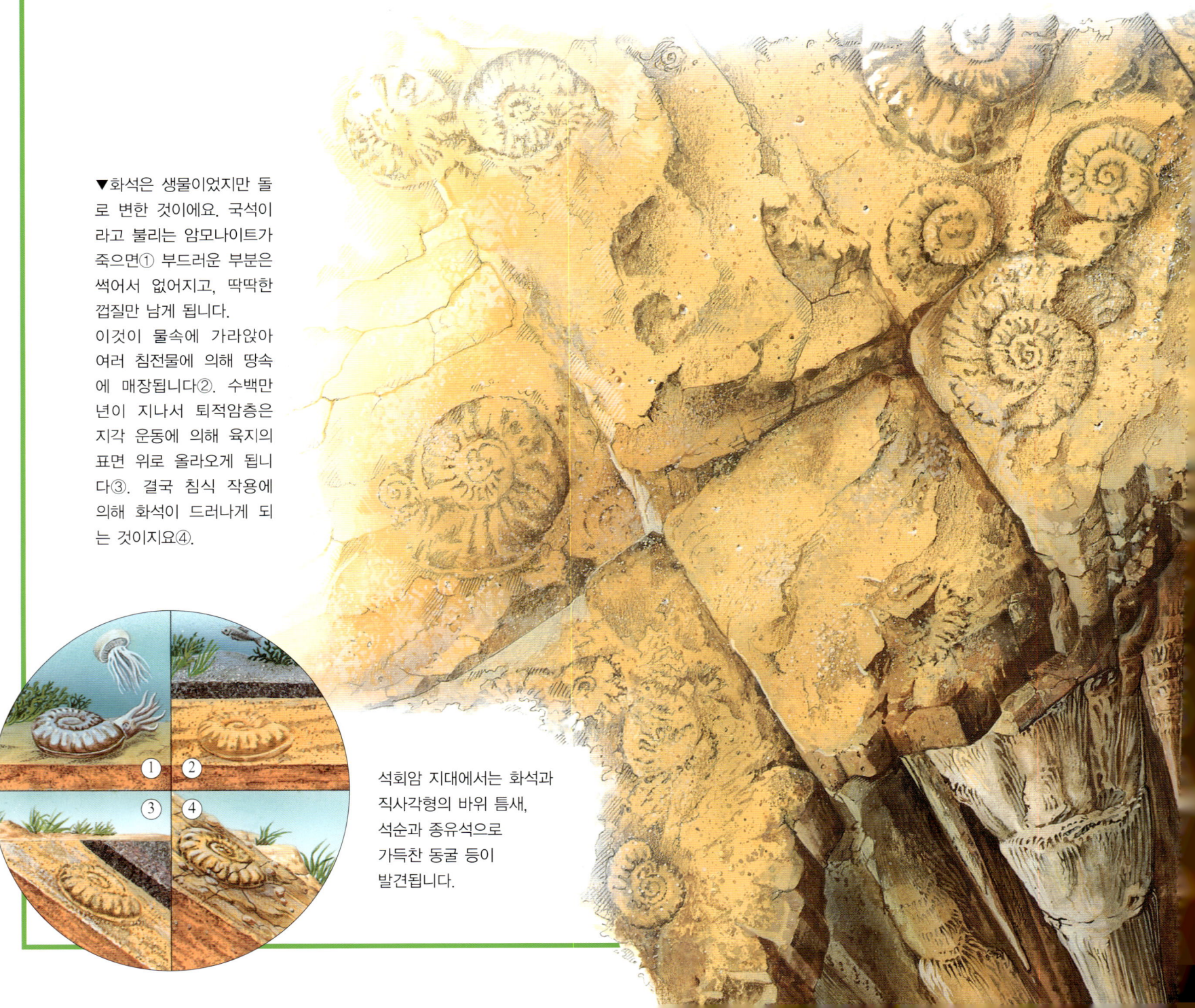

▼화석은 생물이었지만 돌로 변한 것이에요. 국석이라고 불리는 암모나이트가 죽으면① 부드러운 부분은 썩어서 없어지고, 딱딱한 껍질만 남게 됩니다. 이것이 물속에 가라앉아 여러 침전물에 의해 땅속에 매장됩니다②. 수백만 년이 지나서 퇴적암층은 지각 운동에 의해 육지의 표면 위로 올라오게 됩니다③. 결국 침식 작용에 의해 화석이 드러나게 되는 것이지요④.

석회암 지대에서는 화석과 직사각형의 바위 틈새, 석순과 종유석으로 가득찬 동굴 등이 발견됩니다.

마치 코일을 감고 있는 듯한 모습을 하고 있는 암모나이트 화석을 흔하게 발견할 수 있어요.

아래 그림을 보면, 석회암 틈사이로 물이 스며들어가면서 점차 그 틈새가 벌어져 동굴을 형성하게 됩니다. 그리고 스며든 물은 동굴의 천장에 종유석이라고 불리는 고드름 모양의 광물질을 만들게 됩니다.

그리고 동굴의 바닥에는 석순이 자라게 되는데, 이것은 동굴의 천장에서 석회암 성분이 녹은 물이 오랜 세월에 걸쳐 동굴 바닥으로 떨어지면서 마치 땅에서 자라난 죽순처럼 바위를 형성하게 됩니다.

▲자연의 모습은 침식 작용에 의해 계속해서 변하고 있습니다. 바람, 빗물, 눈, 빙하 등에 의해 깎여진 바위의 조각들이 낮은 곳으로 이동하게 되면서 넓고 편평한 해안이나 하구(강의 입구)를 만들기도 합니다.

이제, 우리는 지각 속으로 더 깊이 들어가게 됩니다. 점점 더 놀랍고 신기한 것들을 보게 되지요.
그러다가 갑자기 완전한 암석을 만나게 됩니다.

◆ 지각 ◆

평균적으로 지각은 땅 표면에서부터 30킬로미터 깊이까지입니다. 이곳에서 암석들은 항시 큰 압력을 받아 서로 눌리기도 하고, 커다란 덩어리로 갈라지기도 합니다.

때로는 거실 바닥에 깔아놓은 융단처럼 넓은 암석의 층이 접혀지기도 하고, 틈이 벌어져 갈라지면서 단층을 이루기도 합니다. 암석층이 접혀진 습곡의 예로는 유럽의 알프스가 가장 대표적입니다. 반면에 동아프리카 대지구대는 단층 사이에 땅이 비껴가면서 발생한 지각 균열의 대표적인 모습입니다.

그러나 이런 변화는 족히 수백만 년이라는 엄청난 시간이 걸려서 생긴 것이에요. 갑작스런 지진 등에 의해서 발생하지 않는다면 우리는 결코 그 변화를 감지할 수조차 없답니다.

서로 다른 2개의 대륙판이 서로 강한 힘으로 부딪친 곳에서는 엄청나게 높은 산악 지대가 생겨나게 됩니다. 암석층이 서로 팽팽하게 부딪치면서 모양이 변화하기 시작하게 되는 것이지요. 지각 층의 아래쪽은 대략 온도가 1,500℃쯤 되는데, 이러한 강력한 열이 암석의 모양을 변화시키기도 합니다.

이와 같은 지각층의 암석은 압축되어 있기도 하고, 갈라져 있기도 합니다. 때로는 열이 식은 용암이 맨틀을 뚫고 지각 위로 분출되기도 합니다.

◀만약 높은 지대의 단면을 들여다본다면 왼쪽의 그림처럼 거대한 단층과 습곡을 만나게 될 것입니다. 때로는 커다란 땅덩어리가 단층 사이로 미끄러지듯이 내려앉아 있거나, 또는 압축되면서 위로 솟아오른 모습을 발견할 수 있답니다.

단층 / 습곡 / 단층 사이로 가라앉은 땅

이런 변화는 보통 섭입대나 용암이 지각을 뚫고 올라오는 지역에서 나타납니다.

이러한 변화를 겪으면서 변하는 암석을 변성암이라고 합니다. 하지만 퇴적암, 화성암, 변성암 모두가 변성 작용을 겪고 있다고 할 수 있습니다. 대리석(석회암에서 변함), 점판암(이암에서 변함), 규암(사암에서 변함) 등도 변성암의 한 종류입니다.

1. 다이아몬드 3. 자수정
2. 루비와 사파이어 4. 비취(옥)
5. 토파즈

▲우리가 흔히 보는 바위들이 땅 아래에서는 귀중한 보석으로 그 모습이 바뀌는 경우가 있습니다. 석탄을 구성하고 있는 성분인 탄소는 맨틀 속에서 다이아몬드를 만들어 냅니다. 루비와 사파이어는 변성암에서 발견됩니다. 자수정은 지구의 표면에서 점차 열이 식어가고 있는 용암에서 만들어집니다. 비취라고도 불리는 옥은 섭입대에서 생겨납니다. 토파즈는 화강암 속에서 발견됩니다.

다음 장에서 우리의 여행은 맨틀로 이동을 합니다. 온도는 더욱 올라가고 이곳에서 암석은 더 이상 고체가 아닙니다. 이제 화산을 통해서 분출하는 용암을 만나게 되겠군요.

◆ 상부 맨틀 ◆

이제 우리는 지구 내부의 주요 경계선 중 하나에 도달했어요. 이제 지각에서 맨틀로 곧장 들어가 보겠습니다. 상부 맨틀의 암석들은 수정으로 알려진 고체 성질의 정형화된 모양의 고체 덩어리와 수정 사이사이에 녹아들어 있는 용암으로 구성되어 있어요. 종종 지구의 껍질을 뚫고 용솟음치는 마그마는 바로 이 수정 액체에서 올라온 것이랍니다.

마그마는 섭입대에서 지각을 통해 부글부글 끓어올라요. 해저에서는 축축한 침전물에서 물이 끓어올라 마그마가 더욱 더 끓어오르면서 지각의 암석 틈새를 뚫고 분출합니다.

마그마는 암석 사이로 스며들면서 때때로 거대한 덩어리를 형성하기도 합니다. 이때 그대로 그 자리에 굳어지면서 화성암이 됩니다. 화강암은 마그마가 지구의 표면 아래에서 서서히 식으면서 생겨난 화성감의 한 종류입니다.

때로는 마그마가 화산을 통해 지구 표면으로 분출하기도

상부 맨틀은 수정으로 구성되어 있는데, 수정 사이사이에 용암이 들어 있어요. 그 온도는 약 2,000℃가량 된답니다.

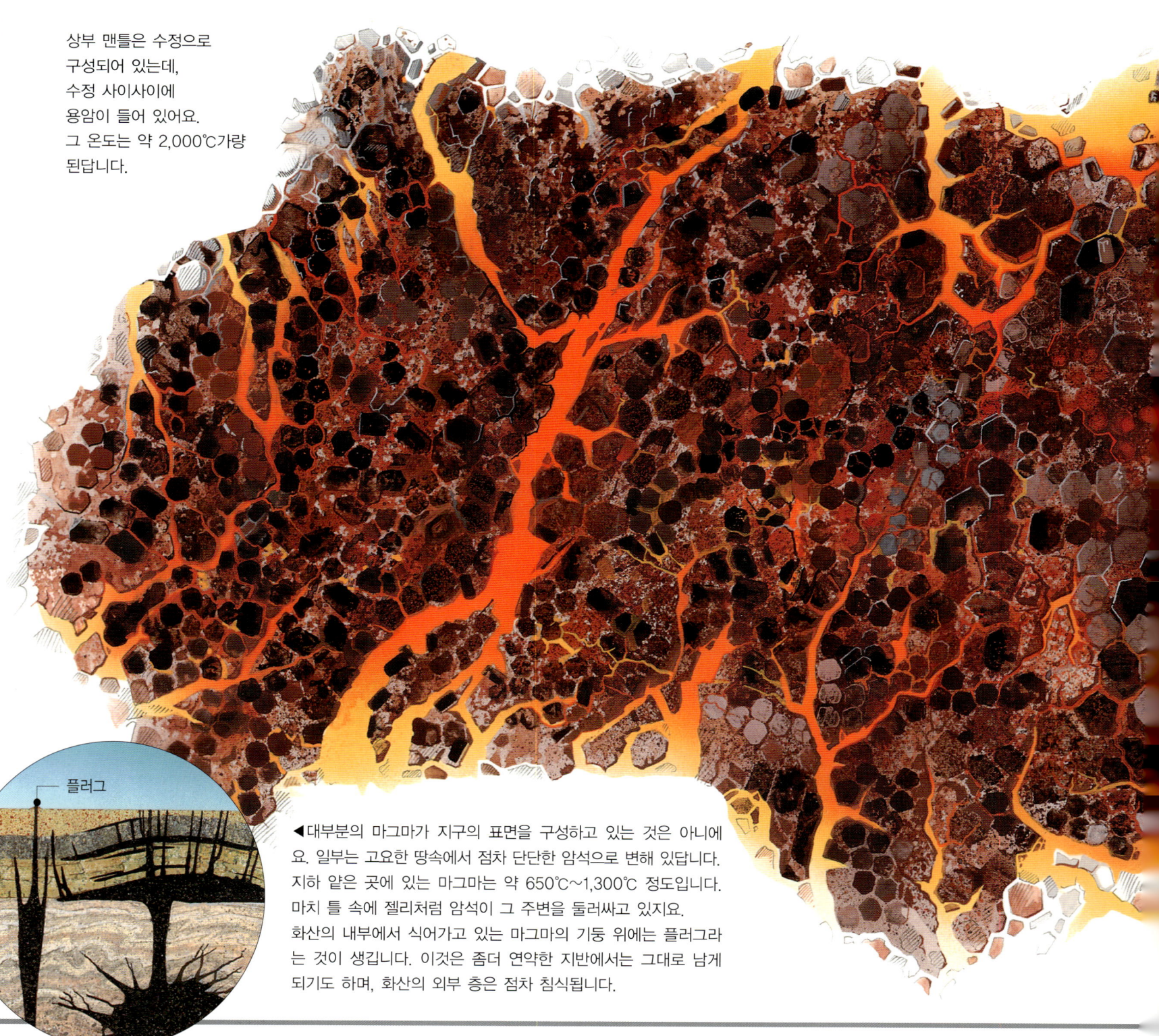

◀대부분의 마그마가 지구의 표면을 구성하고 있는 것은 아니에요. 일부는 고요한 땅속에서 점차 단단한 암석으로 변해 있답니다. 지하 얕은 곳에 있는 마그마는 약 650℃~1,300℃ 정도입니다. 마치 틀 속에 젤리처럼 암석이 그 주변을 둘러싸고 있지요. 화산의 내부에서 식어가고 있는 마그마의 기둥 위에는 플러그라는 것이 생깁니다. 이것은 좀더 연약한 지반에서는 그대로 남게 되기도 하며, 화산의 외부 층은 점차 침식됩니다.

합니다. 종종 격렬한 폭발을 동반하는 화산은 수백만 톤의 유황과 용암을 쏟아내곤 합니다. 그리고 그 화산재와 먼지는 대기 중의 높은 곳까지 올라가지요.

반면에 중앙해령을 따라 해저에서 발생하는 화산의 폭발은 비교적 얌전합니다. 이때 마그마는 땅속으로부터 끓어올라 표면으로 올라오지만 곧 식으면서 현무암이 되는데, 이 역시도 화성암의 일종이랍니다.

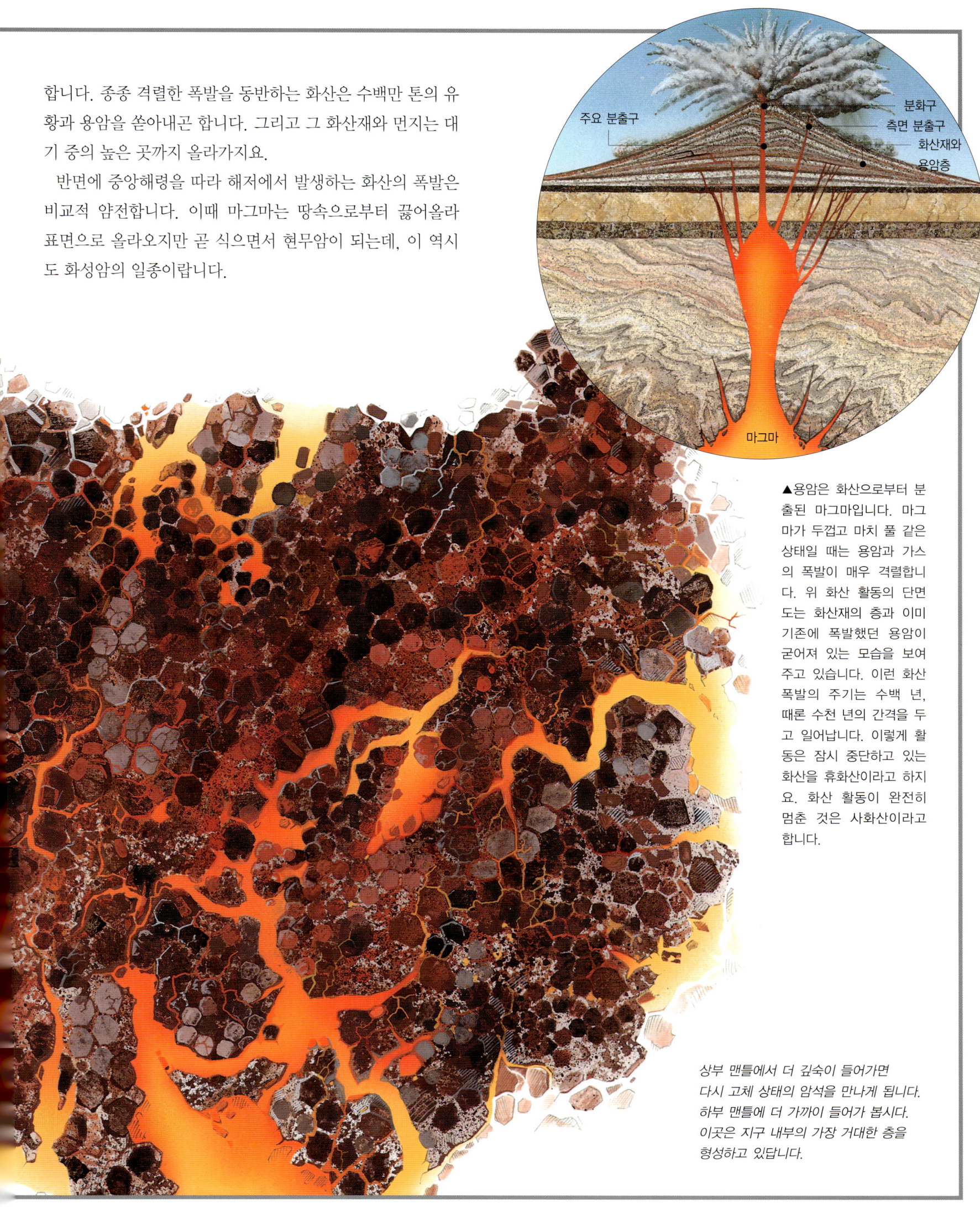

▲용암은 화산으로부터 분출된 마그마입니다. 마그마가 두껍고 마치 풀 같은 상태일 때는 용암과 가스의 폭발이 매우 격렬합니다. 위 화산 활동의 단면도는 화산재의 층과 이미 기존에 폭발했던 용암이 굳어져 있는 모습을 보여 주고 있습니다. 이런 화산 폭발의 주기는 수백 년, 때론 수천 년의 간격을 두고 일어납니다. 이렇게 활동은 잠시 중단하고 있는 화산을 휴화산이라고 하지요. 화산 활동이 완전히 멈춘 것은 사화산이라고 합니다.

상부 맨틀에서 더 깊숙이 들어가면 다시 고체 상태의 암석을 만나게 됩니다. 하부 맨틀에 더 가까이 들어가 봅시다. 이곳은 지구 내부의 가장 거대한 층을 형성하고 있답니다.

◆ 하부 맨틀 ◆

역시 지구의 더 깊은 곳까지 들어오니 온도는 더욱더 올라가네요.

어마어마한 압력에 의하여 이곳 하부 맨틀의 암석은 완전히 고체 상태가 됩니다. 이곳에서는 고체의 암석 덩어리들이 마치 액체처럼 흘러다니는 것을 상상할 수 없습니다. 다만 수백만 년에 걸쳐 맨틀 안에서는 무슨 일이 일어났는지 정확하게 알려 줍니다. 온도가 뜨거운 암석은 맨틀을 통해 위로 올라갑니다. 그러고는 지각의 바닥에 다다르면 사방으로 번져갑니다. 결국 차갑게 식으면서 다시 맨틀로 가라앉게 됩니다. 하부 맨틀의 바닥에서는 다시 열이 올라가게 되는데, 이러한 순환은 자체적으로 계속 반복됩니다.

이 흐름을 대류라고 합니다. 이 대류가 지구의 표면을 따라 끊임없이 떠돌고 있는 지각판을 움직이게 하는 역할을 하고 있는 것으로 보입니다.

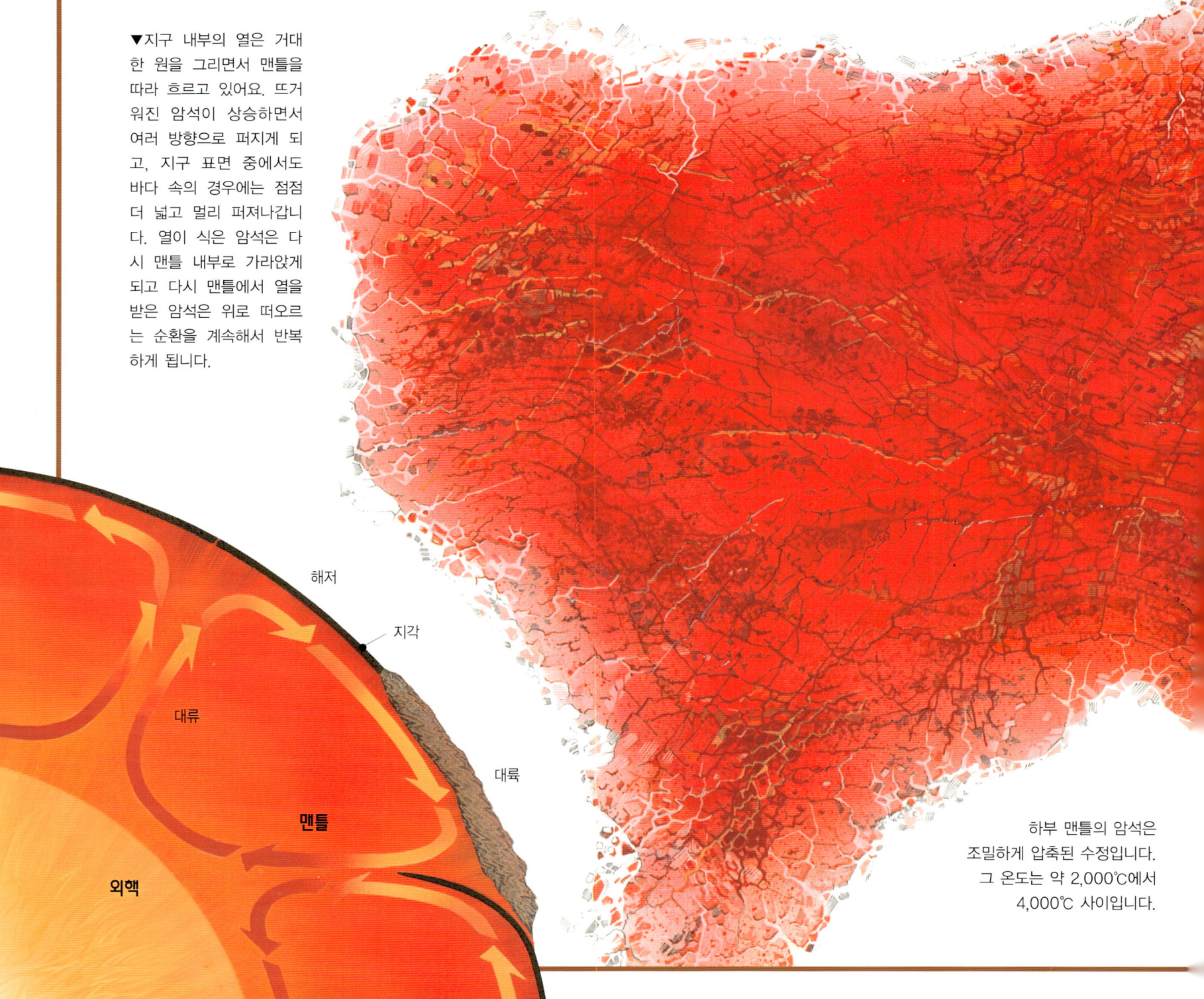

▼지구 내부의 열은 거대한 원을 그리면서 맨틀을 따라 흐르고 있어요. 뜨거워진 암석이 상승하면서 여러 방향으로 퍼지게 되고, 지구 표면 중에서도 바다 속의 경우에는 점점 더 넓고 멀리 퍼져나갑니다. 열이 식은 암석은 다시 맨틀 내부로 가라앉게 되고 다시 맨틀에서 열을 받은 암석은 위로 떠오르는 순환을 계속해서 반복하게 됩니다.

하부 맨틀의 암석은 조밀하게 압축된 수정입니다. 그 온도는 약 2,000℃에서 4,000℃ 사이입니다.

지구 내부의 탐사

지진은 지구 내부에 관한 많은 정보를 주고 있습니다. 지진은 모든 방향으로 진동 또는 파동을 일으킵니다. 일부의 파동은 지구 전체를 따라 전해지지만 다양한 지구의 층에 따라서 각기 다른 속도를 가지고 있습니다.

과학자들은 그 속도를 측정하여 지각과 맨틀 사이의 경계는 어디쯤인지, 그리고 맨틀과 핵의 경계는 어디쯤인지를 계산할 수 있는 거죠.

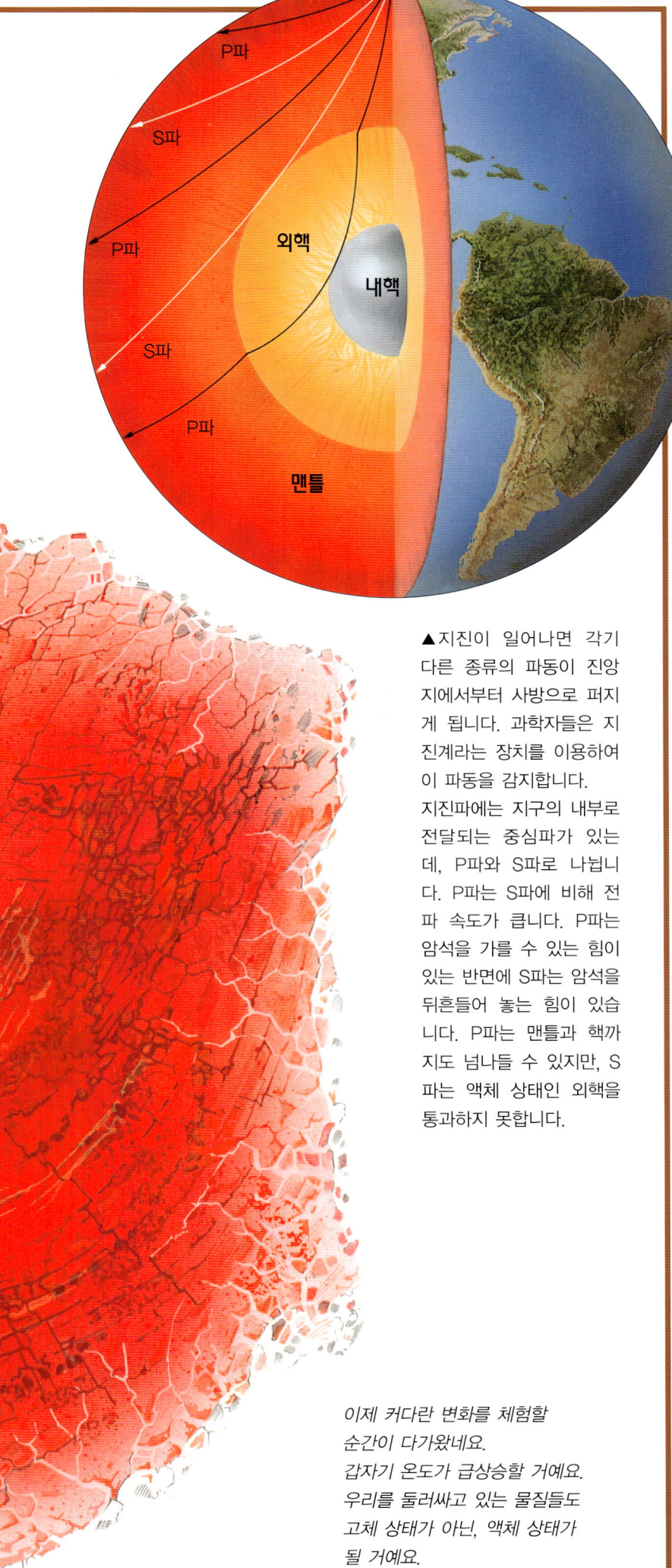

▲지진이 일어나면 각기 다른 종류의 파동이 진앙지에서부터 사방으로 퍼지게 됩니다. 과학자들은 지진계라는 장치를 이용하여 이 파동을 감지합니다. 지진파에는 지구의 내부로 전달되는 중심파가 있는데, P파와 S파로 나뉩니다. P파는 S파에 비해 전파 속도가 큽니다. P파는 암석을 가를 수 있는 힘이 있는 반면에 S파는 암석을 뒤흔들어 놓는 힘이 있습니다. P파는 맨틀과 핵까지도 넘나들 수 있지만, S파는 액체 상태인 외핵을 통과하지 못합니다.

이제 커다란 변화를 체험할 순간이 다가왔네요. 갑자기 온도가 급상승할 거예요. 우리를 둘러싸고 있는 물질들도 고체 상태가 아닌, 액체 상태가 될 거예요.

◆ 외핵 ◆

이곳은 맨틀과 핵을 나누고 있는 지구 내부의 또 하나의 중요 경계선 중 하나입니다. 맨틀을 둘러보고 난 후 갑작스럽게 커다란 변화가 닥쳐왔군요. 엄청나게 뜨거운 액체가 우리 주위를 둘러싸고 있어요.

이곳은 지구 내부에 있는 유일하면서도 완전한 액체 상태의 층입니다. 이 물질은 맨틀의 그것보다도 훨씬 더 조밀하고 무겁습니다. 이것은 대부분 철 성분으로 되어 있는데, 약간의 니켈 성분도 포함하고 있는 완전한 금속 상태입니다.

지구의 자기장

하나의 자석이 있습니다. 자석 주변에는 자성이 생깁니다. 자성이 미치는 부분을 자기장이라고 하지요. 지구는 자체가 거대한 자기장입니다. 그리고 지구 자체가 하나의 거대한 자석

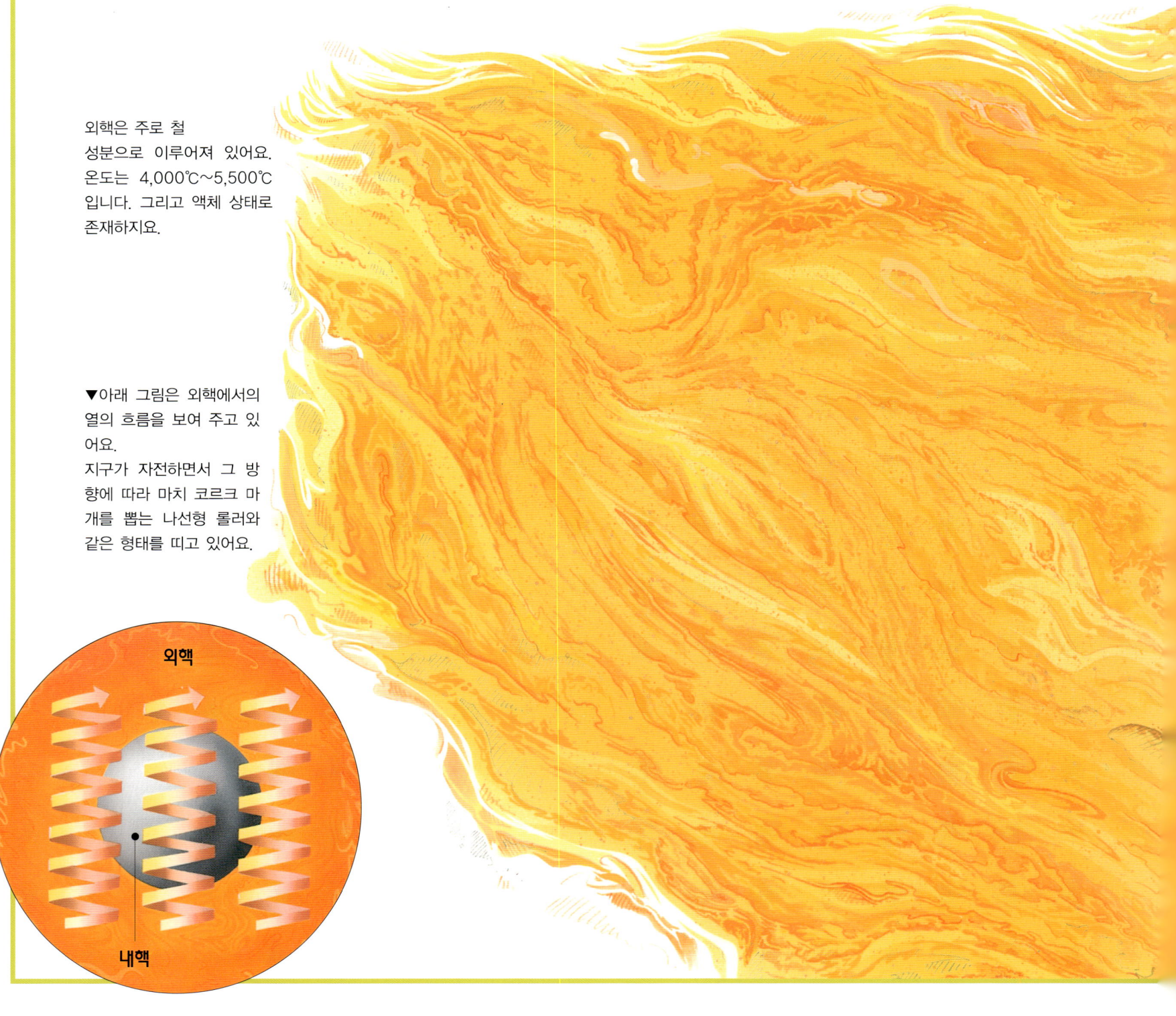

외핵은 주로 철 성분으로 이루어져 있어요. 온도는 4,000℃~5,500℃ 입니다. 그리고 액체 상태로 존재하지요.

▼아래 그림은 외핵에서의 열의 흐름을 보여 주고 있어요.
지구가 자전하면서 그 방향에 따라 마치 코르크 마개를 뽑는 나선형 롤러와 같은 형태를 띠고 있어요.

이라고 할 수 있지요. 과학자들은 지구의 자기장이 지구 내부의 외핵에서 그 힘이 생긴다고 믿고 있습니다. 외핵을 이루고 있는 철이 스스로 자성을 띠지는 않습니다. 뜨거운 온도에서는 어떤 물체도 자성을 가질 수 없기 때문이지요. 액체 상태의 금속을 움직이게 하고 있는 대류의 힘에서 그 힘의 원인을 찾을 수 있을 듯합니다. 지구가 자전을 하면서 대류는 나선형의 모양으로 자기장의 힘을 발휘합니다. 대류는 전기를 발생시키고 곧이어 지구의 자기장이 형성됩니다.

▲어떤 자석이든 그 주변에는 자기장이 생깁니다. 하나의 정점에서 다른 쪽으로 자기력선이 생기는데, 물론 눈에 보이지는 않습니다. 지구의 자기장은 거대한 자기력선을 형성하면서 우주까지 뻗쳐 있습니다. 자기장은 태양으로부터 높은 에너지의 입자를 막아 주는 하나의 방패 역할을 하고 있습니다. 그 입자 중 일부가 극지방으로 들어오기도 하는데, 이때 대기권에 아름다운 색을 냅니다. 이것이 바로 오로라입니다.

다음 페이지에서 우리의 여행은 끝납니다. 지구 내부에서 가장 뜨거운 이곳은 고체 상태의 금속으로 가득찬 내핵입니다.

◆ 내핵 ◆

지구의 가장 중심은 고체 상태의 철과 니켈로 구성된 하나의 거대한 구슬이라고 생각하면 됩니다. 이곳의 압력을 지구 표면과 비교해 보면 족히 수백만 배쯤 될 거예요. 그 압력은 7,500℃라는 상상하기 힘든 온도에서도 액체 상태였던 철을 고체 성분으로 바꾸기에 충분하지요.

우리의 행성인 지구의 내부에 대해서 알 수 있는 좋은 방법 중 하나가 대기권 밖의 우주를 연구하는 것입니다. 갑자기 외계인 같은 이야기를 하는 것은 아니고, 운석에 관한 이야기예요. 운석은 소행성에서 떨어져 나온 파편으로 지구의 인력으로 인해 우주에서 지구로 떨어져 들어온 것입니다. 일부의 소행성들은 지구의 내부와 같은 성분으로 되어 있습니다. 그래서 운석들은 실제 지구 내부의 비밀을 직접적으로 알아볼 수 있는 아주 귀중한 자료가 되지요. 운석의 대부분은 철로 구성되어 있는데, 소행성의 중심부나 맨틀, 지각 등에서 떨어져 나온 것으로 추정됩니다.

지구는 어떻게 하여 중심부가 금속으로 되어 있고, 어떻게 맨틀은 암석으로 되어 있을까요? 지구는 약 46억 년 전에 생겨났는데, 처음에는 완전히 펄펄 끓는 마그마로 되어 있었습

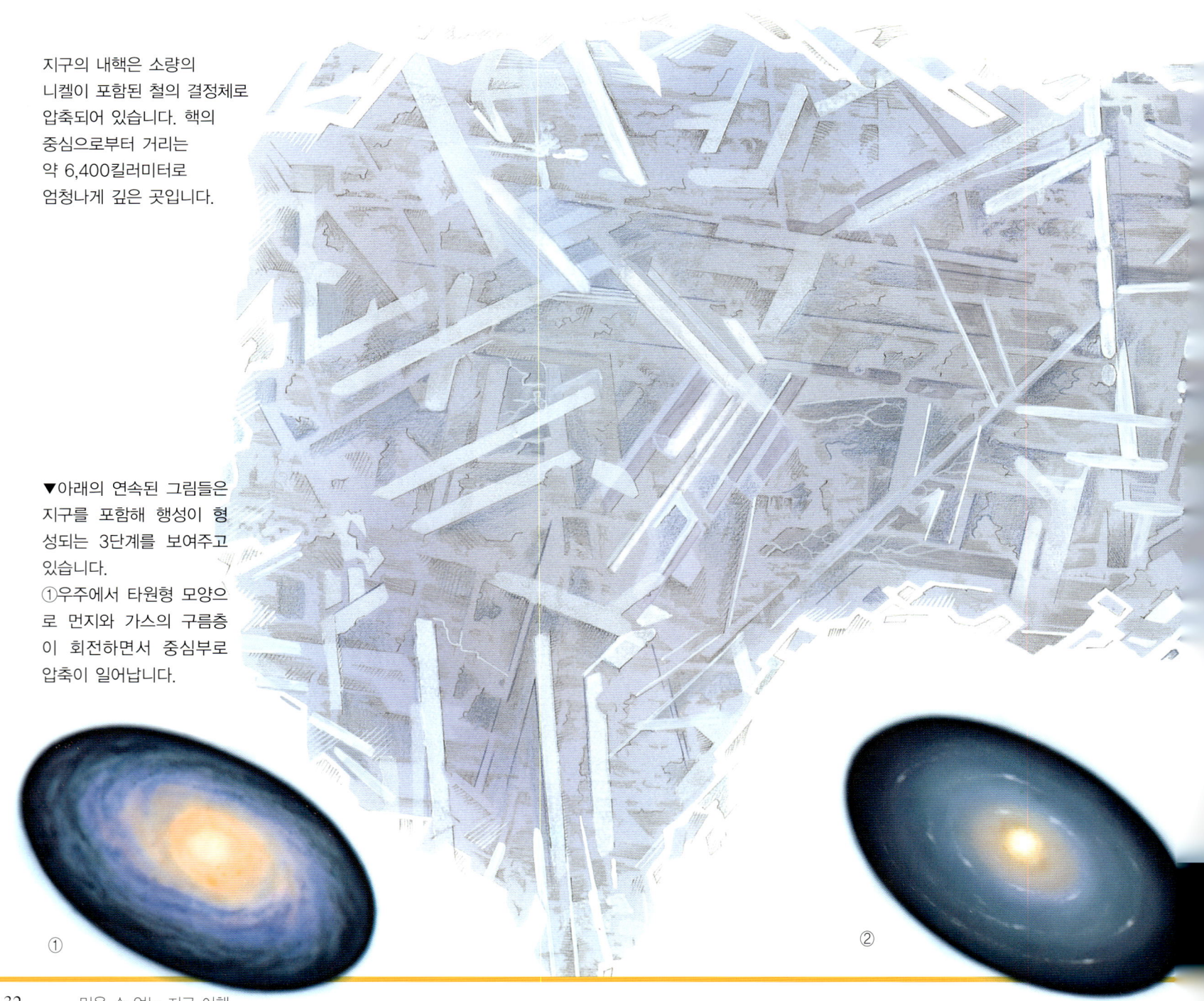

지구의 내핵은 소량의 니켈이 포함된 철의 결정체로 압축되어 있습니다. 핵의 중심으로부터 거리는 약 6,400킬로미터로 엄청나게 깊은 곳입니다.

▼아래의 연속된 그림들은 지구를 포함해 행성이 형성되는 3단계를 보여주고 있습니다.
①우주에서 타원형 모양으로 먼지와 가스의 구름층이 회전하면서 중심부로 압축이 일어납니다.

니다. 무거운 성분의 철은 점차 마그마 아래로 가라앉아 핵을 이루게 되었습니다. 상대적으로 가벼운 마그마는 지구의 위층인 맨틀과 지각을 이루게 되었지요.

자, 이제 우리는 우리 여행의 마지막 여정에 도달했군요. 이번 여행에서 여러분이 가장 마음에 들었던 곳은 어디인가요? 가장 놀라운 사실을 알게 된 곳은 또 어디인가요?

아마도 언젠가는 우리 지구의 실제 모습을 볼 수 있는 도구들이 발명되어 생생한 사진을 볼 수 있는 날이 올 거예요.

지금까지 우리는 과학자들이 연구했던 사실들을 바탕으로 상상력을 발휘해 그 누구도 가보지 못했던 지구 속으로의 여행을 해 보았습니다.

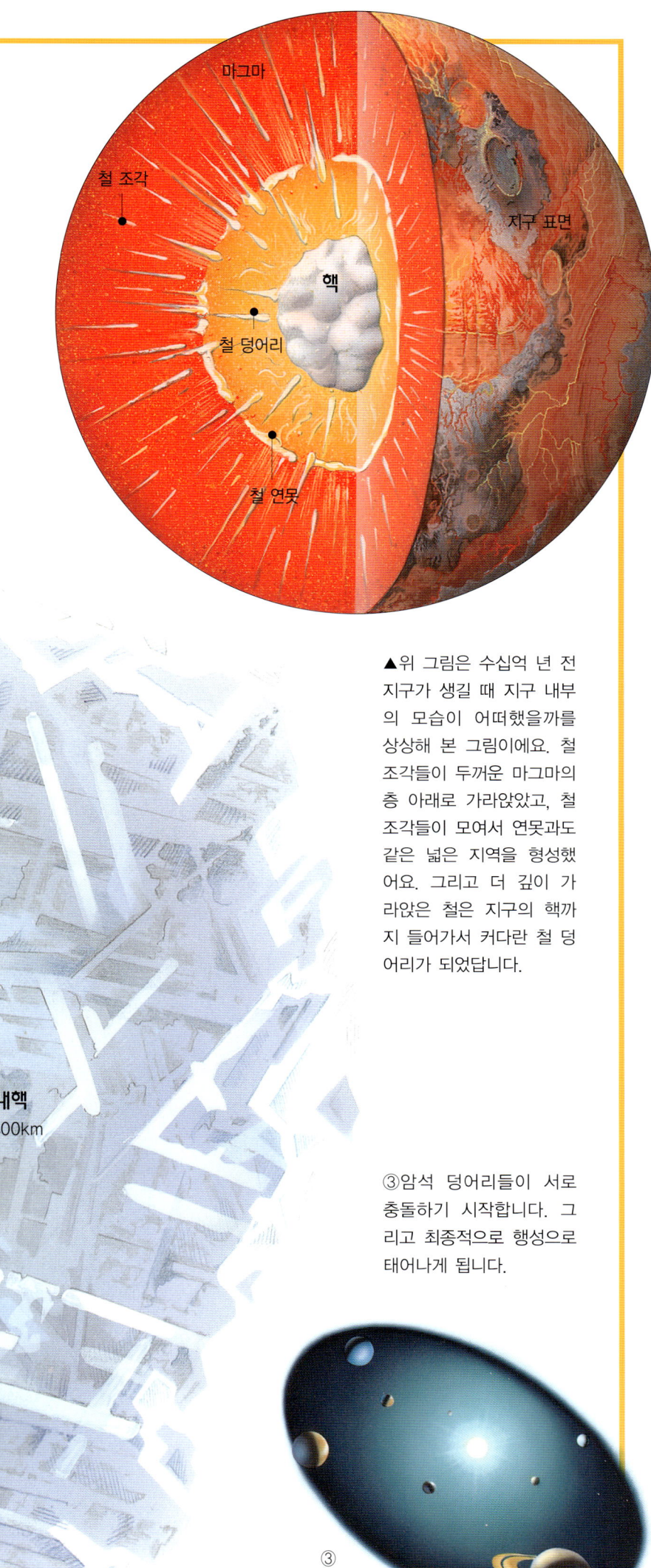

▲위 그림은 수십억 년 전 지구가 생길 때 지구 내부의 모습이 어떠했을까를 상상해 본 그림이에요. 철 조각들이 두꺼운 마그마의 층 아래로 가라앉았고, 철 조각들이 모여서 연못과도 같은 넓은 지역을 형성했어요. 그리고 더 깊이 가라앉은 철은 지구의 핵까지 들어가서 커다란 철 덩어리가 되었답니다.

내핵
6,400km

③암석 덩어리들이 서로 충돌하기 시작합니다. 그리고 최종적으로 행성으로 태어나게 됩니다.

②먼지들은 점차 서로 합해지면서 덩어리를 이루고, 결국 커다란 암석을 형성합니다. 이것이 점점 더 커지게 되고 중심의 가스 성분은 태양이 됩니다.

여행을 떠나기 전에

지구의 약 4분의 3은 바닷물로 덮여 있습니다. 하지만 아직도 우리들은 바다에 대해서 아는 것이 별로 없습니다. 바다의 밑바닥은 어떻게 생겼고, 깊고 어두운 바다 속에 어떤 생물이 살고 있는지 잘 알지 못합니다.

그렇기 때문에 대부분의 사람들은 깊은 바다 속에는 아무것도 살지 못할 거라고 생각합니다. 바다 속은 너무나도 차갑고 빛 하나 없는 암흑이기 때문에 어떤 생명체든지 살아갈 수 없다고 믿는 것입니다. 또 어떤 경우에는 먹을 것이 하나도 없기 때문에 깊고 깊은 해저에서는 생명체가 살아갈 수 없다고 생각하기도 합니다. 그러나 1800년대 중반부터 흥미로운 탐험이 시작되었습니다. 이전에는 보지도 못했던 별나게 생긴 물고기들이 그물에 걸려 잡힌 것입니다. 또한 과학자들은 초음파 장비를 이용하여 해수면에서 바닥까지의 깊이를 재는 데 성공했으며, 잠수정의 발명은 우리가 상상도 할 수 없었던 깊은 바다 속까지 탐험할 수 있게 해 주었습니다.

이제 여러분은 바다 속으로 서서히 들어가면서 다양한 생명체들의 놀라운 사실들을 하나씩 알게 될 것입니다. 1977년 세상에 처음으로 알려진 '메가마우스 상어'의 발견 등은 아직도 바다 속에는 신비로운 사실들이 많이 숨어 있다는 것을 말해 주는 본보기라고 할 수 있습니다.

믿을 수 없는
심해 여행

대양을 가로질러서

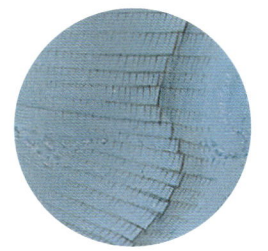

해령은 바다 속 4,000~6,000미터 깊이에 육지에 있는 산맥처럼 솟아 있는 지형입니다.

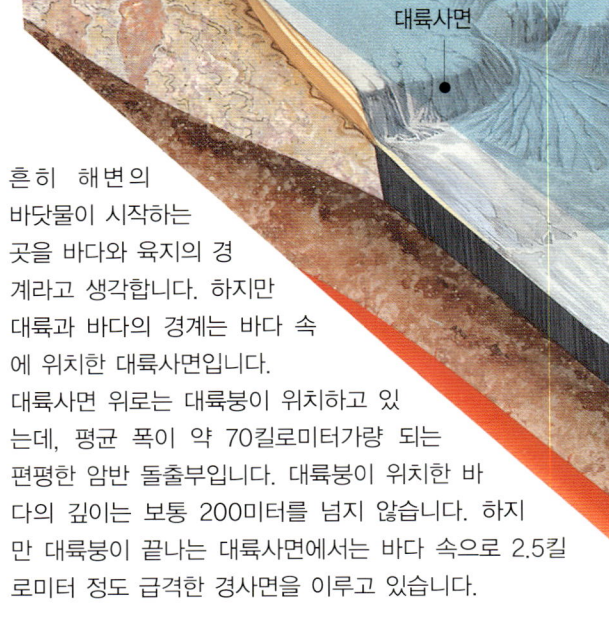

대륙사면의 끝자락에는 다시 경사가 완만한 대륙대가 나옵니다. 이 지역은 깊이가 평균 4,500미터가량 되는 심해저평원으로 이어집니다.

흔히 해변의 바닷물이 시작하는 곳을 바다와 육지의 경계라고 생각합니다. 하지만 대륙과 바다의 경계는 바다 속에 위치한 대륙사면입니다. 대륙사면 위로는 대륙붕이 위치하고 있는데, 평균 폭이 약 70킬로미터가량 되는 편평한 암반 돌출부입니다. 대륙붕이 위치한 바다의 깊이는 보통 200미터를 넘지 않습니다. 하지만 대륙붕이 끝나는 대륙사면에서는 바다 속으로 2.5킬로미터 정도 급격한 경사면을 이루고 있습니다.

위 그림은 바다의 모형입니다. 직사각형의 모형에는 바닷물과 해저의 풍경, 그리고 육지에 인접한 지역이 잘 나타나 있습니다.

우리는 앞으로 바다 속 다양한 환경을 살펴보게 될 것입니다.

바다로의 여행은 해변①에서 시작합니다. 해변은 땅과 바다가 만나는 곳이지요. 육지에 근접해 있는 앞바다는 깊이가 매우 얕고 다시마 숲②이 있습니다. 다시마 숲은 다양한 종류의 생물들의 안식처이지요.

눈을 좀더 들어 멀리 보면 해수면③ 바로 위에서 살아가는 동물들을 볼 수 있습니다. 해수면은 바로 물속으로 들어가기 직전④의 단계입니다.

자, 여기에서부터 바다 속 깊은 곳으로 여행을 떠날 것입니다. 가장 먼저 만나는 곳은 태양의 빛이 희미하게 남아 있는 약광층⑤입니다. 약광층보다 더 깊은 점심해수층⑥에서는 희귀한 생물들을 만날 수 있습니다.

다음에 만나는 곳은 대륙사면⑦이라는 곳으로, 이곳은 깊은 바다 속 넓은 평원처럼 보이는 심해저평원⑧으로 이어지기 바로 직전의 지역입니다. 심해저평원에는 해저 화산과 해산이 불쑥 불쑥 솟아 있습니다.

그 중 일부는 그 규모가 매우 커서 마치 섬처럼 바다 밖으로 솟아 올라와 있기도 하지요. 우리는 그 중 하나를 관찰해 보고, 그 주변의 따뜻하면서 얕은 바다 속에 서식하는 놀랍고도 다양한 생명체인 산호초⑨를 탐험하게 될 것입니다. 그러고는 다시 심해저평원으로 돌아와, 우리는 천천히 중앙해령 지대로 내려갈 것입니다.

중앙해령⑩은 대양의 밑바닥을 휘감고 있는 화산의 연결고리입니다. 마지막으로, 우리는 우리 탐험의 종착지인 심해구⑪를 탐험할 것입니다. 세계에서 가장 깊은 곳 중에 하나이지요.

옆 그림은 태평양 바다의 물을 모두 빼버린다고 가정했을 때의 모습입니다. 바다 속 해산과 화산이 흩뿌려져 있고, 이 중 일부는 바다 밑바닥에 긴 체인처럼 뻗은 산맥을 형성하고 있습니다. 심해구라고 불리는 곳은 마치 깊이 패인 상처 모양으로 바다 속 평원에 깊은 자국을 내고 있습니다. 그림에 보이는 해령은 바다 밑바닥을 둘러 길을 내고 있는데, 여기에는 변환단층들과 작고 수평으로 나 있는 해령들이 있습니다.

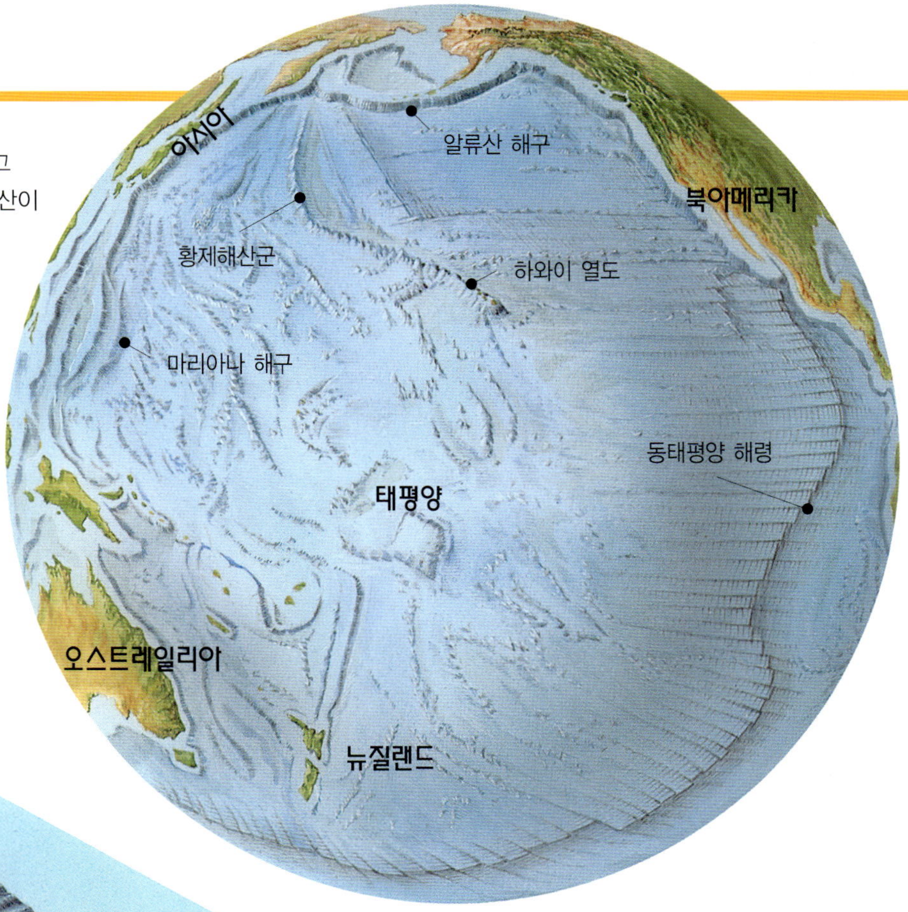

해구는 심해저에서 움푹 들어간 좁고 긴 곳으로 지구 상에 25~27개의 해구가 있답니다.

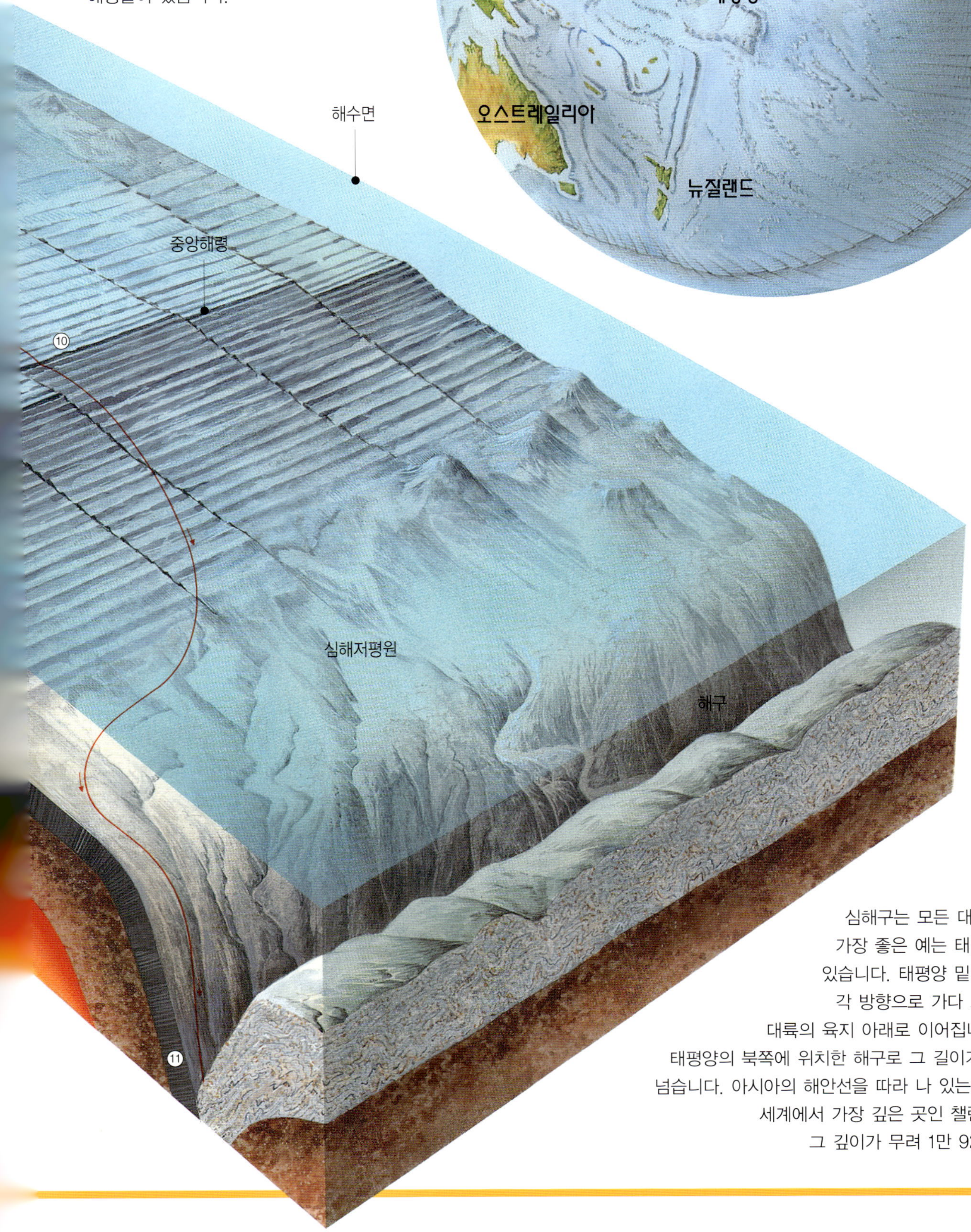

심해구는 모든 대양에서 발견되는데, 가장 좋은 예는 태평양에서 찾아볼 수 있습니다. 태평양 밑바닥의 북, 동, 서쪽 각 방향으로 가다 보면 아시아와 북미 대륙의 육지 아래로 이어집니다. 알류산 해구는 태평양의 북쪽에 위치한 해구로 그 길이가 1,000킬로미터가 넘습니다. 아시아의 해안선을 따라 나 있는 마리아나 해구에는 세계에서 가장 깊은 곳인 챌린지 해연이 있는데, 그 깊이가 무려 1만 920미터라고 합니다.

해변

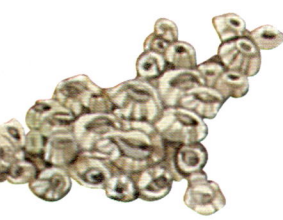
따개비는 바닷가 암초나 배의 밑바닥에 달라붙어서 생활을 합니다. 플랑크톤이 따개비의 먹잇감이지요.

깊고 깊은 바다 속 여행의 시작은 해변입니다. 바로 육지와 바다가 만나는 곳이지요.

해변을 한번 관찰해 볼까요?

기암절벽, 모래사장 또는 자갈로 덮인 해변, 강어귀와 경계를 이룬 곳에 펼쳐진 갯벌 등이 보이나요?

해변에서 살아가는 동물들은 해변과 바위에 몰아치는 거센 파도를 이겨내야만 합니다. 삿갓조개의 경우 아무리 강한 파도가 몰아쳐도 끄떡도 하지 않을 만큼 바위를 꼭 움켜쥐고 살아갑니다.

따개비 역시 바위에 완전히 밀착되어 있어 마치 바위의 일부처럼 보이지요. 게와 각종 벌레 등은 모래 아래 굴을 파고 살아갑니다. 바닷새들에게 잡아먹히지 않으려면 모래 속에 꼭꼭 숨어 있어야 하거든요.

해변은 바다의 흐름에 영향을 받기 때문에 해변의 동식물들은 물 밖에서도 살아남을 수 있어야 합니다.

말미잘이나 불가사리 등은 물 밖에서는 오래 살 수 없지만, 삿갓조개류와 홍합, 고둥과 같은 동물들은 물 밖에서도 여러 시간을 버틸 수 있도록 껍질에 충분한 수분을 가지고 있습니다.

해변의 바위와 바위 사이에는 물웅덩이가 생기는데 이곳에도 여러 종류의 해양 생물이 있습니다.

해초, 작은 물고기, 참새우, 불가사리, 말미잘, 소라게(주로 죽은 조개의 껍질 속에 살고 있어서 붙여진 이름) 등이 그것입니다.

바위 사이의 물웅덩이는 햇빛을 받아 따뜻하다가도 갑자기 높은 파도가 밀려오면 웅덩이의 물이 넘쳐 금방 식어지는 등 환경의 변화가 심하답니다.

이름

1. 제비갈매기
2. 검은머리 갈매기
3. 재갈매기
4. 검은머리 물떼새
5. 삿갓조개
6. 홍합
7. 고둥
8. 따개비
9. 게
10. 해초
11. 파래
12. 참새우
13. 불가사리
14. 큰가시고기
15. 소라게
16. 베도라치
17. 말미잘
18. 쇠고둥

조석의 변화

해수면은 하루에 2번 그 높낮이가 달라집니다. 이것을 조석이라고 부르는데 보통 밀물, 썰물이라고도 부르지요. 조석 현상은 달과 태양의 끌어당기는 힘에 의해 발생합니다. 지구가 자전하면서 달쪽에 가까운 바닷물이 달쪽으로 쏠리게 되는 것입니다(바닷물이 쏠리는 반대쪽도 동일). 이때 물의 높이가 높은 만조 현상, 즉 밀물이 나타나고, 동시에 달과 직각에 있는 바닷물의 높이는 간조 현상을 보여 썰물이 됩니다.

한 달 중 바닷물의 높이가 가장 높은 때를 '만조' 또는 '사리'라고 합니다(왼쪽 그림). 만조는 지구, 달 그리고 태양이 일직선 위에 있는 보름달과 그믐달의 경우입니다. 이때 달과 태양의 끌어당기는 힘이 겹치면서 조석을 일으키는 조석력이 가장 커지지요.

반면 한 달 중 바닷물의 높이가 가장 낮은 때를 '소조' 또는 '조금'이라고 합니다(오른쪽 그림). 지구에서 볼 때 태양과 달이 직각으로 될 때, 달은 반달(상현 또는 하현)이 되는데 이때는 태양과 달의 끌어당기는 힘이 서로 교차하게 되면서 조석력이 약해지게 됩니다. 따라서 바닷물의 높이가 가장 낮아지는 것이지요.

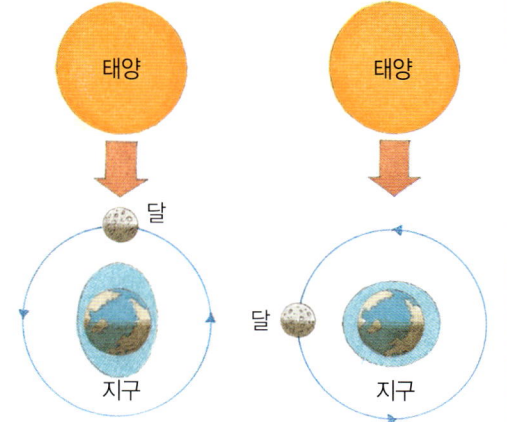

물범은 물개와 닮았지만 머리가 둥글고 귓바퀴가 없는 것이 특징입니다. 흔히 바다표범이라고도 하지요.

다시마 숲

이제 해변을 지나 바다 밑 거대한 숲 속으로 들어가 볼까요?

바다 밑 숲 속에는 40미터가 넘는 거대한 잎사귀를 가진 나무들이 몸을 흔들고 있습니다. 그렇지만 이 나무들은 우리가 상상하는 그런 진짜 나무들은 아닙니다. 바다 밑 숲 속에 사는 나무들은 '다시마' 라고 부르는 해초의 일종이랍니다.

다시마는 바닷물에서 영양분을 흡수하며, 뿌리 대신 갈고리 모양의 흡착기관을 가지고 있어 바닥에 견고하게 붙어 있을 수 있습니다. 또, 하루에 최고 50센티미터까지 자라는데, 햇빛을 받는 해수면 바로 아래까지 성장을 하지요. 다시마 숲에는 수많은 생명들이 먹이를 찾아 살며시 움직이기도 하고 때로는 재빨리 미끄러지듯 헤엄쳐 나아가기도 합니다.

다시마는 그런 다양한 동물들에게 풍부한 먹이를 제공하기도 하지요. 작은 물고기, 해면동물, 말미잘, 벌레, 불가사리, 문어, 바다달팽이, 게 등은 다시마를 먹고 살아갑니다. 반면 이런 작은 동물들은 바다사자, 해달 등의 포유류나 몸집이 큰 물고기들의 먹이가 되기도 하지요.

이름
1. 캘리포니아 바다 사자
2. 해달
3. 다시마
4. 물범
5. 쥐노래미
6. 큰갈조고기
7. 가리발디(자리돔의 일종)
8. 왕새우
9. 거미 불가사리
10. 불가사리
11. 블랙스미스
12. 도미
13. 성게
14. 쏨뱅이
15. 바다 달팽이

돛새치는 바다에서 가장 빠른 물고기 중 하나로 시속 100킬로미터 이상의 빠르기로 헤엄칠 수 있습니다. 또한 물 밖으로 뛰어오르기도 하지요.

파도 위

우리가 바다 속 여행을 할 때 첫 번째로 만나게 될 곳은 해수면 바로 위입니다. 이곳은 새들의 공간이라고 생각하기 쉽지만 그렇지만은 않습니다. 많은 바다 동물들이 바다 속 자신의 서식지를 떠나 정기적으로 바다 표면에 떠오르기도 하기 때문입니다.

날치는 물 위로 100미터 이상도 날아오를 수 있는데, 가슴지느러미를 수평으로 벌리고 꼬리로 해수면을 치면서 스치듯 날아갑니다. 날치는 길고 강한 지느러미를 이용해 바다 속의 포식자를 피해 물 위로 날아오르지만 해수면 위로 조금만 더 올라가면 다른 새들로부터 위협을 받기도 하지요.

고래와 돌고래들은 숨을 쉬기 위해 바다 위로 떠오릅니다. 일부 몸집이 작은 종류의 고래들은 물 위로 튀어 올라 공중 묘기를 부리기도 하지요.

바다 동물들이 물 위로 올라오는 것처럼 바닷새들도 종종 먹이를 잡기 위해 바닷물 속으로 뛰어듭니다.

열대조와 얼가니새는 마치 신천옹(앨버트로스)처럼 바닷물 속으로 곤두박질쳐서 부리나 발톱으로 물고기를 잡습니다. 이런 새들의 깃털은 공기 주머니 역할을 하기 때문에 다이빙 후에도 곧바로 물 표면 위로 떠오르게 해 줍니다.

고깔해파리와 같은 일부 종들은 해수면 위와 아래서 반반씩 서식합니다. 해파리의 머리 부분에는 공기 주머니가 있어서 물 위에 뜰 수 있으며, 바람과 해류를 따라 움직이면서 기다란 촉수로 작은 물고기를 잡습니다.

해수면

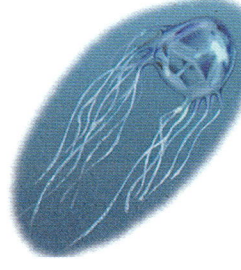
빛이 환하게 비추는 깊이의 바다에서는 잡아먹히기 십상입니다. 하지만 투명에 가까운 해파리는 잘 보이지도 않지요. 작은 동물들은 낮에는 잡아먹히지 않기 위해 어두운 곳에 숨어 있습니다. 하지만 포식자들은 예리한 시력으로 먹이를 찾아내기 마련이지요.

이제 우리가 여행할 곳은 해양학자들이 말하는 '바다의 지붕', 즉 해수면으로부터 약 200미터 지점입니다. 이곳에는 그나마 태양빛이 닿기 때문에 광합성을 하는 식물들이 성장을 합니다. 하지만 이곳에서 서식하는 식물들은 육지 식물과는 다르게 줄기도 뿌리도, 잎사귀도 없지요.

이곳에는 식물성 플랑크톤이라고 하는 아주 미세한 바다 식물이 해류를 따라 떠돌기도 합니다. 이것들은 바닷물 속에 녹아 있는 화학성분의 영양소를 먹고 삽니다.

아주 미세한 동물인 동물성 플랑크톤 역시 바닷물 위 표면을 떠돌아다니며 서식하는데, 이들은 식물성 플랑크폰을 먹습니다.

이 두 종류의 플랑크톤은 해파리, 새우, 작은 물고기, 심지어 고래에 이르기까지 다양한 생명들에게 먹이가 되어 줍니다.

여러 종류의 물고기들과 포유류, 거북 그리고 바닷새들 역시 플랑크톤을 먹고 살아갑니다.

대부분의 식물성 플랑크톤(아래 그림 중 왼쪽)은 규조식물이라고 불립니다. 아주 간단한 구조로 되어 있고 그 크기가 너무나 작아서 현미경이 아니면 눈으로는 볼 수가 없지요.

식물성 플랑크톤은 섬세한 모양을 가지고 있는데, 머리카락 또는 채찍 모양을 한 노를 이용하여 바다 표면 가까이에서 해류를 따라 떠다니지요.

동물성 플랑크톤(아래 그림 중 오른쪽)에는 작은 물고기, 바다 말미잘, 게와 크릴 새우의 유충까지 포함됩니다. 가장 일반적인 동물성 플랑크톤은 요각류라고 불리는 작은 새우나 게 등과 먼 친척쯤 되지요.

이름
1. 멸치
2. 왕당멸치(타폰)
3. 검은돛새치
4. 오징어
5. 대모갑거북
6. 만타가오리
7. 줄무늬참치
8. 긴수염고래
9. 만새기(돌핀피쉬)

 육지에서처럼 바다 속에도 먹이망이라고 하는 먹이 사슬 모형이 있습니다. 플랑크톤은 영양분이 많이 모여 있는 장소에 매우 풍부합니다. 특히 폭풍우가 일어난 지구의 하반구 대양의 차가운 바닷물과 대륙붕이 있는 비교적 얕은 바다에서 많이 찾아볼 수 있지요.

 이곳에는 크릴이라고 불리는 동물성 플랑크톤이 굉장히 풍부합니다. 그래서 물고기와 오징어, 고래들에게 매우 풍부한 먹이가 공급되는 지역이라고 할 수 있지요.

 몸집이 거대한 청고래나 향유고래는 하루에도 수만톤의 크릴 새우를 먹어치우는데, 이빨은 필요가 없습니다. 이들의 입에는 빗모양의 넓적한 수염이 있으니까요. 한꺼번에 엄청난 양의 물을 들이마신 후 물을 뿜어내면 마치 체로 쳐내듯이 수많은 크릴을 입 속으로 집어 넣을 수 있답니다.

전설에 많이 등장하는 기이하게 생긴 물고기라고 믿어졌던 산갈치는 2개의 가느다란 지느러미와 은빛의 리본 모양을 하고 있습니다.
등지느러미는 붉은 빛을 띠고 있는 멋진 물고기이지요. 등지느러미 앞으로는 몇 가닥의 뼈 줄기가 갈기처럼 뻗어 있습니다.

빛이 닿는 바다의 가장 깊은 층(약광층)

햇빛이 바다 속으로 들어갈 수 있는 깊이는 보통 200미터 정도입니다. 그보다 더 깊은 1,000미터 아래로는 빛이 전혀 들지 않습니다. 바로 이 200미터에서 1,000미터 사이를 약광층이라고 합니다. 이곳은 매우 어두침침하고 물의 압력도 해수면에 비교해 매우 커지며, 생명체도 그다지 많지 않습니다.

약광층에 서식하는 동물들은 위쪽 바다에서 떨어지는 쓰레기, 즉 죽은 물고기, 썩어가는 플랑크톤 또는 배설물을 먹는데, 때로는 자신들의 동료들을 먹기도 합니다. 이들에게는 언제 자신에게 떨어질지 모를 이런 먹이들을 얻기 위해서 고도로 예민한 눈과 길고 넓은 턱, 먹이를 꽉 물 수 있는 이빨, 그리고 커다란 위를 가지고 있습니다. 일부 어류들은 스스로 빛을 내는 기관을 몸에 가지고 있기도 하지요(48쪽).

바이퍼피쉬(독사물고기)는 먹이를 유인하기 위해 등지느러미에서 빛을 냅니다. 발라쿠다나는 헐거운 경첩 모양의 턱을 가지고 있고, 자기보다 더 큰 먹이를 소화시키기 위해 위를 크게 할 수 있는 특징을 가지고 있습니다.

일부 동물들은 약광층과 해수면 사이를 왕복하며 살아가는 것들도 있습니다.

해체트피쉬가 가장 대표적인 어류인데 이들은 주로 밤에 먹이를 찾아 해수면까지 올라갑니다. 그러고는 죽은 상어나 해파리 등을 먹습니다.

믿을 수 없는 심해 여행

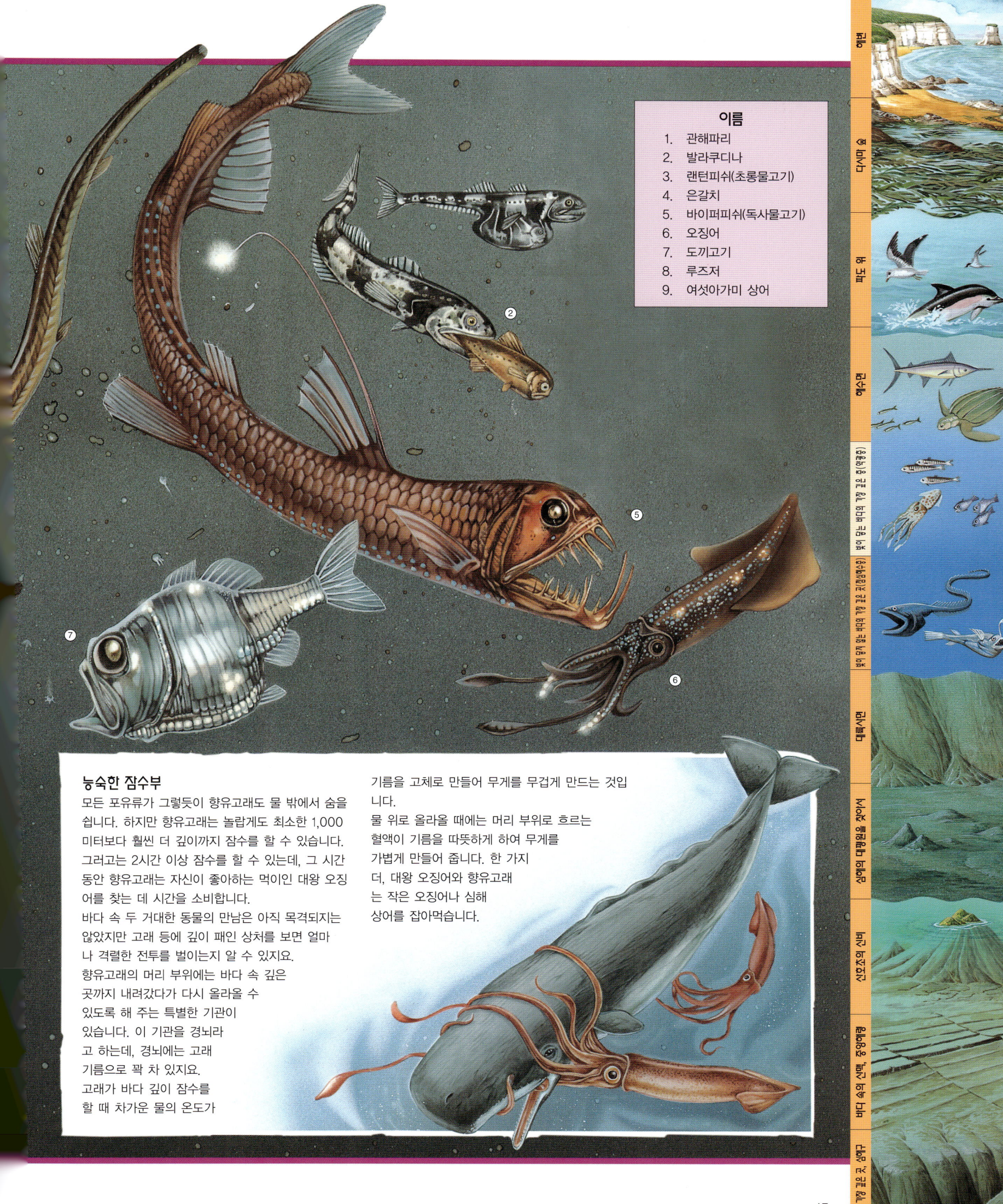

이름
1. 관해파리
2. 발라쿠디나
3. 랜턴피쉬(초롱물고기)
4. 은갈치
5. 바이퍼피쉬(독사물고기)
6. 오징어
7. 도끼고기
8. 루즈저
9. 여섯아가미 상어

능숙한 잠수부

모든 포유류가 그렇듯이 향유고래도 물 밖에서 숨을 쉽니다. 하지만 향유고래는 놀랍게도 최소한 1,000미터보다 훨씬 더 깊이까지 잠수를 할 수 있습니다. 그러고는 2시간 이상 잠수를 할 수 있는데, 그 시간 동안 향유고래는 자신이 좋아하는 먹이인 대왕 오징어를 찾는 데 시간을 소비합니다.

바다 속 두 거대한 동물의 만남은 아직 목격되지는 않았지만 고래 등에 깊이 패인 상처를 보면 얼마나 격렬한 전투를 벌이는지 알 수 있지요.

향유고래의 머리 부위에는 바다 속 깊은 곳까지 내려갔다가 다시 올라올 수 있도록 해 주는 특별한 기관이 있습니다. 이 기관을 경뇌라고 하는데, 경뇌에는 고래 기름으로 꽉 차 있지요.

고래가 바다 깊이 잠수를 할 때 차가운 물의 온도가 기름을 고체로 만들어 무게를 무겁게 만드는 것입니다.

물 위로 올라올 때에는 머리 부위로 흐르는 혈액이 기름을 따뜻하게 하여 무게를 가볍게 만들어 줍니다. 한 가지 더, 대왕 오징어와 향유고래는 작은 오징어나 심해 상어를 잡아먹습니다.

빛이 닿지 않는 바다의 가장 깊은 곳(점심해수층)

심해 새우, 참새우, 오징어 등은 큰 물고기로부터 공격을 받으면 희뿌옇게 빛이 나는 물질을 내뿜은 후 도망갑니다.

아귀의 수컷은 입을 암컷의 몸에 부착시키고 나서야 짝짓기를 시작합니다. 알은 바다 표면으로 떠올라 떠다니다가 부화합니다.

이제 해수면 1,000미터 아래로 내려가 볼까요? 점심해수층이라고 하는 이곳은 완전히 암흑에 덮여 있습니다. 물의 온도도 엄청 차갑지요. 그렇다고 생명체가 아주 없는 것은 아닙니다.

햇빛을 전혀 찾아볼 수 없지만 이곳에는 스스로 빛을 내는 발광생물들이 살고 있답니다.

오징어, 해파리, 요각류로 불리는 매우 작은 심해 생물들이 스스로 빛을 내는 대표적인 동물들입니다.

이런 동물들이 내는 빛은 여러 가지 역할을 수행합니다. 먹이를 유인하고, 동족 간의 신호로 사용되고, 포식자들의 눈을 혼란스럽게 해 위장하는 데도 이용하지요.

영어로 낚시꾼 고기라는 뜻을 가진 아귀류의 물고기들은 훌륭한 사냥 솜씨 때문에 붙여진 이름입니다.

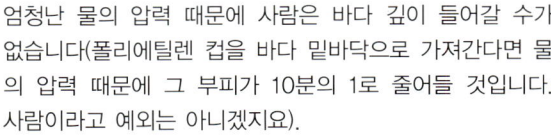

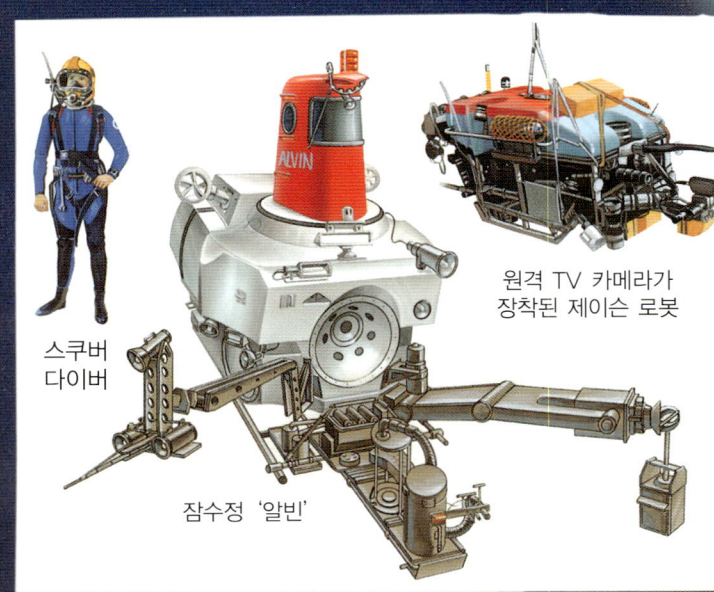
스쿠버 다이버
잠수정 '알빈'
원격 TV 카메라가 장착된 제이슨 로봇

심해로의 탐험

엄청난 물의 압력 때문에 사람은 바다 깊이 들어갈 수가 없습니다(폴리에틸렌 컵을 바다 밑바닥으로 가져간다면 물의 압력 때문에 그 부피가 10분의 1로 줄어들 것입니다. 사람이라고 예외는 아니겠지요).

스쿠버다이버들도 고작해야 바다 속 50미터 이상은 들어갈 수 없습니다. 50미터 이상 더 잠수를 하게 되면 호흡 기관 안에 있는 공기들이 물의 압력을 받아 심하게 압축되어 버리기 때문입니다.

인류에게 깊은 바다로의 탐험을 가능하게 해 준 잠수정은 매우 튼튼한 소재의 금속으로 만들어졌습니다.

엄청난 물의 압력을 이겨 낼 수 있을 만큼 튼튼하지요. 그리고 로봇 카메라는 사람의 눈을 대신하여 바다 속의 수많은 생명체들을 선명하게 보여준답니다.

이름
1. 참새우
2. 흡혈박쥐 문어
3. 낚시물고기(아귀류)
4. 풍선뱀장어
5. 낚시물고기(아귀류)
6. 참새우

　아귀류에 속하는 낚시물고기의 등 위에는 길다란 대가 있는데 그 끝에서는 빛이 반짝입니다. 작은 물고기들이 이 빛을 먹이라고 생각하고 달려들면 낚시물고기는 입만 벌리고 손쉽게 물고기를 잡아먹지요. 기다란 낚싯대 끝에 반짝이는 빛이 미끼의 역할을 하는 것입니다.

　점심해수층에 사는 대부분의 생명체들은 포식자들로부터 눈에 잘 띠지 않는 갈색, 보라색, 회색의 몸 색깔을 하고 있습니다. 새우의 선명한 붉은색 역시도 깊은 바다 속에서는 잘 보이지 않지요. 이곳에서는 먹이가 충분하지 않기 때문에 모두들 많이 움직이지 않습니다. 에너지를 아끼기 위해서랍니다. 풍선뱀장어의 경우 움직이지 않고 가만히 숨어서 먹이를 사냥하는데, 아무리 큰 먹이라도 한 입에 먹어치울 수 있답니다. 입 크기가 몸길이의 4분의 1이나 되거든요.

49

대륙사면

이름
1. 줄기가 있는 바다나리
2. 래빗피쉬(독가시치)
3. 거미불가사리
4. 멍게
5. 유리 해면
6. 바다가재
7. 박쥐고기

박쥐고기는 그 지느러미가 박쥐처럼 생겨서 붙은 이름입니다. 사람을 무서워하지 않는답니다.

대륙붕과 대륙사면

대륙의 가장자리에 가까워질수록 바다의 깊이는 얕아집니다. 금방이라도 수천 미터 아래로 곤두박질치듯이 깊지 않고 먼 바다 쪽으로 완만한 경사를 이루고 있지요.

바로 이곳이 대륙붕이라고 하는 바위 바닥입니다. 대륙붕이 있는 바다의 깊이는 대략 200미터 정도이고, 다시 바위 바닥의 가장자리에 다다르면 가파르게 깊은 바다로 이어집니다. 그러고는 바로 4,000~5,000미터 깊이의 심해저평원으로 이어집니다.

대륙붕이 끝나면서 심해저평원으로 이어지는 곳을 대륙사면이라고 부릅니다. 대륙사면에는 깊은 협곡이 패여 있는 것이 보통인데, 이는 강물이 바다로 이어지면서 협곡으로 패인 것입니다.

때때로 육지로부터 엄청난 양의 홍수, 연니, 기타 여러 물질들이 협곡으로 밀려 내려옵니다(저탁류 또는 혼탁류라고 함). 이때 대륙사면 끝자락과 바다의 밑바닥이 만나는 곳에 마치 부채꼴모양으로 엄청난 퇴적물이 쌓이지요.

이곳은 바다 속 2,500미터 지점이에요. 바다의 바닥이라고 할 수 있지요. 이곳엔 대륙붕과 대륙사면이 존재하는데, 대륙사면은 대륙붕 끝에서 아래쪽을 향해 심해저로 내려가는 사면을 말합니다.

생명체가 매우 희박했던 점심해수층과는 달리 이곳은 먹이를 찾아 사냥을 하거나 썩은 고기를 찾아 헤매는 동물들이 꽤 많은 편입니다. 일부 물고기들은 물속에 있는 음식물 입자를 체로 치듯이 먹거나, 바닥의 연니(해수면으로부터 떨어지는 부패한 식물과 동물들의 잔해가 쌓인 것)를 그냥 먹어치우기도 합니다.

박쥐고기는 바다에 살아가는 것들을 잡아먹기 위해 바닥을 슬금슬금 기어다닙니다. 땅딸이 가재라고도 불리는 바다가재류들 역시 부드러운 연니 위를 기어다닙니다.

기다란 줄기 위로 열대의 흰 꽃을 닮은 해면동물들은 마치 하나의 점과 같이 자리를 잡고 있습니다.

젤리로 만든 작은 가방 모양을 한 멍게가 있는가 하면, 리본 모양의 촉수를 이용하여 물속의 음식물 입자를 먹는 바다나리류들도 볼 수 있지요.

심해의 대평원을 찾아서

줄민태속 어류는 심해저 평원에서 쉽게 찾아볼 수 있습니다. 척탄병(수류탄 투척이 주임무인 병사)이란 별명을 가졌는데, 이는 수컷이 드럼 치는 소리를 내는 데서 유래했습니다.

이 소리는 바다 깊이까지 전해지는데, 암컷을 유혹할 때 사용되는 것으로 보입니다.
심해저평원에 유리병, 그물, 캔 등이 나뒹굴고 있는데, 특히 쓰레기 중에 가장 골칫거리는 1850년대부터 1950년대까지 100년 동안 대양을 지나다니던 증기선에서 버린 석탄재입니다. 쓰레기는 증기선의 경로 근처에 집중되어 있고, 해양학자들이 건져 올린 바다 밑 침전물 샘플들 어디에서도 발견됩니다.
인류에 의해 바다 전체가 심각하게 오염되어 있음을 알 수 있습니다.

심해저평원은 마치 육지의 대평원과도 같은 곳으로 특징도 별로 없고 인류가 탐험을 한 적도 별로 없는 그런 곳입니다. 우리는 해저의 대평원을 지나가면서 산맥도 만나고, 깊고 깊은 바다의 해구도 만나게 될 것입니다. 그렇지만 이곳의 대부분은 질퍽한 연니로 덮인 편평하고 광활한 평원일 뿐입니다.

이곳에서 살아가는 동물들은 스스로 이 진흙탕 속에서 살아가는 방법을 터득하고 있지요.

바다조름은 마치 식물처럼 보이는데, 가느다란 줄기를 진흙 속에 닻처럼 내려 정착하고 있습니다. 그러고는 왕관 모양의 촉수를 이용하여 먹이를 사냥하지요.

해면동물의 하나인 해로동혈은 유리로 가닥을 꼬아 놓은 듯이 생겼습니다.

파랑눈매퉁이속 어류는 진흙 바닥 위로 기둥모양의 지느러미로 지탱하면서 자리를 잡고 있습니다. 그리고 참새우 등의 먹이가 지나가는 것을 감지하기 위해 앞쪽에 위치한 지느러미를 뻗고 있지요. 그리고 먹이가 사정권 안으로 오게 되면 재빨리 앞으로 돌격해 잡아먹습니다.

바다 속 연충들은 연니 속에 굴을 파서 몸을 숨기고 있습니다.

해삼은 매우 부드러운 몸을 가지고 있는데, 이들은 바다 속을 천천히 기어다니면서 진흙 속에 남겨진 식물이나 동물들을 먹이로 먹습니다.

말뚝기둥모양의 다리와 등에 축구화 문양을 가진 거미불가사리는 진흙 속의 먹이를 찾기 위해 진흙을 따라 천천히 움직입니다.

연니 속에서

원래 바다의 바닥은 바위입니다. 하지만 그 위로 각종 침전물로 뒤덮여 침전물의 두께가 무려 500미터나 된다고 합니다. 침전물은 자갈, 모래, 진흙 등이 대부분입니다. 이러한 바다의 침전물은 수백만 년에 걸쳐 바다 바닥에 쌓인 것입니다.
바다 중에서도 쓸모가 많은 부분들은 해수면에서부터 비오듯이 떨어져 내려온 플랑크톤 뼈의 잔해가 모여서 이루어진 곳입니다.

이름

1. 줄민태속 어류
2. 바다조름
3. 참새우
4. 해삼
5. 파랑눈매퉁이속 어류
6. 해삼
7. 해로동혈
8. 거미 불가사리
9. 해삼
10. 바다조름
11. 성게

산호초의 신비

호주의 북동쪽 해안에는 약 2,400킬로미터의 세계에서 가장 큰 산호초가 있습니다. 생명체로 만들어진 것으로도 세계에서 가장 큰 구조물이라고 할 수 있지요. 얼마나 큰지 40만 킬로미터나 떨어져 있는 달에서도 보인답니다. 해변으로부터는 50여 킬로미터 가량 떨어져 있지만 바다의 수심은 10여 미터로 낮은 편이며, 세계 최대의 이 그레이트배리어리프(우리말로는 대보초)라고 하는 산호초 띠에는 200~350종의 산호초가 발견되었답니다.

그레이트 배리어리프
오스트레일리아

그러나 수많은 관광객들이 버린 쓰레기, 무역선을 위한 바닷길 내기 작업, 바다의 오염, 그리고 산호초를 이용한 보석 만들기 등으로 수백만 년에 걸쳐 만들어진 자연의 신비가 파괴되고 있습니다.

흰동가리(클라운피쉬)는 바다말미잘과 서로 도우며 삽니다. 말미잘은 산호초 위에서 사는데, 촉수에 독이 있어 다른 물고기들을 죽일 수 있습니다. 하지만 흰동가리는 말미잘의 독 있는 촉수로부터 안전하지요.

여러분은 저 깊은 바다 속을 경험해 보았습니다. 이제부터는 심해 화산을 지나, 심해저평원 상층부로 다시 올라가 볼 것입니다. 바로 해수면 가까이에 있는 놀랍도록 아름다운 산호섬이지요.

이곳에는 수많은 종류의 물고기와 바다 생물들이 함께 어울려 살고 있습니다.

해저에는 수많은 화산이 있는데, 뜨거운 마그마가 지구내부로부터 지각(지구의 표면)의 틈을 비집고 솟아오릅니다.

마그마는 곧 차가운 바닷물에 식혀지면서 바위로 굳어지고, 화산 폭발은 계속 이어집니다. 이런 과정을 거쳐 바다 위까지 솟은 섬이 만들어지기도 하지요.

미국 남동쪽 끝 하와이섬 북동부에는 이렇게 만들어진 '마우나케아'라고 하는 거대한 화산이 있는데, 해저에서부터 육지에 있는 산 정상까지의 높이가 무려 1만 200미터나 된답니다.

환초의 형성

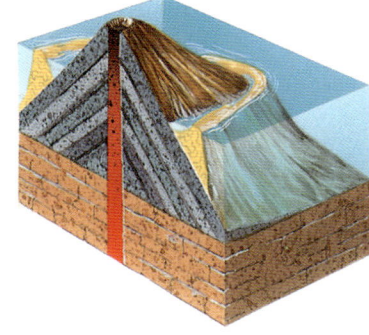 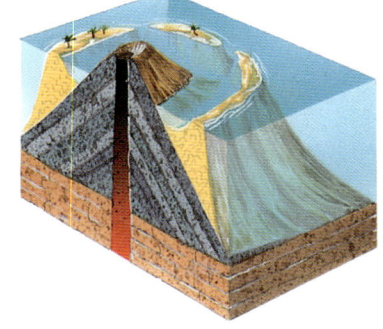 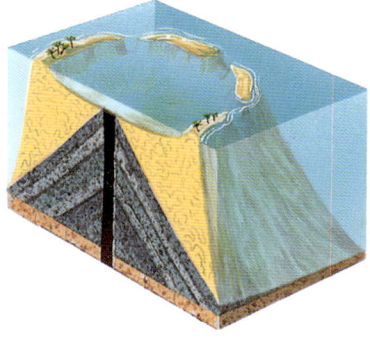

뜨거운 마그마 분출이 멈추면 화산은 바다 아래로 가라앉게 될 것입니다. 화산의 분출에 의하여 생긴 섬이 1년에 약 8밀리미터 높이로 아주 천천히 가라앉게 되면 섬 주변으로는 둥글게 산호가 자라지요. 이때 점차 섬은 사라지고 호수가 생기는데, 이것을 환초라고 합니다. 남태평양에는 바로 이런 과정을 거쳐 생겨난 환초가 많지요.

54 믿을 수 없는 심해 여행

이름

1. 나폴레옹 피쉬
2. 창꼬치
3. 바다거북
4. 가오리
5. 거거
6. 나비고기
7. 튜브 해면
8. 연필 성게
9. 비늘돔
10. 불가사리
11. 문어
12. 검은쥐치
13. 얼게돔
14. 불가사리
15. 곰치
16. 그루퍼(농어과의 식용어)
17. 황금나비고기
18. 가시불가사리
19. 화이트 팁 상어
20. 바다 달팽이

산호는 폴립이라고 하는 미세한 자포동물의 딱딱한 뼈에 의해 형성되는데, 주로 열대지방의 바위가 많은 화산섬의 해안선을 따라 따뜻하고 얕은 물속에서 자랍니다.

산호는 수백 년에 걸쳐서 아주 천천히 커다란 산호초를 형성합니다. 산호의 형태는 폴립의 종류에 따라 다르게 나타나며, 하얀색의 산호는 죽은 것입니다.

산호초에는 많은 생명체들이 함께 살고 있습니다. 어떤 물고기들은 산호 속에서 살면서 해수면에 떠다니는 조류식물을 먹이로 살아갑니다. 한편, 비늘돔, 가시불가사리 등은 산호를 먹고 살아가지요.

상어, 가오리, 창꼬치 등의 어류들은 산호 속에서 살아가는 다양한 물고기들을 사냥합니다. 곰치는 산호 틈 사이에 숨어 있다가 지나가는 작은 물고기나 문어 등을 갑자기 덮쳐서 사냥하는 것으로 유명하지요.

바다 속의 산맥, 중앙해령

이름
1. 열수구
2. 서관충
3. 가재
4. 대합조개
5. 등가시치
6. 브로툴리드
7. 게

중앙해령은 대부분 바다 깊은 곳 바닥에서나 찾아볼 수 있습니다. 하지만 북대서양의 아이슬란드는 바다 위로 해령이 드러난 몇 안 되는 곳 중에 하나입니다. 화산과 오래된 용암이 흘렀던 흔적들을 볼 수 있을 뿐 아니라 섬을 가로지르는 중앙해령을 따라갈 수도 있지요.

열수구는 1977년도에 갈라파고스 제도 근처에서 작업 중이던 알빈 잠수정에 탑승한 해양 사진가에 의해 발견되었습니다. 이를 통해 해저 동물들이 햇빛이 없어도 생존할 수 있다는 사실이 입증되었지요.

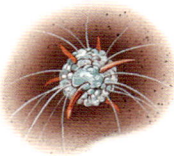

관해파리 종류의 하나로 '민들레' 라는 별칭을 가진 탁구공 크기의 해파리가 열구수 주변에서 발견되었습니다.
이 해파리는 가느다랗고 톡 쏘는 촉수를 이용하여 바다 바닥에 자리를 잡고 있는데, 촉수는 먹이를 잡을 때도 사용됩니다.

새로운 해저의 생성

모든 중앙해령을 따라가 보면, 지구 내부로부터 마그마가 분출되는 것을 발견하게 됩니다. 마그마가 지각 위로 나오면서 기존에 있었던 바다 바닥은 점차 등성이부터 밀려 올라갑니다.

마그마는 해저 화산(열곡)으로부터 분출하는데, 곧 바닷물에 의해 식혀지면서 굳어버립니다. 그러면서 새로운 해저 한 곳이 생겨나게 되지요.

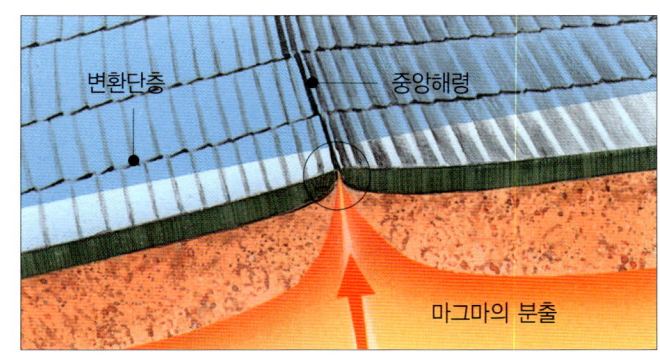

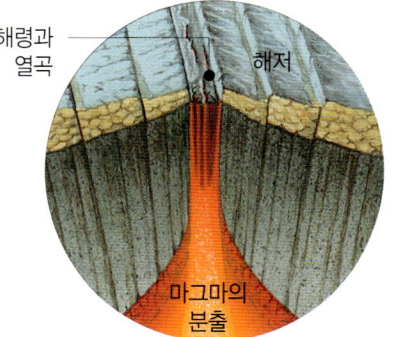

이러한 과정이 반복되면서 새로운 해저가 계속적으로 형성되는 것입니다. 실제로 중앙해령은 작은 해령들의 연속으로 이루어져 있지요. 이 작은 해령들은 각각 직각으로 나 있는 틈에 의해 분리되어 있는데, 이를 변환단층이라고 부릅니다.

56 믿을 수 없는 심해 여행

바다 속 심해저평원은 바위로 된 등성이와 깊고 넓은 산맥이 즐비합니다.

중앙해령은 굽이굽이 지구를 감아 돌고 있는 바다 속 긴 산맥이지요. 중앙해령은 지구 내부의 뜨거운 용암이 분출되자마자 식으면서 형성됩니다.

중앙해령을 따라가다 보면 해저에서 아주 뜨거운 물이 용솟음치는 틈이 있는데, 과학자들은 이곳을 열수구라고 부릅니다.

바다 바닥의 바위로 스며든 물은 마그마의 열에 의해 뜨겁게 되고 열수구를 통하여 다시 분출됩니다. 이곳에는 지각으로부터 나온 미네랄과 유황이 매우 풍부하지요.

마치 굴뚝에서 검은 연기를 내뿜는 듯한 열수구는 높이가 수 미터에 달합니다.

놀라운 것은 뜨거운 온도에도 불구하고 열수구 주변으로 조개, 게, 가제, 그리고 등가시치 등 다양한 바다 생물들이 발견된다는 것입니다.

이중에서도 가장 놀라운 것은 붉은 색의 몸체가 흰 튜브 껍질로부터 마치 튤립처럼 튀어 나와 있는, 길이가 3미터에 이르는 커다란 서관충입니다.

이곳의 동물들은 유황을 영양분으로 바꾸는 박테리아를 먹이로 삼거나 이러한 박테리아를 먹는 동물들을 다시 먹이로 잡아먹으며 살아갑니다.

지구에서 가장 깊은 곳, 심해구

심해저평원에서 더 밑으로 내려가다 보면 갑작스럽게 수킬로미터의 깊이로 떨어지는 곳을 만나게 되는데, 이곳이 지구 상에서 가장 깊은 곳인 '심해구'입니다.

해양사진가들은 이곳을 하데스(그리스 신화에 등장하는 지하 어둠의 신)의 지역이라고 부르지요.

6,000~1만 미터에 이르는 이곳 깊은 바다 속에서도 믿기지 않지만 생명체가 살아 가고 있습니다. 이들은 특수한 몸 구조를 가지고 있는데, 엄청난 물의 압력을 이겨낼 수 있도록 몸 내부에 빈 공간이 없습니다. 그래서 이곳의 어류들은 수압이 낮은 위쪽으로 조금만 올라가도 곧 죽게 될 것입니다.

이곳 심해구의 바닥은 편평하고 연니로 덮여 있습니다. 일부 종류의 해삼은 강모로 뒤덮힌 다리를 가진 갯지렁이(다모류)처럼 이곳에서 서식하지요.

왕관 모양의 촉수와 연니로 뒤덮힌 튜브로 이루어진 말미잘도 있습니다. 말미잘은 포식자가 나타나면 진흙 속으로 미끄러지듯이 숨어버리는 습성이 있습니다. 그리고 브로툴리드라고 하는 물고기도 서식하는데, 이 물고기 역시 세계에서 가장 깊은 심해구에서 서식하는 것으로 알려져 있습니다.

1960년대 두 명의 과학자 자크드 피카드와 돈 왈쉬는 잠수정을 타고 지구 상에서 가장 깊은 곳을 탐험하는 데 성공했습니다. 마리아나 해구에 있는 챌린지 해연이 바로 그곳입니다. 무려 5시간이 걸려 내려간 이곳은 그 깊이가 1만 911미터나 됩니다. 두 과학자는 잠수정 아래 달린 관찰용 캡슐에 타고 챌린지 해연으로의 여행을 했습니다. 물의 압력을 이겨내기 위해 이 캡슐의 두께가 13센티미터나 됐습니다.

새로운 해저가 중앙해령에서 만들어지는 속도만큼 대륙의 가장자리에 있는 기존의 해저는 지구의 아래쪽으로 삼켜지듯이 들어갑니다. 과연 무엇이 지각판을 만들고, 계속해서 새로운 해저를 만들어 내는 것일까요? 해답은 바로 지구 내부에 있는 맨틀에서 올라오는 열이 아래 그림처럼 원을 그리며 회전하고 있기 때문입니다. 지각판은 마치 천천히 움직이는 뗏목과 같습니다.

오른쪽의 그림은 마리아나 해구의 일부를 보여 줍니다. 세계에서 가장 높은 빌딩 중에 하나인 높이 449미터의 미국 뉴욕의 엠파이어 스테이트 빌딩과 그 높이를 한 번 비교해 보세요.

이름
1. 브로툴리드
2. 말미잘
3. 해삼
4. 갯지렁이(다모류)

움직이는 지각판

심해구는 바다 바닥이 지구의 아래로 미끄러지듯이 들어가는 곳에 생깁니다.

이러한 심해구가 생기는 곳은 지구의 외부 껍질 부분인 지각의 표층 2개가 서로 만나는 곳입니다.

대륙쪽의 판은 좀더 무거운 해양(대양)의 판 위로 올라오게 되는데, 해양의 판이 대륙의 판 아래로 움직이는 것을 해양 지각의 침강이라고 합니다. 바로 이 침강 현상이 엄청난 깊이의 해구를 만들어 내는 것이지요.

해구는 태평양 어느 곳에서든지 나타납니다. 바다 밑바닥이 지구 땅속으로 가라앉으면서 엄청난 열이 발생하여 암반을 녹입니다. 녹은 암반은 대륙의 바위 바닥을 뚫고 화산으로 분출하지요.

여기에는 바닷물 속에 있었던 여러 가지 젖은 성분이 포함되어 있습니다. 태평양을 둘러싼 일대를 '환태평양 조산대'라고 부르는 이유가 여기에 있습니다.

59

여행을 떠나기 전에

노래에 나오는 별들은 항상 작습니다. 그래서 작은 별이노라 부릅니다. 하늘의 반짝이는 별들은 노래에 나오는 별들처럼 다정하게 보이기는 하지만 사실은 그렇지 않습니다. 지구에서 가장 가까이에 있는 별인 태양을 보면 별이 그렇게 친구 같지 않다는 것을 알 수 있지요. 태양은 지구 5,000개를 합친 만큼 크며, 태양보다 200배나 큰 별들이 발견되기도 했습니다. 우주를 탐색해 보면 지구에서는 감히 상상할 수 없는 일들과 마주치게 됩니다. 예를 들면 엄청나게 큰 별들과 엄청나게 무거운 별들이 발견되기도 했습니다.

중성자별의 경우 찻숟가락만한 중성자별이 지구에 있는 모든 사람들을 합쳐 놓은 무게와 같답니다.

이 책에 나오는 단어들을 별들의 이름으로 바꾼다 해도 그 숫자는 지금까지 알려진 별들의 극히 일부분에 불과하며, 사하라 사막에 서 있는 여러분의 발밑에 밟히는 모래알보다 더 적은 부분에 지나지 않을 거예요.

이제 여러분은 수성에서 시작해서 불타는 태양을 지나, 먼 곳에 외로이 있는 해왕성까지 여행하게 될 거예요. 화성에 진짜로 생명체가 있는지, 토성의 고리는 어떻게 만들어졌는지, 그리고 목성의 위성인 에우로파는 어떤 흥미로운 비밀을 간직하고 있는지 함께 찾아볼까요!

믿을 수 없는
행성 여행

은하수

2,000억 개의 별을 갖고 있는 우리가 살고 있는 은하수는 나선형 팔을 갖고 있고 편평한 원반같아 보이며 회전합니다. 더 정확히 말하면 모든 별들은 원반의 중심을 축으로 하여 회전을 합니다. 가장 안쪽에 있는 별들은 가장 빠르게 회전하며 가장 바깥의 별들은 아주 느리게 회전을 합니다.
태양은 한 번 도는 데 대략 2억 5년이 걸리지만 우리는 그것을 인식하지 못합니다.

우리의 태양계에 있는 행성들을 방문하기 위해서 우리는 수십억 킬로미터의 우주를 가로지르는 여행을 하게 될 것입니다. 사람들이 실제로 우주선을 타고 이런 여행을 할 수 있다면, 그곳에 갔다가 돌아오는 데에 평생이 걸릴 거예요. 그러면 다른 별에 도착하기까지 시간이 얼마나 걸릴지 한번 생각해 볼까요? 거리가 너무 멀기 때문에 우리는 거리를 측정하는 데 있어서 특별한 방법을 써야 한답니다. 광년은 1년 동안 이동하는 빛의 거리를 말해요. 빛은 초속 약 30만 킬로미터로 이동하고, 1년에는 약 9조 5,000억 킬로미터를 이동해요. 가장 가까운 별인 프록시마 센타우리는 4.2 광년 떨어져 있습니다. 이 별에 가기 위해서는 초음속 여객기로 아마 500만 년이 걸릴 거예요! 우리의 밤하늘에는 수천 개 이상의 별들이 보입니다. 그 중의 대부분은 프록시마 센타우리보다 훨씬 더 멀리 떨어져 있답니다. 우주 속에 거대하고 편평한 나선형 모양으로 별들이 서로 모여 있는 것이 은하수예요. 은하수의 지름은 10만 광년이나 된답니다. 은하수(그리스신화에서 여신 헤라의 젖이 뿜어져서 은하수가 되었다고 한다)는 별들이 모인 희미하고 흐릿한 자국에서 그 이름이 붙여졌고, 우리는 실제로 맑은 밤에 은하수 원반과 은하수의 나선형 팔의 모습을 볼 수 있어요.

은하수의 외곽에 위치한 태양은 은하수에 있는 2,000억 개의 별 들 중 하나인 평범한 별일뿐입니다. 은하수는 거대해서 초속 250킬로미터로 돌아도 한 바퀴를 다 돌려면 2억 년 이상 걸려요. 우리가 밤하늘에서 볼 수 있는 빛의 점은 대부분 별이지만 은하도 있습니다. 그 중 하나인 안드로메다 은하는 우리 은하와 매우 비슷해 보여요. 약 225만 광년이나 떨어져 있는데도 우리 은하와 함께, 30개 가량의 은하 성단의 일부를 형성하고 있어요.

태양계

하지만 우주에는 수천억 개 이상의 은하가 있으며 각 은하는 수천억 개의 별을 포함하고 있고, 이 모든 것이 우리가 우주라고 부르는 것을 형성하고 있지요.

① ② ③ ④ ⑤

태양은 46억 년 전에 태어났어요. 우주에서 표류하는 먼지와 가스 구름①은 서로 응집하여 소용돌이 치는 원반을 형성했어요②. 불룩한 중심은 초기의 태양인데, 그 주변을 빠르게 돌며 먼지 입자들은 서로 충돌하기 시작했지요. 처음에는 먼지 입자들이 모여 작은 암석이 되었고 그 다음은 더 큰 둥근 돌을, 그리고 그 다음에는 미행성이라고 불리는 수 킬로의 덩어리를 형성했습니다③. 마침내 이 덩어리들은 4개의 내행성인 수성, 금성, 지구, 화성과 암석 핵과 가스로 된 대형 행성인 목성, 토성, 천왕성,해왕성의 암석 핵이 되었습니다. 태양풍이 남아 있는 먼지와 가스의 많은 부분을 날려 보냈지만④, 거대한 가스행성의 두꺼운 대기들은 오늘날까지 살아남아 있답니다⑤.

태양계

우리가 태양이라고 부르는 별은 태양계의 중심부에 자리잡고 있습니다. 태양계는 태양 주변을 이동하거나 태양 둘레를 도는 다양한 크기의 천체들의 집합체예요. 여기에는 우리가 여행 중 방문하게 될 8개의 행성들과 각 행성의 위성들(알려져 있는 위성은 총 60개임), 그리고 소행성, 혜성, 유성체들과 광대한 양의 가스와 먼지들이 속해 있습니다. 이 중에서 태양은 중력의 힘을 이용하여, 행성들과 다른 물체들을 궤도 내에 유지시키는 역할을 합니다. 행성들은 같은 방향으로(그림에서 시계 반대 방향으로) 타원형의 궤도를 그리며 태양 둘레를 돌아요.
그렇다면 태양계의 끝은 어디이고 우주의 나머지 부분은 어디에서 시작하는 걸까요?

태양계의 영향은 우리의 생각보다 훨씬 먼 곳까지 미치고 있습니다. 태양풍으로 불리는 전기를 띠고 있는 분자들이 태양에서 끊임없이 사방으로 쏟아져 나오고 있습니다.
이 분자들은 초속 약 400킬로미터의 평균속도로 움직이며 자기장과 전류가 흐르는 거대한 거품 모양의 태양권을 만들어 냅니다. 즉, 태양으로부터 약 180억 킬로미터 떨어진 태양풍이 미치는 태양권의 가장자리가 태양계의 끝이라 할 수 있습니다.

1995년 목성을 방문한 갈릴레오 우주 탐사선

아래 도표는 행성들의 태양으로부터의 상대적 거리를 보여 줍니다. 행성들의 위치를 걸음으로 생각해 보면 더 쉽게 이해할 수 있을 거예요. 태양이 축구공이라면 수성은 아마 태양으로부터 10걸음 정도 떨어져 있고요, 지구는 16걸음 이상 떨어져 있는 곳에 위치합니다. 거기에서 209걸음만 가면 목성에 도착하게 된답니다.

수성 금성 지구 화성 　소행성　 　목성　 　　토성　　 　　천왕성

믿을 수 없는 행성 여행

우리가 태양계에 대해 알고 있는 지식의 대부분은 우주 탐사선이라고 불리는 무인우주선 덕택입니다. 무인우주선은 모든 행성을 탐사했습니다.

혜성들도 태양 둘레를 돕니다. 하지만 혜성들의 궤도는 아주 긴 타원형을 하고 있습니다. 핼리 혜성은 해왕성 너머에서부터 태양을 향하여 들어오며 금성 궤도 안쪽까지 접근했다가 다시 태양계의 외곽으로 빠져 나갑니다. 궤도를 한 바퀴 도는 데 약 76년이 걸립니다.

핼리 혜성의 궤도

① 수성　⑤ 목성
② 금성　⑥ 토성
③ 지구　⑦ 천왕성
④ 화성　⑧ 해왕성

이 그림에서는 8개 모든 행성의 크기비율을 볼 수 있습니다. 작고 암석으로 된 내행성인 수성, 금성, 지구, 화성은 대형 가스행성이라고 불리는 행성인 목성, 토성, 천왕성, 해왕성 때문에 작아 보입니다. 이 4개의 대형 행성은 비교적 작은 암석 핵과 가스로 되어 있습니다.

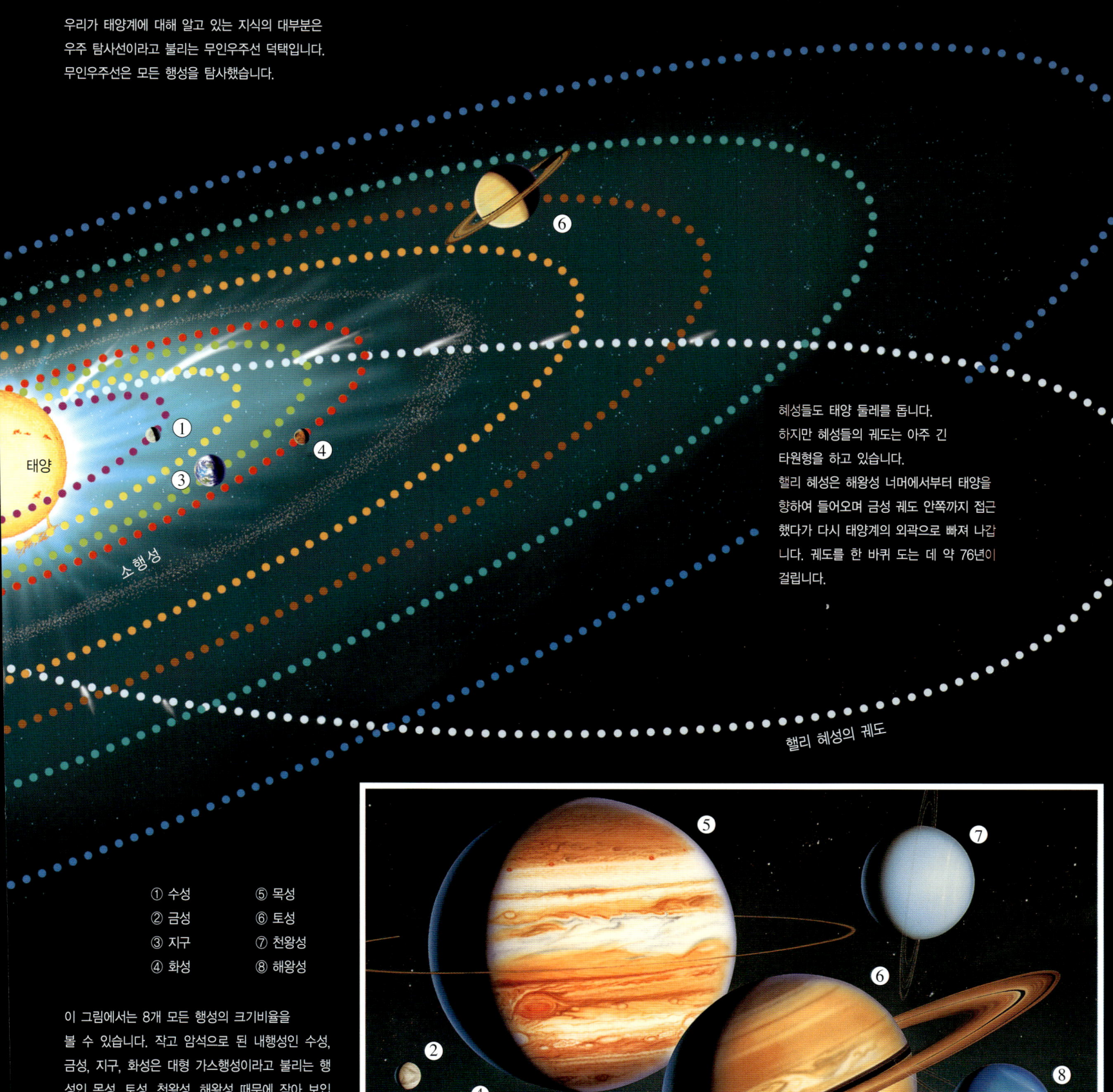

해왕성

태양

이제 태양계의 중심으로 여행을 떠나 볼까요! 태양은 다른 별들과 비교해 볼 때 믿을 수 없을 정도로 거대하고 밝게 보입니다. 하지만 그 이유는 다른 별들보다 훨씬 지구 가까이에 있기 때문이랍니다. 다른 별들처럼, 태양은 수소와 헬륨, 가스로 된 거대한 빛을 내는 회전구예요. 태양이 확대된 모습을 살펴보면 표면은 가스가 불타 부글거리는 가마솥이라는 것을 알 수 있어요.

광구라고 불리는 표면은 태양에서 가장 차가운 부분으로 온도는 5,500℃ 정도예요. 때때로 큰 홍염이나 혀(플레어)가 태양의 표면으로부터 튀어나오기도 합니다. 어떤 경우에는 어두운 색의 광구보다 차가운 반점이 수년에 걸쳐 나타났다가 사라지기도 하는데 태양흑점이라고 불리는 이러한 반점들은 자기력선이 광구를 통과하는 장소입니다.

실제 자료

- 지름 : 140만 킬로미터
- 평균 밀도 : 1.4(물=1)
- 적도에서의 자전 주기 : 25.4일
- 극에서의 자전 주기 : 34일
- 표면 온도 : 5,500℃
- 핵 온도 : 1,400만℃
- 성분 : 수소(73.4%), 헬륨(24.9%), 미량의 산소, 탄소, 기타 원소

태양은 몇 개의 독특한 내부층을 가지고 있습니다. 가장 중심에는 핵이 있는데, 핵은 믿을 수 없을 정도의 열(약 1,400만℃)과 압력(지구의 약 2억 배)을 받고 있는 곳입니다. 이곳이 수소 원자들이 융합되어 헬륨으로 만들어지는 태양의 핵 용광로이지요.
이 과정에서 방출된 에너지는 태양의 빛과 열의 원천이 되며 핵으로부터 복사층을 거쳐 대류층으로 흐릅니다.

여기에서부터 뜨거운 가스는 차가운 표면까지 끓어올랐다 식으면서 가라앉고 다시 뜨거워져 솟아오르고 가라앉기를 끊임없이 반복합니다. 에너지는 태양의 대기인 채층을 거쳐 밖으로 방출되기 전에 표면인 광구에 도달하게 됩니다. 개기일식 때 달이 일시적으로 태양의 광구를 가릴 때면 우리는 태양의 가물거리는 외부 대기인 채층과 코로나를 관찰할 수 있답니다.

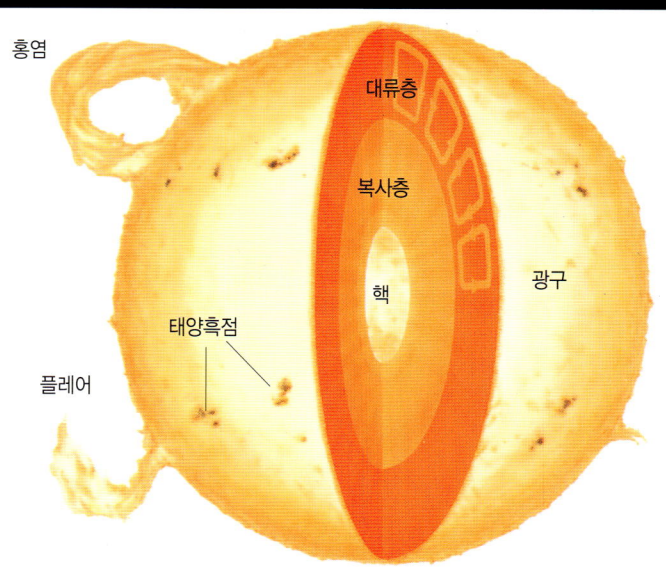

수성

태양으로부터 도착하게 될 우리의 첫 번째 목적지는 태양계에서 두번째로 작은 행성이에요. 수성은 지구에서 간신히 볼 수 있답니다. 그 이유는 수성은 항상 여명이나 황혼의 하늘에서 태양 가까이에 있기 때문이에요. 무인탐사선 매리너 10호는 1974년에 수성을 방문했는데 2만 킬로미터 이내의 거리에서 아주 자세히 촬영했어요. 우리가 수성에 대해 알고 있는 대부분은 이때 촬영된 정보랍니다. 1991년 지구로부터 발신된 레이더 신호를 이용한 행성 탐사로 인해 더 자세한 수성의 모습이 공개되었습니다. 처음 보기에는, 수성은 달과 아주 비슷해 보여요. 황량하고, 암석으로 되어 있고, 크레이터와 용암지대로 덮여 있거든요. 원래 녹아 있던 수성의 표면은 모든 크레이터를 만들어 낸 충돌이 가라앉기 시작한 약 30억 년 전에 표면이 냉각됨에 따라 수축되었습니다. 말린 과일처럼, 수축하게 되면 '주름'이 생기게 돼요. 수성의 표면 위에서는 이러한 주름들이 높은 절벽처럼 보여요. 수성에는 바람을 일으키는 대기나 암석을 침식시키는 물이 없기 때문에 수성의 경관은 그 이후로 여전히 똑같답니다.

로마인들이 발에 날개가 달린 신들의 전령 이름을 붙인 수성(Mercury)은 다른 행성보다 빠르게 태양 둘레를 돕니다. 불과 88일밖에 안 걸려요. 수성의 자전축을 중심으로 완전히 한 바퀴를 돌았을 때를 중심으로 측정한 수성에서의 하루는 59일 정도로 지구에서 보다 훨씬 길답니다. 그리고 수성은 궤도의 형태도 아주 특이하답니다.

수성의 자전축은 모든 행성 중에서 가장 수직이다. 수직선에서 2° 정도 기울어져 있을 뿐이다. 수성은 동공보다 100배나 더 빨리게 이동한다. 수성은 놀라움이다.

수성의 모습은 수천 개의 크레이터가 인상적입니다. 또한 4킬로미터 이상 솟아 올라 있는 절벽인 '주름산맥'도 있습니다. 하늘에 떠 있는 거대한 태양은 격렬하게 불탑니다. 그러나 수성의 다른 쪽 면이 태양을 등지게 될 때, 온도는 급격하게 떨어집니다. 수성의 표면 위로 떨어지는 운석이 수 킬로미터 지름의 크레이터를 만들었으며, 크레이터 내에 작은 크레이터들이 있는 경우도 있습니다. 대기가 없다는 것은 실제로 수성의 하늘이 낮에도 계속 까맣다는 것을 의미합니다.

수성

다른 모든 행성들은 거의 원형의 궤도를 가지고 있지만, 수성의 궤도는 달걀 모양보다 더 타원형이에요. 수성은 가장 가깝게는 태양으로부터 4,600만 킬로미터 거리에 있지만 가장 멀게는 7,000만 킬로미터 정도 떨어져 있습니다. 수성은 온도의 차이가 극심합니다. 태양과 맞닿은 곳은 450℃에 달하지만 긴 밤 동안에는 온도를 유지할 대기가 없기 때문에 -170℃로 급강하한답니다. 극지방과 가까운 곳에는 태양의 열을 전혀 느낄 수 없는 어두운 크레이터들이 있습니다. 달처럼 이곳에도 물얼음으로 된 작은 지역이 있을 것으로 추측하고 있답니다.

수성은 달과 매우 비슷합니다. 수성에는 수 천개의 크레이터뿐 아니라 산과 평원도 있답니다.

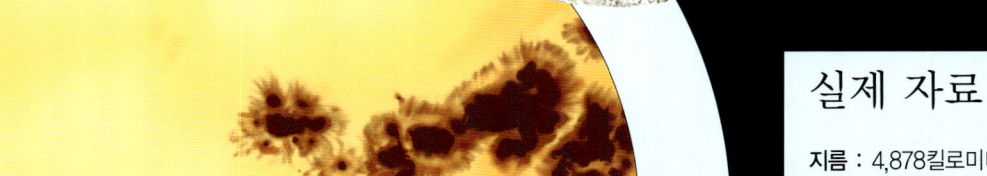

수성의 궤도는 지구와 비교할때 7° 만큼 기울어져 있다. 수성의 가장 차가운 표면은 -25℃의 급속냉동고보다 7배나 더 차갑다.

실제 자료

- **지름**: 4,878킬로미터
- **평균 밀도**: 5.4(물=1)
- **표면 중력**: 0.38(지구=1)
- **하루**: 58.6일
- **1년**: 88일
- **궤도 내 속도**: 47.9km/sec
- **태양으로부터의 평균 거리**: 5,800만 킬로미터
- **평균 표면 온도**: -170℃에서 +450℃
- **대기**: 미량의 헬륨
- **위성**: 없음

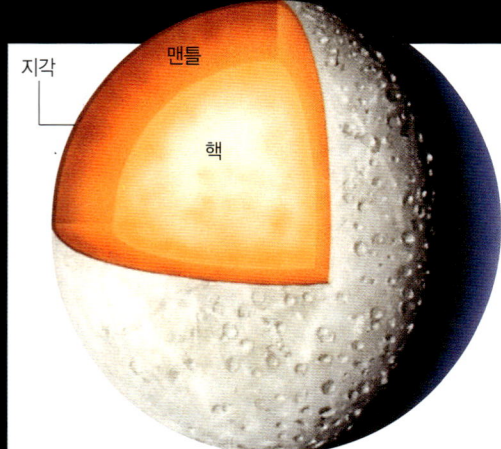

지구를 제외한 모든 행성 중 가장 밀도가 높은 수성은 철, 니켈로 이루어진 거대한 금속 핵을 가지고 있으며 비교적 얇은 암석으로 된 지각에 둘러싸여 있답니다.

운석이 수성의 표면에 부딪힐 때, 그 충격으로 인해 지면에는 받침접시 모양의 크레이터가 생기면서 암석이 벽처럼 둥그렇게 솟아오릅니다. 수성은 날씨의 변화가 없기 때문에 크레이터의 모양이 변하지 않고 그대로 유지됩니다.

금성

수성에서 금성으로 가려면 우리는 5,000만 킬로미터의 우주공간을 여행해야 합니다. 다른 별로 가는 여행과 비교하자면 단거리 비행이지요. 지구와 크기가 거의 같은 금성은 때때로 지구의 자매 행성으로 불린답니다. 하지만 이 두 행성은 공통점이 거의 없어요. 로마 신화에 나오는 사랑의 신 비너스(Venus)의 이름을 딴 이 행성은 실제로는 태양계에서 가장 지저분한 행성일 거예요! 금성은 두껍고 깨지지 않는 구름 속에 가려져 있습니다. 이 구름들은 지구의 구름처럼 물로 만들어진 것이 아니라 치명적인 황산 방울로 구성되어 있어요. 두께가 약 25킬로미터인 이 구름들은 대부분의 태양빛이 표면에 도달하는 것을 방해한답니다. 그렇지만 태양에서 오는 적외선은 통과되며, 밀도가 높은 이산화탄소 대기는 이 적외선이 방출되는 것을 막습니다. 우리는 지구의 온실효과(이산화탄소와 수증기가 태양의 온기의 일부를 가두어 두는 것)에 대해서 늘 듣고 있지만, 금성이 훨씬 압도적이지요. 그 결과 태양계에서 가장 뜨거운 490℃의 높은 온도를 유지합니다. 무거운 금속 납이 그 열에 녹을 정도래요. 언젠가 금성에 존재했던 물도 오래 전에 증발되었을 것으로 보여요. 금성에 착륙한 우주탐험가가 어떻게든 이 열을 견뎌낼 수 있다고 하더라도, 호흡이 불가능한 이산화탄소 때문에 질식하고, 황산 때문에 녹고, 지구의 90배 가량되는 기압 때문에 압사하고 말 거예요! 금성의 구름 덮개가 금성 표면으로부터 태양의 빛을 반사시키기 때문에, 금성은 밤 하늘에서 아주 환하게 빛나는데, 달 다음으로 두 번째로 밝답니다.

금성의 기압은 매우 높아서 마치 코끼리 세 마리 밑에 깔린 것과 같다. 금성의 하루는 지구의 9개월 동안 지속된다.

이 행성의 황량한 표면은 거대한 용암 평원으로 덮여 있으며, 이러한 평원에는 몇만 개의 화산이 널려 있습니다. 용암의 흐름으로 인해 지면에는 강줄기와 비슷하게 보이는 운하가 새겨져 있지요. 신기한 둥근 지붕 모양의 화산들은 질벅질벅한 용암이 흘러나와 사방으로 퍼져나가면서 냉각되어 만들어진 것입니다.
넓이가 100킬로미터 이상인 크레이터들은 운석이 이 행성에 충돌해서 생긴 것입니다.

금성

금성은 달처럼 우리에게 여러 종류의 모습을 보여 줍니다. 한쪽 면이 태양빛을 받아 빛나고 다른 면이 태양빛을 받지 못하게 되면, 금성은 초승달 모양을 하게 되지요. 금성은 자전축이 천천히 회전합니다. 실제로 태양 둘레를 도는 것보다 자전하는 데에 더 오랜 시간이 걸려요. 그와는 대조적으로 금성의 구름은 단 4일만에 금성 둘레를 돌아요. 금성의 자전은 다른 행성들과 달리, 서쪽에서 동쪽이 아니라, 동쪽에서 서쪽으로 돕니다.

금성표면은 대부분 화산활동의 결과 만들어진 것입니다. 금성의 약 85%는 용암 평원으로 덮여 있어요. 그 나머지는 화산고지가 차지하고 있습니다.

화산고지에 있는 맥스웰 몬테스라고 알려져 있는 봉우리는 그 높이가 1만 2,000미터에 달합니다. 화성의 거대한 화산 다음으로 태양계에서 가장 높답니다. 금성 화산의 대부분은 약 5억 년 동안 활동을 멈추고 있답니다.

실제 자료

- 지름 : 1만 2,109킬로미터
- 평균 밀도 : 5.2(물=1)
- 표면 중력 : 0.9(지구=1)
- 하루 : 243일
- 1년 : 225일
- 궤도 내 속도 : 35km/sec
- 태양으로부터의 평균 거리 : 1억 800만 킬로미터
- 표면 온도 : 490℃
- 대기 : 이산화탄소, 미량의 질소
- 위성 : 없음

금성은 다른 어느 행성보다 지구에 가장 가까이 다가온다. 금성은 화산폭발로 인해 훼손되었다. 검은 점은 맥스웰 크레이터들은 화산폭발로 인해 훼손되었다.

밀도가 높은 구름 덮개가 금성을 완전히 가리지 않는다면 금성의 모습은 아마 이럴 거예요. 어두운 지역들은 응고된 용암으로 덮여 있는 평원입니다.

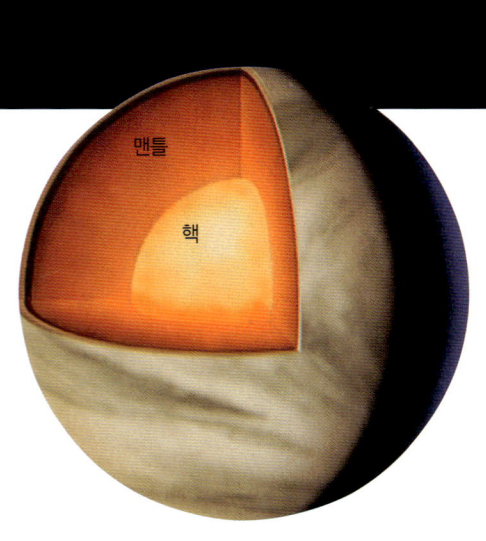

금성의 내부는 지구의 내부와 아주 비슷합니다. 그렇지만 금성의 핵이 훨씬 크며, 판(움직이고 있는 지각의 표층)이 없을 것으로 보이는 지각은 단단합니다. 두꺼운 구름에 가려진 금성의 표면 이미지는 어떻게 만들어질 수 있었을까요? 그 해답은 레이더입니다.

레이더는 시야에서 벗어난 다른 물체나 장애물을 탐지하기 위해 배나 비행기에서 사용되는 장치입니다. 1989년에 발사된 탐사용 우주선 마젤란은 이 레이더가 설치되어 있었습니다.

우주선에서부터 발신된 수천 개의 전파는 금성의 표면에 부딪힌 후 다시 돌아오게 됩니다. 이 반사된 전파들은 컴퓨터에 의해 영상으로 변환됩니다. 마젤란호는 여러 차례 금성의 주위를 돌며 금성의 전체 그림을 완성했습니다.

지구

이제 다음 여행지는 우리에게 아주 친근한 장소입니다. 바로 우리 행성인 지구이지요.
우주에서 온 지구 방문객이 가장 먼저 주목하는 것은 우리 행성을 덮고 있는 드넓게 펼쳐진 파란색일 것입니다. 그 어떤 행성에도 표면에 액체의 물이 있는 곳은 없어요. 지구는 바다가 표면의 71%를 차지하고 있어요. 또한 물은 대기에서는 수증기로, 지구 표면 위에서는 소용돌이 치는 구름을 구성하는 물방울이나 얼음 입자로 존재하고, 북극과 남극을 덮고 있는 만년설로 존재합니다.
더 가까이 들어오면, 우주에서 온 관찰자는 곧 지구의 숲과 광활한 녹색지대를 보게 될 거예요. 이것은 태양계에서 유일한 광경이지요. 그 이유는 지구는 생명체가 존재한다고 알려진 유일한 세계이기 때문이에요. 엄밀하게 말하자면 지구는 생명체가 살 수 있는 적합한 조건들을 갖추고 있어요. 지구는 태양에서 너무 가깝지도, 멀지도 않기 때문에 지구의 온도는 아주 높지도 낮지도 않아요.

액체상태의 물이 있다는 것 또한 결정적인 요소인데 어떠한 생명체도 물 없이는 존재할 수가 없거든요. 질소와 산소가 풍부한 지구의 대기는 너무 뜨겁거나 추운 것을 방지하기 위해서 태양 에너지를 충분히 가두어 놓습니다. 구름 위에 있는 오존층이라고 불리는 대기층은 태양의 유해한 광선을 차단시켜 줍니다. 또한 대기는 유성체에 의한 충돌을 방어하는 방패역할도 한답니다.

달
(비율은 맞지 않음)

지구의 자기장은 가끔씩 반대가 되어 북극이 남극이 되기도 한다. 대서양의 해저는 매년 40㎜ 넓어지고 있다.

지구 대기 중 가장 낮은 층에 있는 공기의 이동과 해류의 영향이 결합하여 세계의 여러 지역에서 체험할 수 있는 다양한 기후를 만들어 냅니다.
식물과 동물들은 수백만 년 이상 이러한 지역적 조건에 적응했지요. 육지는 날씨나 물과 얼음의 이동으로 계속적으로 깎이고 있답니다.

지구

그것은 대기 안에 있는 공기분자들이 우주로부터 들어오는 암석파편들의 속도를 늦추고 대부분 태워버릴 정도로 충분히 밀도가 높기 때문이에요. 지구는 자기장을 가지고 있습니다. 이 자기장은 지구의 액체 금속 외핵이 소용돌이칠 때 생성된 전류에 의해 발생됩니다. 지구의 대기와 같이 자기장은 태양풍으로부터 우리를 보호해 줘요. 태양풍 입자들이 극지방에서는 오로라라고 불리는 빛의 장관으로 펼쳐진답니다. 지구의 외피는 암석으로 된 지각과 부분적으로 녹아 있는 상부 맨틀을 포함하고 있으며, 판이라고 불리는 15개 정도의 조각으로 나뉘어집니다. 맨틀 내에 있는 열의 흐름에 의해 떠밀리면서, 판은 천천히 구 주위를 이동합니다. 판의 모서리들이 만나는 장소에서는 종종 화산과 지진이 발생합니다. 산들은 판들이 충돌할 때 만들어지게 되지요.

고체 철로된 지구의 내핵은 액체 철의 외핵에 둘러싸여 있고, 그 위에는 두껍고 암석으로 된 맨틀이 있습니다. 가장 바깥층은 얇은 암석 지표층입니다.

지구의 자전에 의하여 발생한 원심력 때문에 지구의 표면보다 더 비겁다. 지구의 지름은 극지방에서 보다 적도에서 40 km 더 크다.

실제 자료

지름: 1만 2,756킬로미터
평균 밀도: 5.5(물=1)
하루: 23시간 56분
1년: 365.26일
궤도 내 속도: 29.8km/sec
태양으로부터의 평균거리: 1억 4,970만 킬로미터
표면 온도: −70℃에서 +55℃
대기: 질소, 산소, 수증기
위성의 수: 1개

구름 형태는 계속 변하면서 지구 표면 위를 소용돌이 치며 다닙니다.

달은 지구와 비슷한 내부구조를 가지고 있습니다. 달의 지각은 지구보다 더 두꺼우며, 판들로 갈라지지 않고, 핵은 더 작습니다.

완전히 불모의 세계인 달의 경관은 크레이터가 있는 고지들과 마리아('바다'를 뜻하는 라틴어-초기 천문학자들은 바다라고 생각)라고 불리는 부드러운 용암 평원들로 구성되어 있습니다. 달은 거대한 물체가 어린 지구와 충돌했을 때 형성되었을 것으로 추측됩니다.

화성

지구를 떠나 화성에 도착하면, 이 두 행성이 많은 공통점을 가지고 있다는 것을 알게 됩니다. 화성에는 화산, 산, 마른 강바닥, 협곡, 사막, 극지방의 만년설이 있어요. 화성의 하루는 우리 지구의 하루보다 조금 더 길고, 기울기의 각도를 보면 화성에도 지구처럼 사계절이 있다는 것을 알 수 있답니다. 평균온도가 지구보다 훨씬 낮기는 하지만, 한여름 적도에서의 낮 온도는 25℃에 달하기도 해요. 또한 수증기로 된 얇은 구름이나 이른 아침에 표면에 내린 서리도 가끔 볼 수 있어요. 이러한 유사성 때문에 사람들은 화성에 생명체가 살아 있을 거라는 추측을 한답니다.

19세기, 천문학자들은 화성 표면에는 운하뿐 아니라 초목일 것으로 예상되는, 거대한 녹색지대가 있음을 보고했습니다. 훗날에 사람의 얼굴모양을 닮은 큰 암석이 찍힌 사진을 보고 어떤 사람들은 그곳에 한때 문명이 존재했었을 거라고 생각하게 됐어요.

화성에 생명체가 존재하는지에 대한 증거를 찾기 위한 과학탐구의 일환으로, 두 대의 무인탐사선 바이킹 1호와 2호가 1976년에 이 행성에 착륙했어요. 두 바이킹 착륙선이 화성의 토질을 분석하기는 했지만, 어떠한 생물체도 발견하지 못했어요. 그 후, 1996년에 화성에서 온 것으로 보이는 운석이 남극대륙에 굉음을 내며 떨어졌으며, 그 운석 안에서 생명체의 화석이라고 주장된 물체가 발견되었습니다.

화성표면은 5천만년 이내에 화성상과 충돌할 것이다. 올림포스 화산의 높이는 에베레스트 산의 두 배 이상이나 된다.

데이모스   포보스
(비율은 맞지 않음)

화성은 작은 감자 모양의 위성인 포보스와 데이모스를 가지고 있어요. 둘 다 화성의 중력에 의해 '포획된' 소행성이었을 것으로 예상됩니다.

화성의 표면에는 흐르는 물에 의해 침식된 것으로 보이는 수많은 골짜기와 물길이 있어요. 이 골짜기에 있는 침전물(물 속에서 침전된 진흙과 가는 모래)의 증거로 볼 때, 한때 화성에는 호수와 바다가 있었을 것으로 보입니다. 화성에서 현재 발견된 유일한 물은 극지방의 만년설과 가끔 나타나는 서리나 안개입니다.

화성

이 일을 계기로 한동안은 화성에 생명체가 있을 것이라고 생각되었어요. 연구결과 대부분의 과학자들은 결국 발견물은 화석이 아니라 암석 안에 있는 특정한 구성물이었다는 의견에 동의했답니다. 화성은 불모의 행성이에요. 1997년 7월에 패스파인더호가 화성의 표면에 착륙하여 이동탐사로봇 소저너를 특파했지만, 생명체가 현재 존재하거나 과거에 존재했었다는 증거를 찾는 데는 실패했습니다. 화성의 불그스레한 색은 산화철 먼지 때문이랍니다.

거대한 먼지바람이 때때로 행성전체를 먼지로 뒤덮으면서 세차게 불어요. 이따금씩 나타나는 어두운색의 거대한 반점들은, 폭풍으로 인해 덮고 있던 모래가 날아가 버린 어두운 암석 지대의 모습이랍니다. 화성평원에는 사화산들과 육중한 규모의 화산들이 몇몇 있습니다. 마리네리스 대협곡은 이 행성을 가로지르고 있으며, 미국의 그랜드캐니언보다 4배 이상 깊고, 미국 대륙만큼이나 길답니다.

화성은 '붉은 행성'으로 알려져 있지만 양쪽 극지방은 하얀 색으로 화성의 전부가 붉은 색깔인 것은 아니에요. 극지방은 물얼음과 이산화탄소 얼음으로 덮여 있습니다.

화성은 그리스로마신화에서 전쟁의 신으로 불리는 신의 이름(Mars)을 땄다.

만약 몸무게가 지구에서 100kg인 사람은 화성에서 40kg밖에 나가지 않을 것이다.

실제 자료

지름 : 6,797킬로미터
평균 밀도 : 3.9(물=1)
표면 중력 : 0.4(지구=1)
하루 : 24.6시간
1년 : 687일
궤도 내 속도 : 24.1km/sec
태양으로부터의 평균 거리 : 2억 2,800만 킬로미터
표면 온도 : -120℃에서 +25℃
대기 : 이산화탄소, 질소, 미량의 아르곤, 산소
위성의 수 : 2개

화성은 밀도가 아주 낮으며 매우 약한 자기장을 가지고 있습니다. 이것은 화성의 핵이 고체 철로 된 비교적 작은 구라는 것을 보여 줍니다.

화성에서 가장 거대한 화산들은 화성의 적도 상에 있는 거대한 언덕인 타르시스 융기부에서 발견할 수 있어요. 올림포스 화산은 주변 땅 위로 20킬로미터 솟아 있는데, 올림포스 화산의 기슭은 영국보다 넓은 지역을 덮을 정도죠.

이 그림은 지구에서 가장 높은 산인 하와이 섬의 마우나 케아를 바닥에서 정상까지 측정한 높이 (1만 205미터)와 비교하여 올림포스가 얼마나 거대한지를 보여 줍니다.

소행성

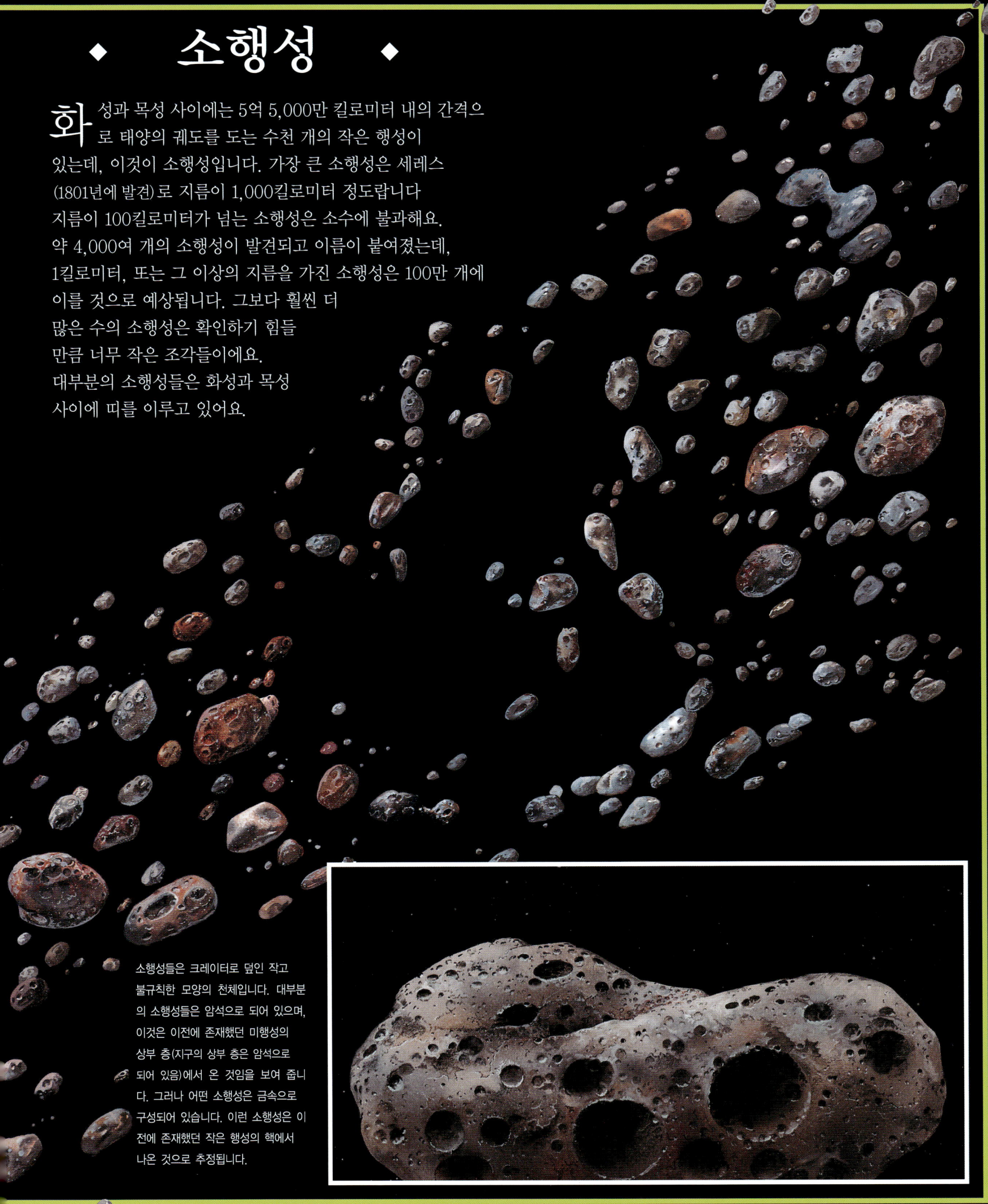

화성과 목성 사이에는 5억 5,000만 킬로미터 내의 간격으로 태양의 궤도를 도는 수천 개의 작은 행성이 있는데, 이것이 소행성입니다. 가장 큰 소행성은 세레스(1801년에 발견)로 지름이 1,000킬로미터 정도랍니다. 지름이 100킬로미터가 넘는 소행성은 소수에 불과해요. 약 4,000여 개의 소행성이 발견되고 이름이 붙여졌는데, 1킬로미터, 또는 그 이상의 지름을 가진 소행성은 100만 개에 이를 것으로 예상됩니다. 그보다 훨씬 더 많은 수의 소행성은 확인하기 힘들 만큼 너무 작은 조각들이에요. 대부분의 소행성들은 화성과 목성 사이에 띠를 이루고 있어요.

소행성들은 크레이터로 덮인 작고 불규칙한 모양의 천체입니다. 대부분의 소행성들은 암석으로 되어 있으며, 이것은 이전에 존재했던 미행성의 상부 층(지구의 상부 층은 암석으로 되어 있음)에서 온 것임을 보여 줍니다. 그러나 어떤 소행성은 금속으로 구성되어 있습니다. 이런 소행성은 이전에 존재했던 작은 행성의 핵에서 나온 것으로 추정됩니다.

소행성

그렇지만 몇몇 소행성들은 이 띠로부터 멀리 벗어났습니다. 예를 들어, 트로이 소행성은 목성의 궤도 주위에 있어요. 반면 아폴로, 이카루스, 아도니스는 실제로 지구의 궤도 내를 지나갑니다.

세레스는 소행성대에 있는 전체 소행성 질량의 1/4가량을 혼자 차지하고 있어요. 실제로 소행성들을 모두 합친다고 해도 그 크기는 지구의 달보다 작을 거예요. 천문학자들은 태양계가 형성되는 동안, 목성의 강한 중력 때문에 미행성체들이 하나의 큰 행성으로 결합되지 못하고 다른 미행성들과의 충돌로 파괴되었다고 생각하고 있습니다. 이로 인해 우리가 소행성이라고 부르는 암석 파편의 띠가 남겨진 것이랍니다.

소행성들은 그 이후로 다른 소행성과 계속적으로 충돌해서 유성체라고 불리는 더 작은 파편들을 만들어 냈어요. 지구로 떨어진 유성체(운석)를 연구한 결과, 과학자들은 행성들이 어떻게 형성되었는지에 대한 귀중한 증거들을 찾아냈습니다. 파편들은 태양계와 같은 연대인 46억 년 전의 것으로 조심스럽게 추측하고 있어요. 그리고 우주 탐사선들이 발사되어 소행성에 대한 많은 정보를 수집했습니다.

1997년 6월 27일, 지구근접소행성탐사선(NEAR : Near Earth Asteroid Rendezvous)은 60km 길이의 소행성 마틸데 옆을 지나갔습니다. 마틸데는 지구의 궤도 가까이 궤도를 가진 소행중 하나에요.

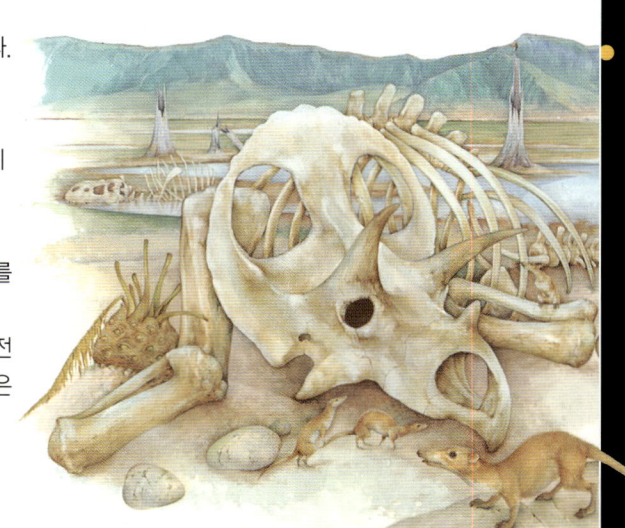

가끔씩 소행성대에서 지구로 파편이 떨어집니다. 대기를 뚫고 돌진할 때 타는 듯한 열에도 살아남는 이 운석들의 크기는 미세한 파편에서 수 미터의 지름으로 측정되는 것까지 다양합니다. 더 거대한 운석은 지구의 표면에 거대한 크레이터를 만들게 될 것입니다. 지구에 큰 소행성이 떨어진다면 모든 생명체를 멸종시킬 정도의 기후변화가 생겨 지구는 황폐화되고 말 것입니다. 아마도 6,500만 년 전에 일어난 거대한 운석과의 충돌이 공룡과 많은 생물체를 멸종시켰을 것입니다.

목성

밤하늘의 모든 행성 중에서 맨눈에 가장 밝게 보이는 것은 금성과 목성입니다. 금성은 태양에 가깝기 때문에 밝게 빛납니다. 목성은 다른 행성들보다 훨씬 크기 때문에 밝게 빛나는 것입니다.

그리고 지구가 1,300개 정도 들어갈 정도로 큽니다.

목성은 태양계에 있는 4개의 거대 가스형 행성 중 하나입니다. 목성, 토성, 천왕성, 해왕성이 그것들입니다. 이 행성들은 주로 가스로 되어 있습니다. 목성 대기의 구름대는 수소와 헬륨으로 된 두터운 표면 층에 떠 있습니다. 수소와 헬륨은 태양계에서 가장 가벼운 원소입니다. 목성 대기의 아주 강한 폭풍은 지구 크기의 3배가 되는 붉은 점을 만들어 냈습니다.

목성은 로마 신들의 왕인 주피터(Jupiter)의 이름을 따왔다.

목성 대기 아래에는 수소와 헬륨으로 된 깊은 바다가 있습니다. 그리고 이 행성 내부에는 뜨겁고 밀도가 아주 높은 중심핵이 있습니다. 목성은 또한 고리와 위성을 가지고 있습니다. 이 위성들 중 몇은 행성만큼이나 큽니다. 목성에는 적어도 16개의 위성이 있고, 이 행성의 중력장은 매우 강력하고 회전 속도는 빠르기 때문에 앞으로도 더 많은 위성이 발견될 것입니다.

가니메데

칼리스토

이오

유로파

아래로부터 유로파

(바깥쪽 네 개의 큰 위성)

우리가 지금 매우 빠르게 목성의 표면을 지나 목성의 북극을 통과하고 있다고 상상해 보십시오. 아래에는 얼음이 땅처럼 되어있는 땅이 있습니다. 1979년 우주탐사선 보이저 1호는 이 얼음 땅 층으로부터 위로 계속해서 솟아가는 150킬로미터나 그 이상의 물줄기를 보았습니다. 이 가스 기둥은 표면 위로 300킬로미터 이상 솟구쳤고, 활동적인 화산들처럼 넓은 사방으로 분출되었습니다. 이 화산들은 목성의 내부에서 일어나는 엄청난 열에 의한 것이라고 생각됩니다.

목성

목성의 가장 잘 알려져 있는 특징인 큰 붉은 반점(대적점)은 태풍 같은 거예요.

목성은 어두운 작은 먼지로 구성된 희미한 고리를 가지고 있어요. 목성의 가장 큰 4개의 위성으로는 크기 순으로 가니메데, 칼리스토, 이오, 에우로파(유로파)가 있어요.

금이 간 달걀처럼 보이는 에우로파의 표면은 계속적으로 녹았다가 다시 어는 얼음판으로 구성되어 있을 것으로 보여요. 그 얼음판 밑에는 따뜻한 바닷물이 있을 거라고 추측한답니다.

실제 자료

지름 : 14만 3,884킬로미터
평균 밀도 : 1.3(물=1)
표면 중력 : 2.64(지구=1)
하루 : 9.8시간
1년 : 11.8년
궤도 내 속도 : 13km/sec
태양으로부터의 거리 :
7억 7,800만 킬로미터
온도 : -150℃
대기 : 수소, 헬륨
위성의 수 : 16개

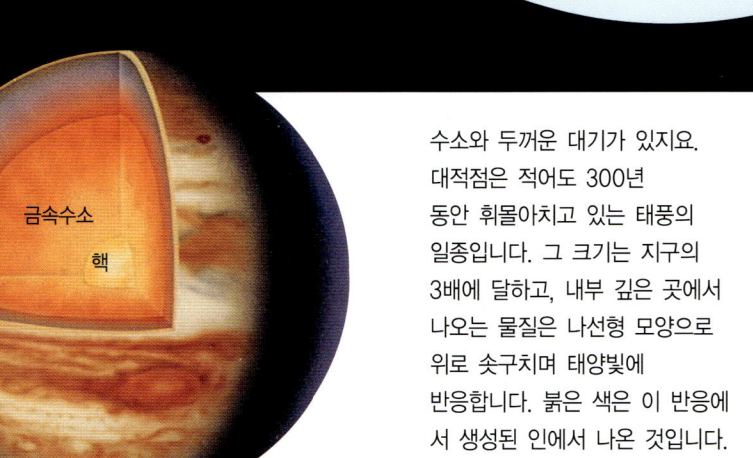

목성의 4개의 큰 위성은 갈릴레오가 1610년에 발견한 후 갈릴레오 위성이라 불린다. 목성의 자전은 다른 어떤 행성보다 빠르다.

목성에서의 거리 순으로 배열된 목성의 16개의 위성(맨 위가 가장 가까움). 비율은 맞음.

메티스
아드라스테아
아말테아
테베
이오
에우로파
가니메데
칼리스토
레다
히말리아
리시테아
엘라라
아난케
카르메
파시파에
시노페

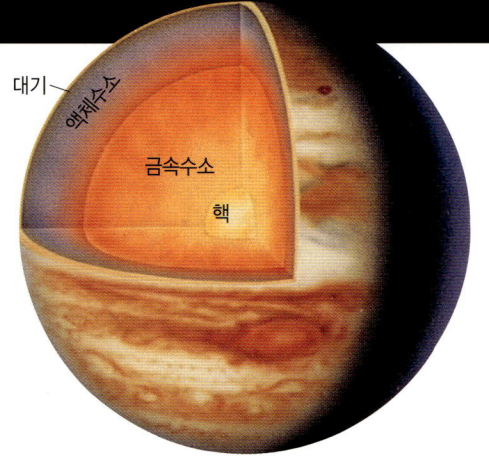

목성의 암석으로 된 핵은 수소 층으로 둘러싸여 있습니다. 이 층은 밀도가 매우 높아서 금속 같은 상태를 하고 있습니다. 그 위는 액체

수소와 두꺼운 대기가 있지요. 대적점은 적어도 300년 동안 휘몰아치고 있는 태풍의 일종입니다. 그 크기는 지구의 3배에 달하고, 내부 깊은 곳에서 나오는 물질은 나선형 모양으로 위로 솟구치며 태양빛에 반응합니다. 붉은 색은 이 반응에서 생성된 인에서 나온 것입니다. 오른쪽 그림은 대적점 주위로 지나는 거친 대기의 흐름을 나타내는데, 대적점 위쪽에서는 오른쪽에서 왼쪽으로, 아래쪽에서는 반대 방향으로 움직입니다.

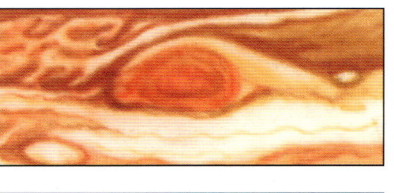

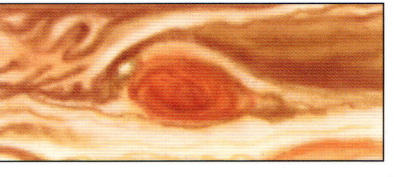

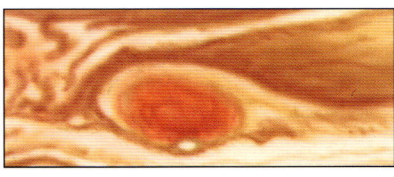

토성

목성을 지나 우리는 이제 토성 고리의 장관에 놀라게 될 것입니다. 지구에서 작은 망원경으로도 볼 수 있는 토성의 고리는 가장 넓고 밝으며 장엄한 모습을 하고 있습니다. 지구에선 3개의 고리가 보이죠. 바깥고리(A고리)는 카시니간극이라고 불리는 틈에 의해서 다른 두 고리(밝고 넓은 B고리, 그 안쪽에 있는 약간 어두운 C고리)와 분리되어 있어요.

1970년대와 1980년대에 토성을 방문했던 우주 탐사선들은 무수한 고리들을 발견했습니다. 그 중에는 A고리 바깥으로 아주 가는 고리들이 있음과 이들 전체 고리의 폭이 약 30만 킬로미터나 되는 것이 포함되어 있지요.

두께가 수십 미터밖에 안 되는 고리들 자체는 수천 개의 얇고 가는 고리들로 나뉘어져 있습니다. 각각의 얇고 가는 고리들은 아주 큰 것에서 눈송이처럼 아주 작은 것에 이르는 수십억 개의 얼음과 암석 조각으로 구성되어 있어요.

토성의 바람은 1,800 km/h 속도로 이동한다. 토성(Saturn)은 로마 신화에 나오는 주피터의 아버지의 이름을 따온 것이다.

토성에서부터 거리순으로 배열된 토성의 잘 알려진 18개의 위성들. (맨 위가 가장 가까움)

판
아틀라스
프로메테우스
판도라
에피메테우스
야누스
미마스
엔켈라두스
테티스
텔레스토
칼립소
디오네
헬레네
레아
타이탄
히페리온
이아페투스
포에베

미마스 (비율은 맞지 않음)

가장 큰 위성인 타이탄을 포함한 토성의 모든 위성들은 규산염 암석과 혼합된 얼음으로 구성되어 있습니다. 다수의 위성은 크레이터와 협곡이 있어 울퉁불퉁하지만, 여기에서 보듯이 엔켈라두스의 표면은 비교적 부드럽고, 거울처럼 거의 모든 빛을 반사합니다. 천문학자들은 표면이 대부분 물얼음으로 되어 있는 이유는 위성의 얇은 조각을 뚫고 나온 얼음이 계속해서 덮어왔기 때문이라고 생각하고 있어요. 얼음입자들은 토성의 고리구조에 기여한 것으로 보입니다.

토성

몇몇 천문학자들은 이러한 얼음과 암석 조각들은 지나던 혜성과 충돌하여 파괴된 얼음으로, 위성의 파편들이라고 생각하기도 합니다.

토성의 구 위에는 소용돌이치는 구름과 태풍이 때때로 표면에서 잔물결치는 듯이 보이기도 하지만, 목성에서보다는 드물어요. 토성은 아주 빠르게 회전하기 때문에 적도부분이 불룩하게 나와 있습니다. 토성은 모든 행성 중에서 가장 밀도가 낮아요. 토성은 태양계에서 위성의 수가 가장 많답니다. 지금까지 18개의 위성이 발견되었는데 대부분 작고 불규칙한 모양의 천체이고, 몇몇은 같은 궤도를 돌고 있어요. 미마스는 전체 지름의 1/3에 해당하는 아주 거대한 크레이터를 가지고 있어요.

토성의 가장 큰 위성인 타이탄은 태양계에서 유일하게 두꺼운 대기를 가지고 있는 위성이고 질소로 이루어져 있습니다. 타이탄이 얼어 붙은 미니 지구라는 의견을 가진 천문학자들도 있어요. 타이탄의 표면은 빙산이 떠다니는 메탄바다처럼 보인답니다.

실제 자료

지름 : 12만 514킬로미터
평균 밀도 : 0.7(물=1)
표면 중력 : 1.16(지구=1)
하루 : 10.2시간
1년 : 29.5년
궤도 내 속도 : 9.6km/sec
태양으로부터의 평균거리 :
14억 2,709만 킬로미터
평균 온도 : −180℃
대기 : 수소, 헬륨
위성의 수 : 18개

보이저스호는 2005년에 타이탄에 도착하게 된다. 토성의 고리 중 하나는 3개의 얇고 가는 고리가 서로 뒤틀어져 있는 듯한 모습을 하고 있다.

토성의 고리는 수십억 개의 얼음과 암석 파편으로 구성되어 있습니다.

2002년도의 토성의 고리 모습은 이러했어요. 토성의 암석으로 된 핵은 기체, 액체, 금속 상태의 수소 층으로 둘러싸여 있습니다.

대기
액체수소
금속수소
핵

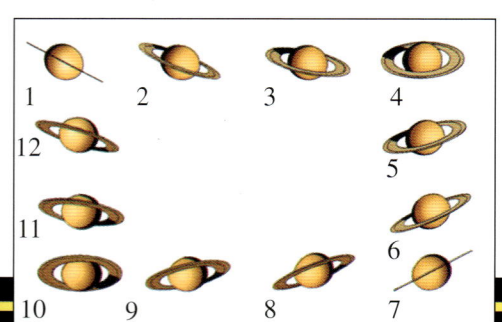

토성의 회전축은 기울어져 있어서 태양을 공전함에 따라 우리가 보는 고리의 모습이 변합니다. 1단계와 7단계에서 고리는 일직선으로 지구에서는 보이지 않습니다. 4단계와 10단계에서는 고리의 모습을 가장 넓은 각도에서 볼 수 있습니다.

천왕성

천왕성에 도달하기 위해 우리는 태양에서 토성까지의 거리와 비슷한 거리를 또 여행해야만 합니다. 영국에 살고 있던 아마추어 독일 천문학자 윌리엄 허셸이 집에서 만든 망원경을 이용하여 1781년에 천왕성을 발견했어요. 그의 발견으로 인해 그 당시 알려져 있던 태양계의 범위는 2배로 늘어나게 되었답니다. 망원경으로 보면, 천왕성은 청록색 원반처럼 보여요. 1986년 보이저 2호가 근접비행을 하면서 비교적 가까이에서 보았을 때도, 행성 중 가장 특징이 없는 천왕성의 모습은 별반 달라 보이지 않았어요. 몇몇 안개 같은 하얀 구름만이 식별될 수 있었지요. 실제로 이 구름들은 약 시속 1,100킬로미터로 천왕성 상공을 이동하고 있습니다. 천왕성의 가장 특이한 점은 태양을 도는 축이에요. 천왕성은 수직에서 98° 기울어진 상태로 태양 둘레를 돌아요. 한 바퀴를 완주하기 위해서는 84년 이상이 걸린답니다. 그동안 처음엔 한쪽 극만 태양을 향하고 다음엔 다른 쪽 극이, 그 다음엔 정면부분이 태양을 향하게 됩니다.

천왕성(Uranus)은 그리스신화의 하늘신의 이름을 따온 것이다. 천왕성은 태양으로부터 일곱 번째 행성이며 움직이는 속도는 가장 느리다.

아리엘(비율은 맞지 않음)

코델리아
오필리아
비안카
크레시다
데스데모나
줄리엣
포티아
로잘린
베린다
퍽
미란다
아리엘
움브리엘
타이타니아
오베론

천왕성에서부터의 거리 순으로 배열된 천왕성의 위성들(맨 위가 가장 가까움). 위성들은 일정한 비율로 그려졌으며 다른 위성들과 비례합니다.

천왕성의 거대한 구는 12만 9,000킬로미터 정도 떨어진 거리에서 천왕성의 위성 중 하나인 미란다의 하늘을 지배하고 있습니다. 보이저 2호는 미란다 옆을 아주 가까이 지나갔습니다. 미란다는 크레이터, 절벽과 홈으로 뒤범벅 되어 있었습니다. 그리고 이곳에는 이상한 홈들로 특징지어지는 독특한 지대가 있는데, 어떤 것은 달걀 모양이고 어떤 것은 두드러지게 V자 모양을 하고 있습니다.
거대한 절벽 중 하나의 높이는 지구의 가장 높은 산인 에베레스트 산의 2배 이상인 20킬로미터에 달합니다.

천왕성

그래서 각 극은 42년은 계속 태양빛이 비치고, 42년은 계속 밤이 지속된대요. 천문학자들은 초기 태양계에서 천왕성이 형성된 이후 지구 크기만한 물체가 천왕성에 충돌하면서 기울어진 것으로 생각하고 있습니다. 아마도 이 물체의 잔해들이 천왕성의 위성들이 되었을 거예요. 토성과 같이 천왕성도 고리구조를 가지고 있지만, 훨씬 가느다랗답니다. 보이저 2호는 11개의 희미한 고리들을 발견했는데, 지름이 수 미터되는 새까만 얼음 덩어리로 되어 있으며 이 고리들은 천왕성의 적도 주변을 돈다고 해요. 또한 보이저 2호는 망원경으로 관측되어 알려진 비교적 큰 5개의 위성 외에 추가로 10개의 위성을 발견했습니다. 그리고 위성들의 매혹적인 표면을 자세하게 보여 주었어요. 예를 들면, 아리엘과 움브리엘은 크레이터가 여기저기 있는 얼음 표면을 가지고 있어요. 아리엘은 단층이 생기면서 형성된 긴 열곡이 특징입니다. 지름이 470킬로미터 정도인 미란다는 매우 다양한 지질학적 특징을 가지고 있어요.

움브리엘은 분화구가 가장 많은데 '윈다'라는 분화구의 지름은 1백10km이다. 천왕성은 지구의 자기장과 비슷한 강도의 자기장이 있다.

실제 자료

지름 : 5만 1,118킬로미터
평균 밀도 : 1.3(물=1)
표면 중력 : 1.17(지구=1)
하루 : 17.2시간
1년 : 84년
궤도 내 속도 : 6.8km/sec
태양으로부터의 평균거리 : 28억 6,900만 킬로미터
평균 온도 : -210℃
대기 : 수소, 헬륨, 메탄
위성의 수 : 15개

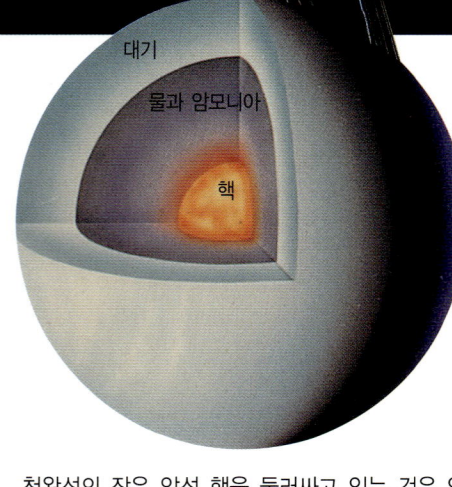

대기
물과 암모니아
핵

천왕성의 작은 암석 핵을 둘러싸고 있는 것은 약간의 암모니아가 들어 있는 슬러시 같은 물이에요. 천왕성의 두꺼운 대기는 주로 수소로 구성되어 있지요.

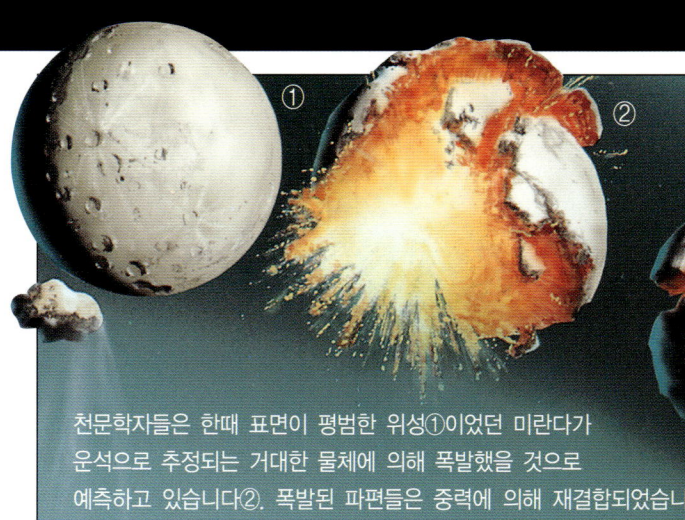

천문학자들은 한때 표면이 평범한 위성①이었던 미란다가 운석으로 추정되는 거대한 물체에 의해 폭발했을 것으로 예측하고 있습니다②. 폭발된 파편들은 중력에 의해 재결합되었습니다③. 조각들이 원상태로 녹아질 정도로 충분한 열이 없었기 때문에 미란다는 파편이 혼합된 울퉁불퉁한 구로 남게 되었습니다④.

해왕성

해왕성은 1846년 독일 천문학자 요한 갈레에 의해 발견되었어요. 천왕성의 궤도가 예상한 진로에서 약간 벗어나는 것에 주목한 천문학자들은 태양에서 더 멀리 떨어진 또 다른 거대한 행성의 중력이 그 원인이라고 단정했어요. 그 새로운 행성의 위치는 수학적 계산을 이용하여 밝혀졌어요.

보이저 2호가 1998년에 해왕성을 방문하기 전까지는 해왕성에 대해 알려져 있는 것이 비교적 적었답니다.

해왕성은 거의 특징이 없는 밝고 파란 구예요. 보이저 2호에 의해 해왕성이 촬영되었을 때, 대암반(지금은 없어졌음)으로 불리는 일종의 태풍 구름이 해왕성의 회전방향과 반대방향으로 이동하는 것을 볼 수 있었어요.

트리톤 (비율에 맞지 않음)

트리톤의 화산으로부터 나온 먼지기둥은 바람에 의해 150km나 공중에 떠올려 해왕성에서 가장 빠르게 이동하는 '구름'이라는 별명이 붙여져 있다.

나이아드
탈라사
데스피나
갈라테아
라리사
프로테우스
트리톤
네레이드

해왕성에서부터 거리 순으로 나열된 해왕성의 8개 위성들(맨 위가 가장 가까움).

해왕성의 주요 위성인 트리톤의 표면은 물얼음과 아주 단단한 질소얼음으로 된 매우 두꺼운 층으로 되어 있어요. 트리톤에는 크레이터가 몇 개밖에 없는데 이것은 트리톤의 빙원의 경관은 아주 최근의 것이며 계속 새로워지고 있다는 것을 말해 줍니다. 얼음은 슬러시 상태로 녹았다가 다시 재빨리 동결되면서 이랑과 틈을 만들어 냅니다. 얼음지각 밑에는 가스형태의 질소가 쌓여 있다가 압력이 높아지면 약한 지각을 뚫고 나와 질소와 검은 먼지로 된 높이 8킬로미터 기둥의 화산 폭발을 일으킵니다.

해왕성

대암반은 하늘 위를 높이 순환하는 하얀 구름들과 함께 시속 2,000킬로미터 이상으로 질주하고 있었습니다.

또한 다른 모든 대형 가스행성들처럼 해왕성도 고리를 가지고 있다는 것을 확인했어요. 아주 희미한 4개의 고리가 있는데, 2개는 넓고 2개는 폭이 좁아요. 이 고리들은 모두 먼지 크기에서부터 작은 승용차 크기의 덩어리에 이르는 어두운 색의 얼음파편으로 구성되어 있습니다. 가장 바깥쪽의 고리는 줄줄이 소시지처럼 무리를 이룬 물질로 구성되어 있어요. 보이저 2호는 알려져 있던 2개의 위성 외에 추가로 6개의 작은 위성들을 더 찾아냈어요. 거대한 위성인 트리톤은 해왕성이 발견된 후 며칠 뒤에 발견되었답니다.

태양계에 있는 다른 주요 위성들과는 달리 트리톤은 자신의 모체인 해왕성의 회전방향과 반대방향으로 해왕성 둘레를 돌아요.

온도는 -238℃로 태양계에서 가장 차가운 천체로 알려져 있답니다.

해왕성이 푸른 빛을 이루는 대기 때문이다. 표면 대기는 수소와 헬륨, 약간의 메탄으로 구성되어 있다.

실제 자료

지름 : 5만 538킬로미터
평균 밀도 : 1.6(물=1)
표면 중력 : 1.2(지구=1)
하루 : 16.1시간
1년 : 164.8년
궤도 내 속도 : 5.4km/sec
태양으로부터의 평균거리 : 44억 9,600만 킬로미터
온도 : -220℃
대기 : 수소, 헬륨, 메탄
위성의 수 : 8개

해왕성은 비교적 작은 암석 핵을 가지고 있습니다. 핵은 암모니아와 메탄을 함유한 따뜻한 물로 된 두꺼운 층에 둘러싸여 있습니다.

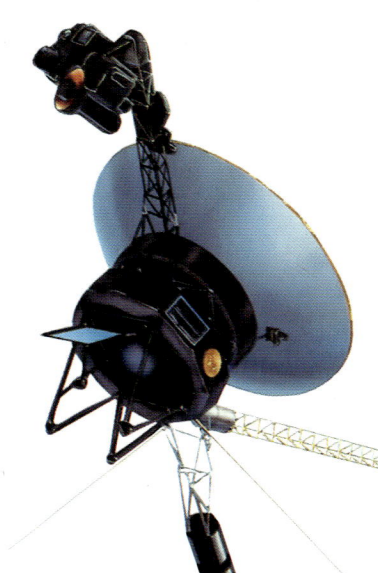

해왕성은 보이저 2호에 의해 만나게 된 마지막 행성입니다. 이 우주 탐사선은 지금까지도 계속 신호를 전송하고 있기는 하지만, 현재 태양계로부터 멀리 떨어져 있습니다. 해왕성에서 보낸 보이저 2호의 신호는 지구에 도달하기까지 4시간 이상이 걸렸습니다. 전송될 때까지 시계 배터리보다 200억 배나 적은 전력이 소모된다니! 몇몇 과학자들은 항상 다른 태양계에 존재하는 생명체의 증거를 탐구하고 있는데, 이러한 탐구에서 보이저 2호는 한 역할을 담당하고 있습니다. 외계인들이 우주 탐사선을 발견하게 된다면, 그들은 탐사선 안에서 음성영상 디스크를 발견하게 될 것입니다. 이 디스크에는 고래소리, 아기 울음소리 등을 포함한 55개국의 언어로 된 인사말이 녹음되어 있습니다.

혜성

태양계를 여행하는 여행객은 어떤 지점에서 혜성을 만날 수도 있을 듯합니다. 때때로 우리는 지구의 밤하늘에서 혜성을 관측할 수 있답니다. 별이 반짝이는 하늘을 가로지르는 인상적인 빛의 얼룩이 그것이지요. 혜성은 지름이 몇 킬로미터밖에 되지 않는 감자 모양의 먼지덩어리로 구성되어 있고, 우주를 향해 수억 킬로미터 뻗어 있는 두 꼬리를 동반합니다. 먼지덩어리는 동결된 가스와 물얼음에 의해 서로 결합되어 있습니다. 이 덩어리들은 태양에 가까워짐에 따라 녹게 되고, 태양에서 불어오는 입자에 의해 처진 꼬리를 만듭니다. 행성과 소행성처럼 혜성도 태양 둘레를 돌아요. 그렇지만 혜성의 궤도는 아주 긴 타원형이에요.
영국 천문학자 에드몬드 핼리(1656~1742)는 혜성이 궤도를 도는 물체라는 것을 보여 준 최초의 사람입니다. 그는 1531년과 1607년에 관측된 혜성들은 자신이 1682년에 관측한 혜성과 같은 것이라고 믿었어요. 핼리는 그 혜성이 1758년에 다시 돌아올 것이라고 예언했답니다.

핼리 혜성은 그의 예언대로 1758년 성탄절에 출현했어요. 혜성들이 행성에 너무 가까이 접근할 경우 매우 위험합니다. 1994년 7월에 슈메이커-레비(Shoemaker-Levy) 혜성이 목성에 충돌했고, 충돌할 때 육중한 불덩어리를 만들어 냈답니다.

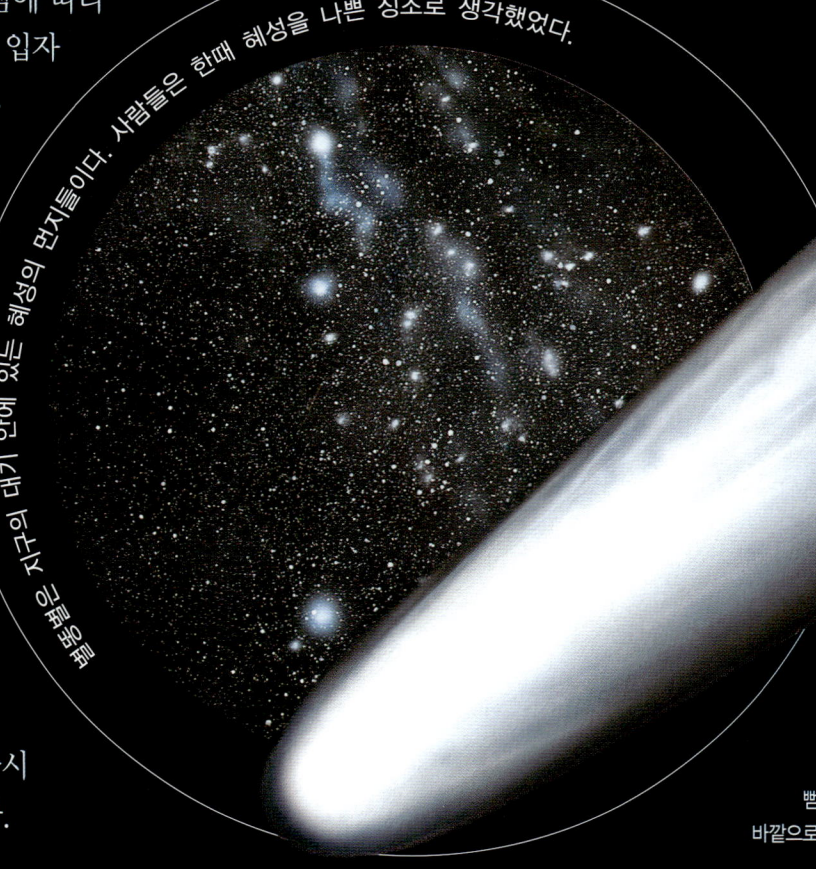

별들을 배경으로 지구의 대기 안에 있는 혜성의 먼지들이다. 사람들은 한때 혜성을 나쁜 징조로 생각했었다.

— 먼지 꼬리
— 가스 꼬리

혜성은 2개의 꼬리를 가지고 있습니다. 하나는 직선의 가스 꼬리이고, 하나는 넓은 곡선의 먼지 꼬리인데, 이 꼬리들은 혜성이 태양에 접근함에 따라 커지고, 늘 태양의 반대방향으로 뻗어 있습니다. 혜성은 태양 주변을 통과하고 태양계 바깥으로 돌아갑니다. 여전히 태양 반대방향으로 뻗어 있는 혜성의 꼬리는 짧아지다가 결국 사라지게 됩니다.

혜성의 핵이 자세하게 연구되어진 것은 우주 탐사선 지오토가 1986년 3월에 핼리 혜성의 600킬로미터 이내를 통과하면서 사진을 전송하고 혜성에서 방출된 가스와 먼지 입자를 조사했을 때입니다. 혜성이 태양에 접근했을 때, 얼음들은 녹고, 혜성의 핵의 외부지각은 깨져 벌어지고, 먼지와 가스의 분출물은 코마라고 불리는 구름을 형성했습니다.
태양에 근접한 이 구름은 2개의 꼬리를 만들며 태양풍에 의해 흩날립니다. 1997년의 해일-밥(Hale-Bopp)의 출현은 근년에 있었던 가장 멋진 장관이었습니다.

여행을 떠나기 전에

공룡들이 세계를 지배했던 것은 지금으로부터 약 1억 6,000만 년 전 시대의 일입니다. 공룡이 생존했을 당시에는 공룡 이외에 몸집이 거대한 다른 육지 동물들은 지구 상에서 찾아보기 힘들었습니다. 이러한 육지 동물들에게 라틴어로 '위험한 도마뱀'으로 풀이되는 '공룡'이란 이름을 지어 준 것은 정말 적절한 표현이 아닐까요?

공룡은 수백 종에 이릅니다. 그 중에는 우리에게 잘 알려져 있는 몸집이 거대한 공룡도 있지만, 몸집이 아주 작은 공룡도 있었다고 합니다. 그 중에는 고양이보다 몸집이 작았던 종도 있었는데 이들은 타조보다도 더 빨리 달릴 수 있었다고 합니다. 그리고 또 다른 종으로는 단단한 체격을 가진 느림보 공룡이 있었습니다. 이들은 거대한 갑옷처럼 생긴 몸을 가지고 있었으며 그 위로 뾰족하고 긴 대못 같은 뿔들이 위로 우뚝 솟아 있었어요. 이들의 꼬리는 커다란 곤봉과 같은 역할을 해 주었다고 합니다.

약 2억 3,000만 년 전에 출현한 공룡은 6,500만 년 전까지 살았습니다. 이같은 엄청난 기간 동안 공룡은 세계 도처로 퍼져나가게 되었습니다. 시간이 흐름에 따라, 진화를 거듭하게 된 이들은 다양한 모습으로 변하게 되었습니다.

이 이야기는 현재 미국 서부에 해당하는 지역에 살았던 공룡에 대한 것입니다. 이제부터 여러분은 단순히 장소로만의 이동이 아닌, 시간과 함께 떠나는 놀라운 여행을 경험하게 됩니다. 지금부터 동물이나 식물 그리고 주위를 둘러싼 환경들이 한 시기에서 다음 시기를 거치는 동안 어떻게 변해 가는지를 잘 살펴보세요. 공룡이 살았던 시대로의 여행은 여러분에게 놀라운 경험을 선사해 줄 것입니다.

믿을 수 없는
공룡 여행

공룡이 살기 전(1)

3억 2천만 년 전

이제부터 우리는 최초의 공룡이 나타나기 1억만 년 전 시대로 여행을 떠나게 됩니다. 우리는 지금 역사가 처음으로 시작되는 석탄기 시대에 와 있습니다. 늪이 많은 빽빽한 숲이 열대 저지대를 둘러싸고 있습니다. 거대한 양치류 나무①와 약 30미터 높이의 레피도덴드론(Lepidodendron, 석송 식물)②, 라이코포드(lycopod, 석송속의 식물)와 석송(club moss), 노목(Calamites, 30미터에 달하는 고생대의 화석 식물)③ 그리고 커다란 속새(horsetails) 등이 숲을 가득 메우고 있습니다. 바다갈매기 크기의 날개 폭을 가진 잠자리④가 나무 사이로 날아다니고 커다란 바퀴벌레와 지네⑤가 덤불 속에서 조용히 기어다니고 있습니다.

공룡의 선조들이 숲 속의 늪에서 햇볕을 쬐고 있습니다. 이보다 100만 년 전에는 이들은 곤충을 잡아먹을 때만 물 밖에서 숨을 쉬는 물고기였답니다. 그러나 점점 지느러미가 손가락과 발가락으로 변해 갔고 공기 중에서도 숨을 쉴 수 있게 되었다고 합니다. 이제는 이러한 동물들(덴드러페톤, Dendrerpeton⑥과 같은 양서류)은 육지에서 대부분의 시간을 보내고 젤리처럼 말랑말랑한 알을 낳을 때만 물속으로 들어간답니다. 최초의 파충류 중 하나인 약 20센티미터 길이의 힐로노머스(Hylonomus)⑦와 양서류 종으로부터 생겨난 몇몇 다른 동물들은 물 밖에서 딱딱한 알을 낳기도 한답니다.

믿을 수 없는 공룡 여행

석탄 늪지대

3억 2,000만 년 전, 세계는 오늘날과 매우 다른 모습을 하고 있었습니다. 북아메리카와 유럽이 하나의 대륙이었던 이곳은 열대성 기후를 띠고 있어 덥고 습한 정글이 저지대를 둘러싸고 있었습니다. 늪지대의 식물들이 자라고 죽는 것이 반복되면서 토탄과 거무스름한 흙이 생성되었고, 이러한 토탄은 수백만 년이 흐르는 동안 여러 겹의 두터운 토탄층을 형성하게 되었습니다. 이러한 층은 그 밑에 쌓여 있던 퇴적물을 눌러 암석을 만들게 되었는데 이것이 바로 오늘날 우리가 석탄이라 부르는 것입니다.

지구에서 가장 오래된 육지 척추동물, 이크티오스테가(Ichthyostega)는 3억 7천만 년 전 초목이 우거져 있는 땅에서 생활했어요.

공룡이 살기 전(2)

2억 8천만년 전

우리는 다시 새로운 곳으로 여행을 떠나게 됩니다. 한 때, 이곳의 삶을 풍요롭게 해 주던 우거진 초목과 열대림은 더 이상 존재하지 않습니다. 이곳에 남겨진 것은 이제 마른 잡목으로 덮인 황폐한 땅뿐입니다. 석탄기를 거치는 동안, 여기저기 흩어져 있던 지구의 대륙들이 하나로 합해져 새롭고 거대한 초대륙, 판게아(트라이아스기 이전에 존재했었다는 가설적인 하나의 대륙)를 형성하게 되었습니다. 거대한 얼음조각들이 지구 상에 존재하던 대부분의 찬 물들을 새 나가지 못하게 막아 버렸기 때문에 마른 땅 위로 뜨거운 열기가 계속해서 뿜어져 나오게 되었습니다.

이러한 환경은 육지 위에서 알을 낳는 파충류들에게 아주 좋은 장소가 되었습니다. 거대한 몸집의 양서류가 사라져 가는 동안, 수많은 종의 파충류가 생겨나게 되었습니다. 턱 근육이 잘 발달된 초식 동물들과, 곤충이나

디메트로돈(Dimetrodon)의 등 위로 우뚝 솟아 있는 돛 모양의 가시는 태양열 역할을 했을 거라고 해요.

다른 작은 파충류들을 잡아먹는 육식 동물들이 번성하게 된 것입니다.

이첩기(페름기)에는 공룡의 근원이 된 세 가지 무리의 파충류 즉, 아납시드(Anapsids, 바다거북과 육지거북의 선조), 시납시드(Synapsids, 단궁형 파충류), 다이압시드(Diapsids, 이궁파충류)가 살았습니다. 이들은 훗날 나타나게 될 인류를 포함한 포유류 무리의 근원이 된 포유류형 파충류로 알려져 있기도 합니다.

약 30미터 길이의 몸집을 가진 육식 동물 디메트로돈(Dimetrodon)①과 초식 동물 에다포사우르스(Edaphosaurs)②는 펠리코사우르스(Pelycosaurs, 포유류형 파충류)로 알려진 시납시드 종이었습니다. 이 둘 모두 등뼈부터 척추 부분에 이르는 곳에 길고 두꺼운 '배의 돛같이 생긴 거대한 가시'를 갖고 있었습니다. 오피아코돈(Ophiacodon)③과 버라노사우르스(Varanosaurus)④ 또한 펠리코사우르스 종에 속했는데, 이들은 늪지대에서 물고기를 잡아먹으며 살았습니다.

디메트로돈(Dimetrodon)은 '두 종류의 이(tooth)'라는 의미를 갖고 있대요.

트라이아스기

2억 2천 5백만 년 전

뜨겁고 건조한 기후가 계속되자 동물들의 생김새는 급속도로 변해 갔습니다. 트라이아스기는 현재 과학자들조차 식별하기 힘든 수많은 멸종류가 살았던 시기입니다. 이들 중, 엄니(식육 동물의 아래위 턱에 난 굳세고 날카로운 송곳니)가 나 있는 포유류형 파충류, 리스트로사우르스(Lystrosaurs)를 포함한 몇몇 류는 멸종하지 않고 계속 살았어요.

이 시기를 지배하던 파충류 무리는 다이압시드(Diapsids, 이궁파충류)였답니다. 이들 무리 중 하나였던 아르코사우르스(Archosaurs)는 민첩한 몸과 단단한 턱, 갑옷처럼 생긴 몸을 갖고 있었어요. 이 동물은 대부분의 다른 육지 동물들과는 비교도 안 될 정도로 힘이 세었답니다.

초기 아르코사우르스는 지금의 악어처럼 네 발로 낮게 기어 다녔습니다. 하지만 훗날 진화한 아르코사우르스는 뒷발로 서서 걸어다니며 두 손으로 먹이를 낚아채 먹었습니다.

이러한 파충류들이, 다가올 1억 6,000만 년이란 세월을 지배하게 될, 여러 종들로 진화하게 될 예정이었습니다. 드디어 공룡이 지구 상에 상륙하게 되었답니다! 민첩한 육식 공룡 코엘로피시스(Coelophysis)①는 무리지어 사냥을 했는데 이들의 먹잇감은 작은 곤충에서부터 도마뱀, 원시 포유류②, 초기 초식 공룡, 테크노사우르스(Technosaurs)③ 등 매우 다양했답니다.

코엘로피시스(Coelophysis)의 몸길이는 약 3m에 달했대요.

공룡이란?

공룡은 중생대(트라이아스기, 쥐라기, 백악기를 포함한 시대)에 육지에서 살았던 파충류를 말합니다. 하지만 수중 파충류나, 날 파충류(테로사우르스, Pterosaurs)와는 아무런 상관이 없었답니다. 공룡은 아래쪽 두 발이 몸을 지탱해 주어 똑바로 서서 걸어다녔습니다. 이러한 자세가 바로 공룡이 다른 파충류와 확실히 구별되는 가장 큰 특징이랍니다.

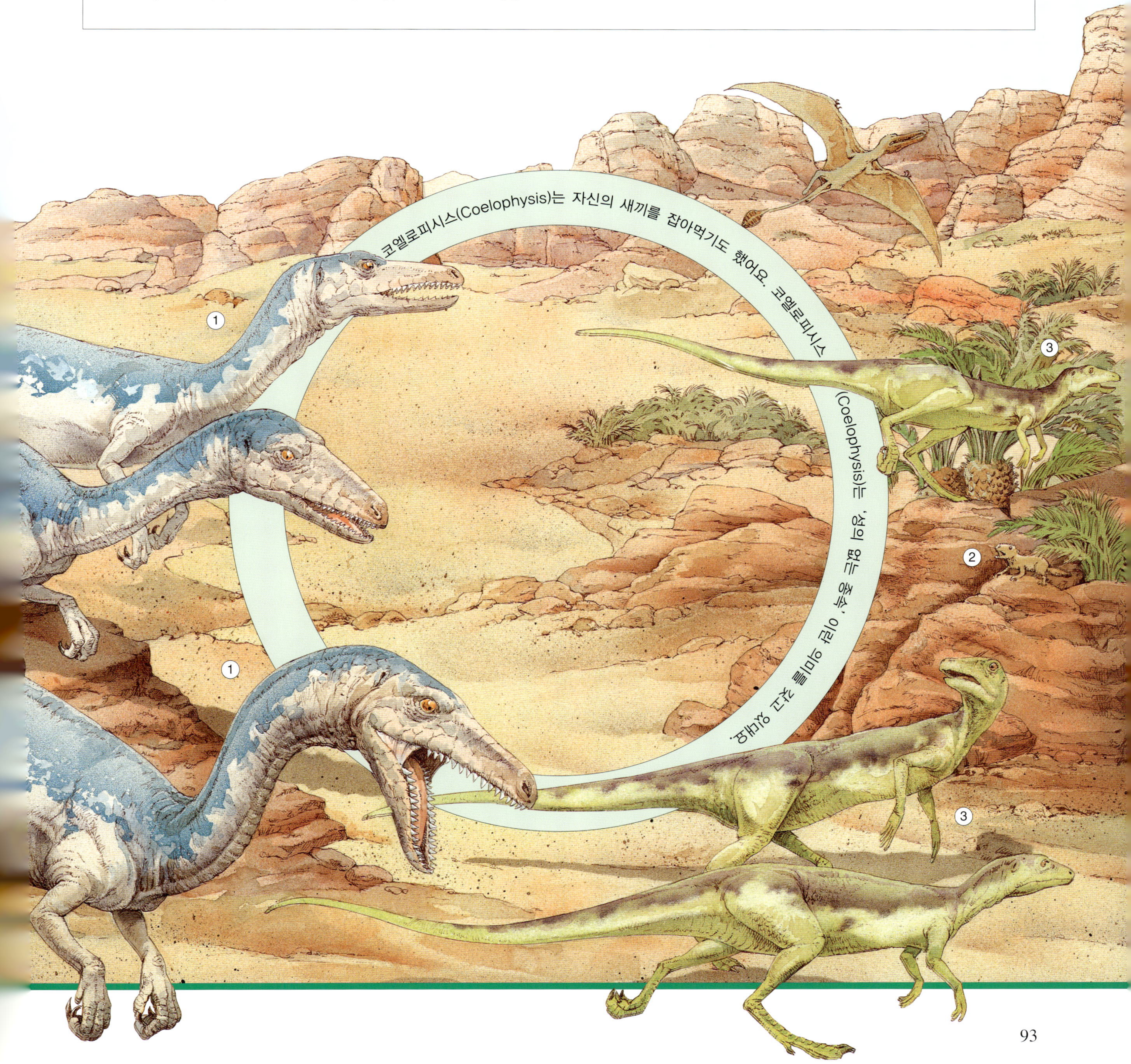

현대 도마뱀
(코모도 드래곤)

초기
아르코사우르스

공룡

코엘로피시스(Coelophysis)는 자신의 새끼를 잡아먹기도 했어요. 코엘로피시스(Coelophysis)는 '속이 없는 동물', 이란 뜻으로 뼈 속이 비어 있어요.

초기 쥐라기

2억 년 전

판게아의 초대륙이 분리되기 시작했습니다. 따뜻한 바람이 얕은 바다 위로 불어오자 기온이 전보다 많이 습해졌습니다. 따라서 습한 저지대에 있던 식물들은 빠른 속도로 자라나게 되었고 초식 공룡들 역시 충분한 먹이를 섭취할 수 있었답니다.

풍부한 식량을 공급받게 되자, 공룡의 새로운 무리가 또다시 생겨나게 되었어요. 프로사우로포드(Prosauropods)는 긴 목과 꼬리, 밝은 색의 거대한 몸집과 가느다란 팔과 다리, 폭이 좁고 작은 머리를 가진 공룡이었습니다. 이들은 후기 쥐라기에 초식 동물들을 지배하게 되는 사우로포드(Sauropods, 용각류)의 선조이기도 합니다.

마소스폰딜루스(Massospondylus)①는 프로사우로포드의 가장 전형적인 종입니다. 무리지어 생활하는 이들은 높은 가지에 달려 있는 나뭇잎을 먹을 땐 뒷발로 서서 톱니처럼 생긴 앞니를 이용하여 먹었습니다. 이들은 위 안쪽에 남아 있는 거친 식물 찌꺼기들이 잘게 갈리게 하기 위해 돌을 삼키기도 했답니다.

마소스폰딜루스의 몸길이는 약 4.5미터 정도였으며 빠른 편이 아니었다고 합니다. 그렇긴 했지만, 이들은 커다란 갈고리 발톱으로 달려오는 적의 몸을 순식간에 찔러 자신을 방어할 수 있었습니다. 그 밖의 다른 초식 공룡들도 공격해 오는 적으로부터

94　믿을 수 없는 공룡 여행

자신을 보호하는 데 필요한 다양한 무기를 갖고 있었습니다. 셀리도사우르스(Scelidosaurs)②는 목과 등, 옆구리, 꼬리에 넓게 박혀 있는 인갑(비늘 껍데기)으로 자신을 적으로부터 방어할 수 있었습니다.

마소스폰딜루스와 셀리도사우르스는 둘다 딜로포사우르스(Dilophosaurs)③보다 빠르지 못하다는 약점을 가지고 있었습니다. 하지만 이들은 적을 단 한 방에 물어 죽이거나 날카로운 갈고리 발톱으로 찔러 죽였답니다. 위험한 육식 동물이 공룡만은 아니었는데요. 육지에서 생활하는 악어④ 역시 온순한 초식 동물들을 위협하는 존재였답니다.

딜로포사우르스(Dilophosaurs)는 두 등줄기 뼈마디라는 뜻을 갖고 있대요.

말기 쥐라기

1억 5천만 년 전

쥐라기 시대가 흐름에 따라, 사우로포드(Sauropods, 용각류)의 몸집은 점점 더 커져, 몸길이가 약 20미터에 달하는 거대한 디플로도쿠스(Diplodocus)①와 같은 공룡이 숲을 배회하게 되었습니다. 초식 공룡들의 몸집이 커짐에 따라, 이들을 잡아먹고 사는 육식 동물들 역시 힘이 더욱 세어져야만 했습니다. 몸무게가 22톤에 달하는 사우로포드, 카마라사우르스(Camarasaurs)②를 쓰러뜨리기 위해 여럿이 힘을 합하는 무리도 생겨났습니다.

말기 쥐라기에 살았던 가장 몸집이 큰 육식 동물은 알로사우르스(Allosaurs)③였습니다.

이들은 근육이 발달한 긴 뒷발과 톱니 같은 이로 둘러싸여 있는 턱을 가지고 있었습니다. 갈고리 같은 손으로 먹잇감을 낚아채 날카로운 이로 목을 물어뜯어 죽이곤 했답니다. 몸길이가 약 9미터에 달하는 느림보 스테고사우르스(Stegosaurs)④는 등을 따라 나란히 나있는 인갑과 채찍같이 휘두를 수 있는 가시 모양의 꼬리로 자신을 적으로부터 보호했습니다. 몸집이 작은 오르니토레스테스(Ornitholestes)⑤ 육식 공룡은 자신보다 작은 먹잇감을 사냥했답니다.

최초의 조류

최초의 조류는 쥐라기 시대에 나타났습니다. 이들은 테로사우르스(Pterosaurs, 날 파충류)의 후손으로 보기 보다는 공룡의 후손으로 보는 학설이 우세합니다. 아르케오테릭스(Archaeopteryx, 오른쪽 그림 참조)와 같은 초기 조류의 골격은 육식 공룡 테로포드(Theropods, 육식성이며 두발로 걷는 공룡)의 새끼와 매우 유사했습니다. 근래에는 수많은 공룡들이 깃털을 가지고 있었다는 학설이 강하게 주장되고 있습니다.

스테고사우르스(Stegosaurs)의 뇌는 어린 아이의 머리와 비슷한 크기였다고 해요.

초기 백악기

1억 2천만 년 전

백악기는 공룡이 전성기를 누리던 시대입니다. 각각 라우라시아와 곤드와나 대륙으로 불리는 판게아의 북쪽과 남쪽 대륙이 자체적으로 분리되기 시작했습니다.

여전히 덥고 습한 기후가 계속되자 남극 대륙에서도 식물들이 무성히 자라나게 되었습니다. 낙엽수를 포함한 꽃식물들이 이미 고대의 식물 종으로 변해 가고 있었습니다.

모든 종류의 공룡들이 온 대륙을 누비며 활개를 펴고 다녔습니다. 조반류 공룡(Ornithischians)은 느림보 사우로포드(Sauropods, 용각류)를 잡아먹으며 그 수가 날로 증가하게 되었답니다. 하지만 몸집이 거대한 사우로포드의 시대는 여전히 계속되고 있었습니다.

브라키오사우르스(Brachiosaurs)의 콧구멍은 머리 위쪽에 있었대요.

초기 백악기에는 거대한 몸집의 공룡 중 하나인 브라키오사우르스(Brachiosaurs)①의 모습이 곳곳에서 눈에 띄었습니다. 4층짜리 건물보다도 훨씬 키가 컸던 이들은 무리지어 다니며 저지대에서 자라는 양치식물이나 높은 나뭇가지 위에 달려 있는 잎다발들을 끌처럼 생긴 이로 뜯어먹곤 했습니다. 그리고 날카로운 이는 어린 새끼들과 자신을 적으로부터 보호했습니다.

초식 공룡들은 끊임없는 육식 공룡들의 공격을 받아야만 했습니다. 힙실로포돈(Hypsilophodon)②과 같은 몸집이 작은 초식 동물들은 위험한 상황에 대비해 무리지어 늘 전속력으로 뛰어다니곤 했습니다.

약 9미터의 몸길이를 가진 이구아노돈(Iguanodon)③은 힙실로포돈보다 몸집이 훨씬 크고 두 발로 달릴 수 있었습니다. 하지만 달리는 속도가 훨씬 늦었기 때문에 몸집이 작은 약탈자들을 피해 무리지어 생활해야만 했습니다. 이구아노돈은 평소엔 온순한 초식 공룡으로 돌아가 이 없는 주둥이로 잎을 뜯어 볼 이로 씹어 먹었습니다. 굶주린 아크로칸토사우르스(Acrocanthosaurs)④와 같은 공룡으로부터 쫓기게 된 이구아노돈은 뒷발로 서서 적의 몸을 향해 치명적인 엄지손가락 스파이크를 날림으로써 자신을 보호했답니다.

힙실로포돈(Hypsilophodon)은 가장 빠른 공룡 중에 하나였대요.

중기 백악기

1억 1천 3백만 년 전

초식 공룡들이 육식 공룡들의 공격으로부터 자신을 보호할 수 있게 되자, 육식 공룡들은 전보다 더욱 강한 무기를 지닌 몸으로 진화하게 되었습니다. 한 시대에서 다음 시대로 이동하는 과정에서 공룡들이 새로운 종으로 진화하는 모습은 일종의 '군비 확장 경쟁' 과도 같은 것이었습니다.

사우로펠타(Sauropelta)①는 완전 무장한 몸에 네 발로 걸어 다니는 초식 공룡, 앤킬로사우르스(Ankylosaur)의 한 종입니다. 이들의 어깨와 목, 등, 그리고 꼬리에는 수많은 원추형 뼈와 두꺼운 가시가 돋아나 있었으며 피부는 두꺼운 가죽으로 뒤덮여 있었습니다. 또한 목과 옆구리에는 길고 날카로운 뿔이 우뚝 솟아 있었답니다. 느림보 사우로펠타는 저지대에서 자라나는 식물들을 주둥이로 뜯어 볼 이로 씹어 먹었습니다. 따라서 재빠른 약탈자들로부터 도망가는 것은 매우 힘든 일이었습니다. 하지만 이들의 완전 무장된 몸은 약탈자 무리로부터 자신을 보호하는 데 이용되었답니다. 데이노니쿠스(Deinonychus)②의 몸집은 10살 정도의 어린 아이들보다도 작았지만 사우로펠타에겐 매우 두려운 적이었습니다. 데이노니쿠스에겐 작은 차 길이 만큼 길고 단단한 꼬리가 있었기 때문이었습니다. 이들의 큰 머리는 뒤로 휘어진 톱니 같은 이빨로 무장되어 있었고 긴 팔 끝에는 길고 날카로운 갈고리 같은 세 갈래 손이 달려 있었습니다. 그 중에서도 가장 무서운 무기는 두 번째 발가락 위에 나 있는 낫 모양의 갈고리 발톱이었습니다.

데이노니쿠스(Deinonychus)라는 이름은 '치명적인 갈고리 발톱' 이란 뜻을 갖고 있대요.

여기, 세 마리의 데이노니쿠스가 사우로펠타 한 마리를 둘러싸고 공격하고 있습니다. 한 마리는 등 위에 올라타 있고, 나머지 둘은 갈고리 발톱을 연속으로 날려 사우로펠타를 공격하고 있습니다. 사우로펠타는 뿔로 이들의 처음 공격을 막아내긴 했지만 많은 수의 데이노니쿠스의 갈고리 발톱 공격에 끝내 무너지고 말았답니다. 결국, 데이노니쿠스 무리의 시대가 온 것입니다.

사우로펠타(Sauropelta)는 '방패로 싸여 있는 도마뱀'이라는 뜻을 가진 공룡입니다.

말기 백악기

7천 5백만 년 전

말기 백악기에는 새로운 종의 새-골반 공룡과 초식 공룡들이 진화하여 전성기를 누리게 되었습니다. 그 결과, 그들은 북반구를 점령해 버렸습니다.
하드로사우르스(Hadrosaurs, 오리주둥이공룡)로 알려져 있는 이들은 근대 세계에 완전히 적응하게 되었습니다. 옛날의 이 구조가 거듭하여 바뀌어 새로운 이 형태를 띠게 되었는데, 턱 안 쪽으로 나 있는 1,000여 개에 달하는 볼 이는 딱딱한 에나멜로 코팅되어 있었습니다. 이들의 넙적한 코는 부리를 향해 곧게 뻗어 있었고, 이러한 생김새는 이 시대 공룡들에게서 쉽게 찾아볼 수 있는 공통점이었습니다.
대부분의 오리주둥이공룡들은 볏을 갖고 있었습니다. 코리토사우르스(Corythosaurs)①는 반원형의 볏을, 램비오사우르스(Lambeosaurs)②는 V 모양의 볏을 갖고 있었답니다. 그러나 에드몬토사우르스(Edmontosaurs)③는 오리주둥이공룡과는 달리 볏을 갖고 있지 않았답니다.
그렇다면 볏은 무엇에 필요했을까요? 오리주둥이공룡은 무리 지어 생활하는 동물이었기 때문에 볏의 생김새는 이들이 서로

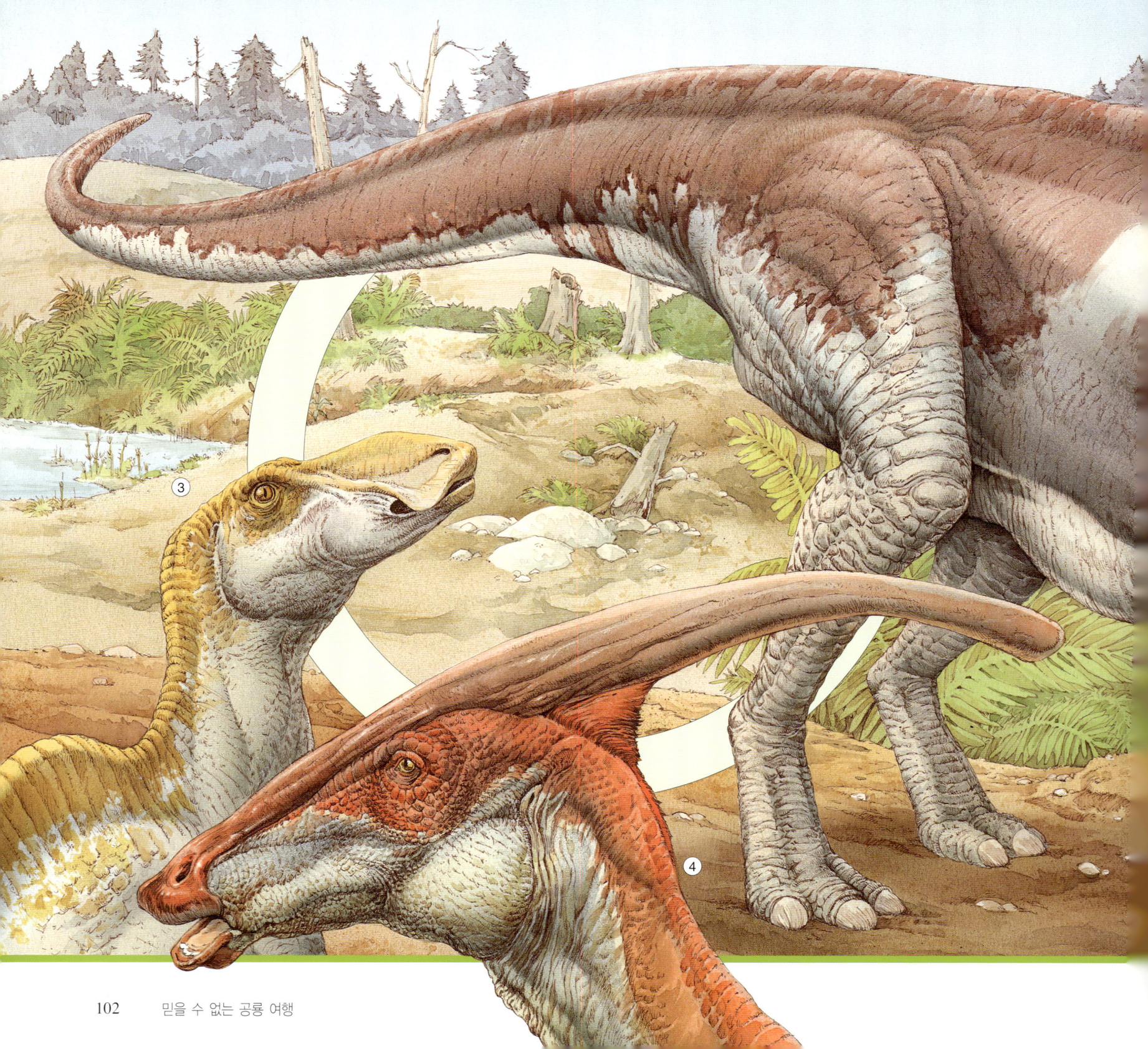

같은 무리인지 아닌지를 판단하는 데 많은 도움이 되었던 것으로 보입니다. 또는 속이 텅 빈 볏이 코까지 이어져 있었던 것으로 보아 공룡들을 모을 때 내던 소리를 크게 증폭시켜 주는 역할을 했던 것으로 추정됩니다. 특히 파라사우롤로푸스 (Parasaurolophus)④의 긴 볏은 아주 큰 소리를 냈다고 합니다.

마지막 공룡들

6천 7백만 년 전

우리는 이제 여행의 마지막 단계로 향하게 되었습니다. 공룡이 지구 상에서 군림하던 시대가 막을 내리기 시작하자 눈에 띄는 몇 가지 종들이 갑자기 생겨나게 되었습니다. 뿔 공룡으로 불리는 케라톱시안(Ceratopsians)과 같은 무리는 새-골반 공룡의 마지막 종이 되었답니다. 우리에게 가장 많이 알려져 있는 트리케라톱스(Triceratops)①는 육중한 머리를 가지고 있었으며 눈두덩이 위로 2개의 길고 날카로운 뿔이, 코 위로 1개의 뾰족한 뿔이 우뚝 솟아 있었습니다.

머리 뒤편으로는 위를 향해 휘어 있는 넓은 골판 모양의 뼈가 있었는데 이를 목 프릴이라 부르기도 하지요.

트리케라톱스의 몸은 대부분의 육식 공룡들로부터 자신을 보호할 수 있도록 완벽히 무장되어 있었습니다.

육식 공룡 중 하나인 티라노사우루스 렉스 (Tyrannosaurs rex)②는 약 12미터에 달하는 몸길이와 거대한 머리, 그리고 무시무시한 이를 가지고 있는 공룡이었습니다. 근육이 잘 발달되어 있는 육중한 다리는 짧은 거리에 있는 먹잇감을 향해 빠른 속도로 달려갈 수 있도록 잘 발달되어 있었습니다. 티라노사우루스(Tyrannosaurs)의 팔은 몸집에 비해 매우 가늘고 짧아 볼품이 없었습니다. 이와 같이 거대한 몸집의 공룡들 사이에서도 꿋꿋이 살아가는 털 달린 짐승이 있었는데 뒤쥐와 같은 동물③이 이에 속합니다. 이제 곧 포유류가 공룡들로부터 지구를 인계받으러 올 예정이었습니다.

트리케라톱스(Triceratops)는 대형 트럭과 비슷한 몸무게를 가지고 있었답니다.

티라노사우르스(Tyrannosaurs)는 육중한 몸을 가지고 있었어요.

공룡의 두개골

티라노사우르스(Tyrannosaurs)의 몸의 길이는 약 12미터에 달했습니다. 이들의 턱 주위로 나 있는 이는 우리가 스테이크를 먹을 때 쓰는 칼의 칼날 모양과 같으며 그 중 가장 긴 몇 개는 약 18센티미터나 되는 것도 있었습니다. 그 아래로 돌쩌귀 같은 역할을 해 주는 턱이 있었는데 어쩌다 하품이라도 하면 그 안의 크기가 8살 정도 아이 한 명은 충분히 숨고도 남을 만한 크기였답니다! 티라노사우르스의 앞쪽을 향해 있는 두 눈은 떨어져 있는 거리를 잘 측정하는 데 활용되었습니다.

공룡의 멸종

6천 5백만 년 전

우리는 지금까지 시간을 통해 떠나온 여행 속에서 초록빛 식물들 광경에 매우 익숙해져 있었습니다. 이 같은 환경은 초식 공룡들이 날로 번창할 수 있는 토대를 마련해 주었습니다. 이들을 잡아먹고 사는 육식 공룡들 역시 날로 번창할 수밖에 없었죠. 하지만 이러한 환경들은 극적인 변화를 겪게 되었습니다. 늪이 많던 숲은 황무지로 변해 갔고, 살아있는 식물은 찾아보기 힘들었습니다. 공룡들은 이러한 환경 속에서 살아남기 힘들었답니다.

공룡들이 사라진 이유를 아는 사람은 아무도 없습니다. 단, 수많은 과학자들이 가정하는 학설만이 존재할 뿐이지요. 이 학설은 소행성의 충돌, 혹은 거대한 화산의 폭발로 대기는 먼지로 뒤덮이게 되었을 것이고, 바람이 이러한 먼지들을 지구 전체로 휩쓸어가 지구를 덮어 버리자 지구의 기온이 점점 낮아졌기 때문이라는 것입니다.

공룡들은 해상 파충류와 날 파충류인 테로사우르스(Pterosaurs)와 함께 사라져 갔습니다. 그러나 도마뱀, 뱀, 악어, 그리고 거북 등과 같은 다른 종의 파충류들은 이러한 환경에 잘 적응하여 살아남게 되었습니다.

포유류 역시 조류와 더불어 살아남게 되었습니다. 사실상, 조류가 테로포드(Theropods, 육식성이며 두 발로 걷는 공룡)의 종에서 생겨났다는 학설을 가정해 본다면 공룡이 멸종한 것은 아니란 주장도 할 수 있겠죠!

또 한번의 대량 멸종은 2억 4천5백만 년 전에 일어났습니다.

무슨 일이 일어난 건가?

6천 500만 년 전, 공룡들이 갑자기 멸종하게 된 이유를 설명하는 주요 이론으로는 다음과 같은 두 가지 학설이 존재합니다. 하나는 거대한 소행성(위의 좌측 사진 참조)이 지구와 충돌하여 지구 표면에 커다란 구멍이 뚫렸고, 어마어마한 양의 돌가루들이 대기 속으로 휩쓸려 들어가게 되었다는 학설입니다. 또 다른 이론은 화산폭발이 대기를 먼지로 가득 메우게 만들었다는 것이었지요. 거대한 '슈퍼화산'(위의 우측 사진 참조)이 백악기 말기에 폭발했다는 것입니다. 이 두 가지 이론을 뒷받침해 주는 증거는 대개 지구 중심부나 소행성에서 찾아볼 수 있는 보기 드문 금속 원소 이리듐 층이 공룡이 사라진 시기인 말기 백악기 암석에서 발견되었다는 것이랍니다.

소행성은 멕시코에 불시착했을 거예요. 행성이 뚫어놓은 구멍의 폭 넓이가 200킬로미터나 된다고 하네요.

공룡 이후의 시대

5천 5백만 년 전

공룡에 대한 이야기는 끝났지만 우리는 이들이 사라진 후, 어떤 일들이 일어났는지 알아보기 위해 여행을 계속하게 되었습니다.

초대륙, 판게아의 분리가 거의 마무리되어 가고 있었습니다. 새로 생겨나게 된 각각의 대륙들은 거리를 두고 서로 떨어져 있었습니다. 그 결과, 포유류는 섬처럼 분리되어 있는 각각의 서로 다른 대륙에서 독립적으로 진화하여 엄청난 수의 다른 종으로 진화하게 되었습니다.

공룡이 사라진 1천 만 년이란 세월 동안 코끼리, 고양이, 박쥐,

디아트리마(Diatryma)의 머리는 지금의 말의 머리와 비슷한 크기였답니다.

고래 등 수많은 포유류가 생겨나게 되었습니다. 히라코테륨(Hyracotherium)①은 초기 말의 모습이었습니다. 어깨 높이가 약 20센티미터 밖에 되지 않았던 이들은 숲을 돌아다니며 낮은 나뭇가지나 관목에 나 있는 잎들을 뜯어먹었답니다. 훗날 생겨나게 될 목축 포유류의 선조로 추정되는 나무타기 명수 크리아쿠스(Chriacus)②는 곤충과 과실을 먹고 자랐답니다.

조류 역시 생존한 종도 있었고 멸종한 종도 있었습니다. 생존한 이들은 급속도로 진화하여 수천 가지의 종으로 나뉘게 되었습니다. 세계의 몇몇 곳에서는 공룡 시대에 세력을 떨쳤던 거대한 육식 동물들을 잡아먹고 사는 조류도 생겨났다고 합니다. 날지 못하는 조류, 디아트리마(Diatryma)③는 높이가 약 3미터에 달하는 거대한 몸집을 가지고 있었습니다. 몸집이 작은 히라코테륨은 이들의 크고 예리한 부리에 자주 공격을 당했답니다.

최초의 '인류-유사' 포유류는 5백만 년 전 시대에 나타나게 되었대요.

공룡의 흔적을 찾아서

오늘날 우리는 여행의 종착지인 현대에 도착하게 되었습니다. 한 때 이곳의 땅들을 밟고 다녔던 동물들은 사라지고 이제 이들의 흔적은 몇 개의 화석 형태로 남겨지게 되었답니다.

수백만 년을 거쳐 모래와 진흙, 점토와 같은 퇴적물이 강이나 호수 혹은 얕은 바다에 가라앉게 되었고 이런 퇴적물은 다음에 생겨난 퇴적물들에 의해 눌려져 여러 층을 형성하게 되었습니다. 훗날 이것이 암석으로 변하게 되었답니다.

화석은 암석을 둘러싸고 있던 시대에 살았던 생물의 흔적입니다. 하지만 깊숙이 묻혀져 있는 화석들은 영원히 발견되지 않은 채 열과 압력을 받아 재형성되면서 서서히 사라지게 되었답니다.

화석은 죽은 생물①이 퇴적물②에 의해 묻히게 될 때 형성됩니다. 약한 부분은 대개 썩어서 없어지지만 뼈나 이와 같이 딱딱한 부분의 빈 공간들은 물속에 있는 광물로 가득 채워지게 됩니다. 이런 퇴적물은 수백만 년을 거쳐 딱딱한 암석③ 속에서 압력을 거듭 받게 되지요. 이와 같은 암석층이 땅의 움직임이나 부식 과정에서 표면④으로 드러나 안에 화석이 담겨 있다는 것을 알려 주게 되지요.

화석 발자국으로 공룡의 크기와 무게, 그리고 속도 등을 알아낼 수 있답니다.

공룡 화석을 찾아보기 가장 좋은 장소는 중생대부터 존재해 온 암석의 표면이 밖으로 드러나 있는 곳입니다. 사막, 해안가 절벽, 돌산 등이 이에 해당됩니다. 우연히 발견된 화석도 있긴 하지만 치밀히 계획된 탐험 기간 동안 발굴된 것들이 대부분이랍니다. 고생물학자들은 화석이 있을 만한 장소에서 특이하게 생긴 돌들을 찾아다닙니다. 가끔, 바위에서 뼈대 하나가 불쑥 튀어나와 있는 것을 찾아내게 되면 거대한 골격 (아래 그림에서의 티라노사우루스 렉스, Tyrannosaurs rex)과 같은 것이 발견되기도 합니다.

발굴 장소에서 화석 탐험가들은 암석을 걷어내기 위해 곡괭이와 삽을 이용합니다. 그런 다음, 칫솔을 포함한 다양한 도구를 이용하여 암석에 싸여 있는 화석을 빼내는 보다 정교한 작업을 하게 됩니다. 이들은 발굴해 낸 화석의 크기를 측정하고 세밀한 부분까지 꼼꼼히 기록해 둡니다. 그런 다음, 뼈를 조심스럽게 싸서 정밀 분석을 위해 연구소로 옮기게 됩니다.

여행을 떠나기 전에

세상 모든 생명체와 마찬가지로 인간의 신체 역시 놀라운 자연의 창조물입니다. 사람의 신체는 끊임없이 음식을 먹고, 물을 마시고, 숨을 쉬면서 점차 성장해 가지요. 엄마의 뱃속에서 태어난 후 아기가 걷고, 말하고, 느끼고, 생각하는 등 수많은 과정을 거치면서 점차 어른으로 성장해 가는 것처럼 말이죠. 사람의 신체는 살과 뼈, 피, 각종 기관들, 그리고 물로 이루어져 있으며, 그 중 물은 우리 몸 전체의 3분의 2를 차지하고 있습니다. 또한, 신체의 각 부분들은 매우 복잡하면서도 완벽하게 결합되어 있지요.

하지만 그토록 완벽한 자기 몸의 내부를 직접 자기 눈으로 볼 수 있는 기회는 없었습니다. 과학 기술의 발달에 의한 첨단 의학 장비들을 통해 사람의 몸 내부를 들여다 볼 수 있게 되기 전까지는 말이지요. 그렇지만 가까운 미래에는 혈관을 타고 온몸을 돌아다니며 몸속의 이상을 살펴볼 수 있는 아주 작은 의학 기계들이 발명될 예정입니다.

우리 몸속을 관찰하는 일은 어느 것과도 비교할 수 없을 만큼 신비롭고 흥미로울 게 틀림없습니다.

마치 길다란 벽면을 타고 움직이는 동굴과도 같은 위, 작은 손가락 수만 개가 꾸불꾸불한 벽면을 따라 달라붙어 있는 장, 수억 개의 실이 엉켜있는 실타래 모양의 뇌, 지구를 두 바퀴도 더 돌 수 있을 만큼의 길이로 몸속 구석구석을 감아 돌고 있는 혈관 등등.

자, 그럼 이제부터 멋진 몸속 여행을 떠나 볼까요?

믿을 수 없는
인체 여행

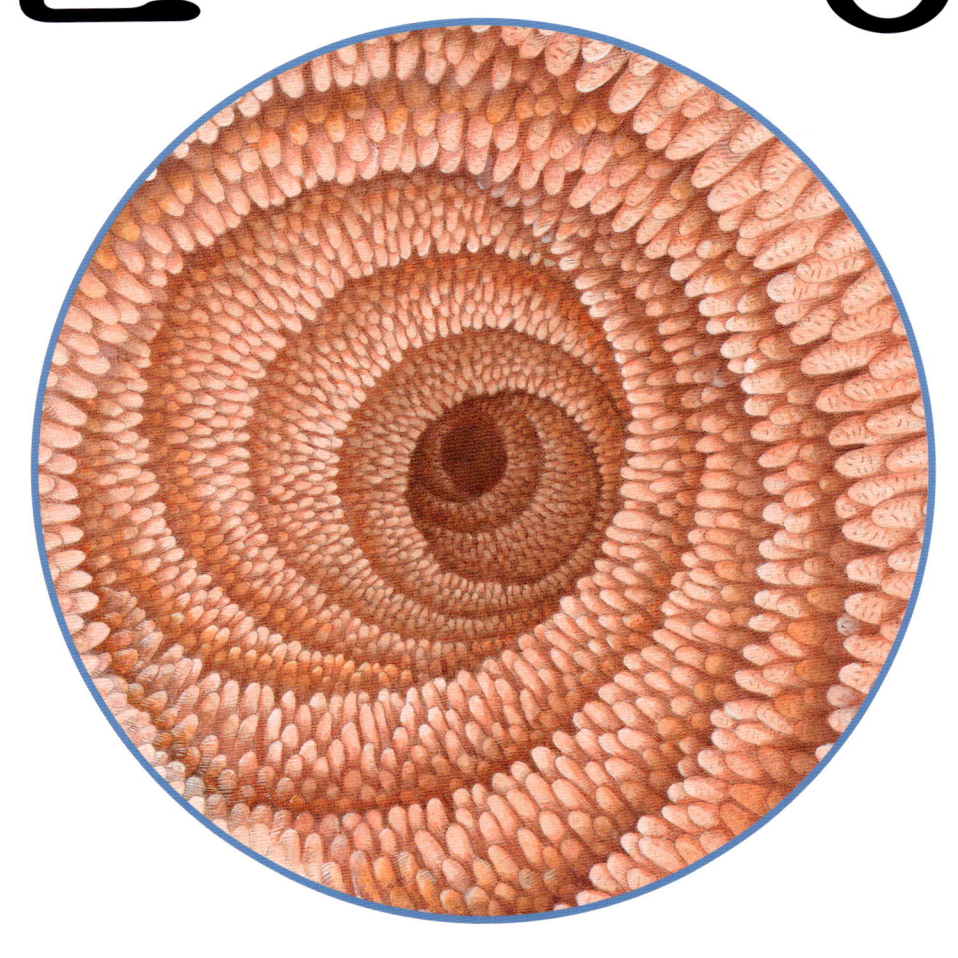

◆ 우리의 신체 ◆

여러분은 이제부터 우리 몸 내부에 있는 신체 기관들이 어떤 모습을 하고 있으며, 어떤 역할을 하는지 배우게 될 것입니다. 예를 들면, 동맥과 정맥을 이루고 있는 혈관과 혈액, 그리고 심장을 '순환계'라 부르고 이곳에서는 영양분과 산소를 온몸으로 보내고 몸 안에 생긴 찌꺼기를 운반하는 일을 한다는 걸 알게 되지요.

이 밖에도 우리 몸에는 음식을 먹고 소화를 돕는 소화계, 숨 쉬는 일을 담당하는 호흡계, 소화된 음식물 찌꺼기를 몸 밖으로 내보내는 배설기관과 신경계까지 알면 알수록 신비한 여러 기관들이 있습니다.

자, 그럼 이제부터 몸속 여행을 떠나 볼까요?

아참, 우리는 몸속을 여행하기 위해서 아주 아주 작아져야 합니다. 우리 몸의 음식물들이 드나드는 소화계 터널은 겨우 2.5센티미터 정도의 넓이에, 지름은 그보다도 훨씬 작은 구멍이니까요.

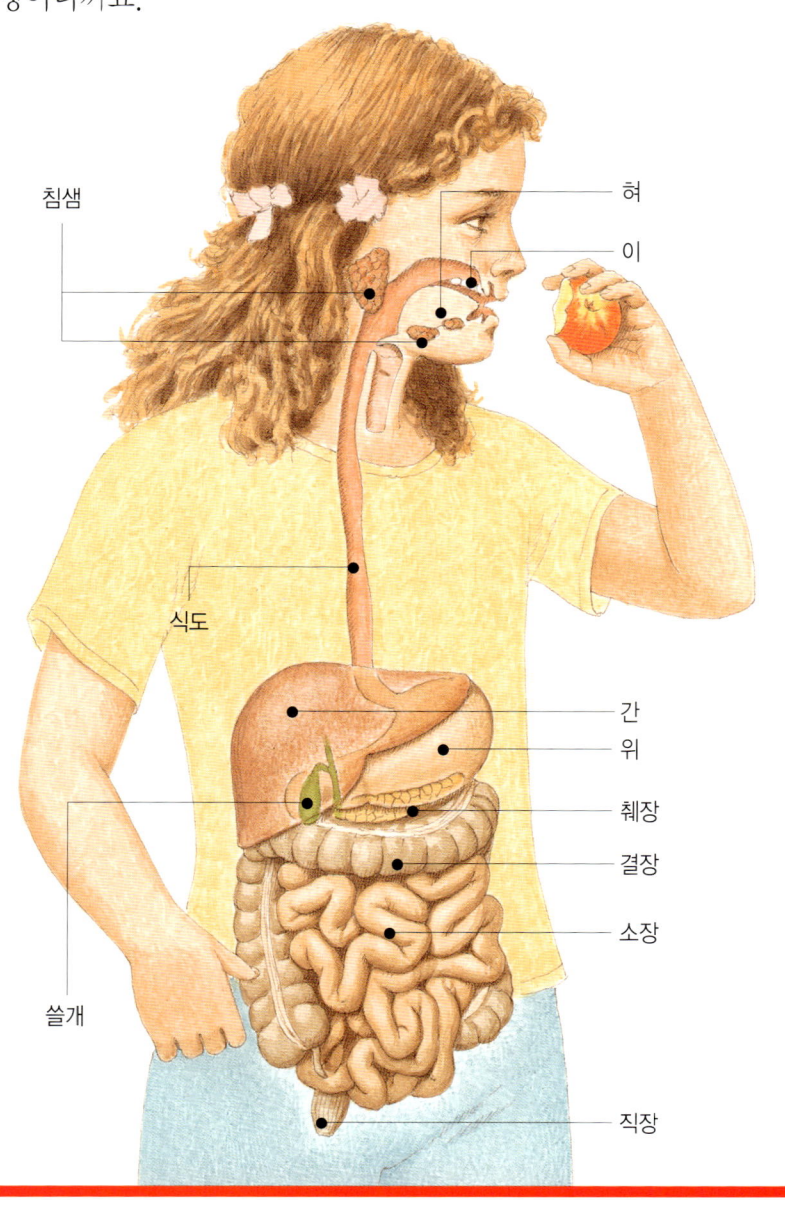

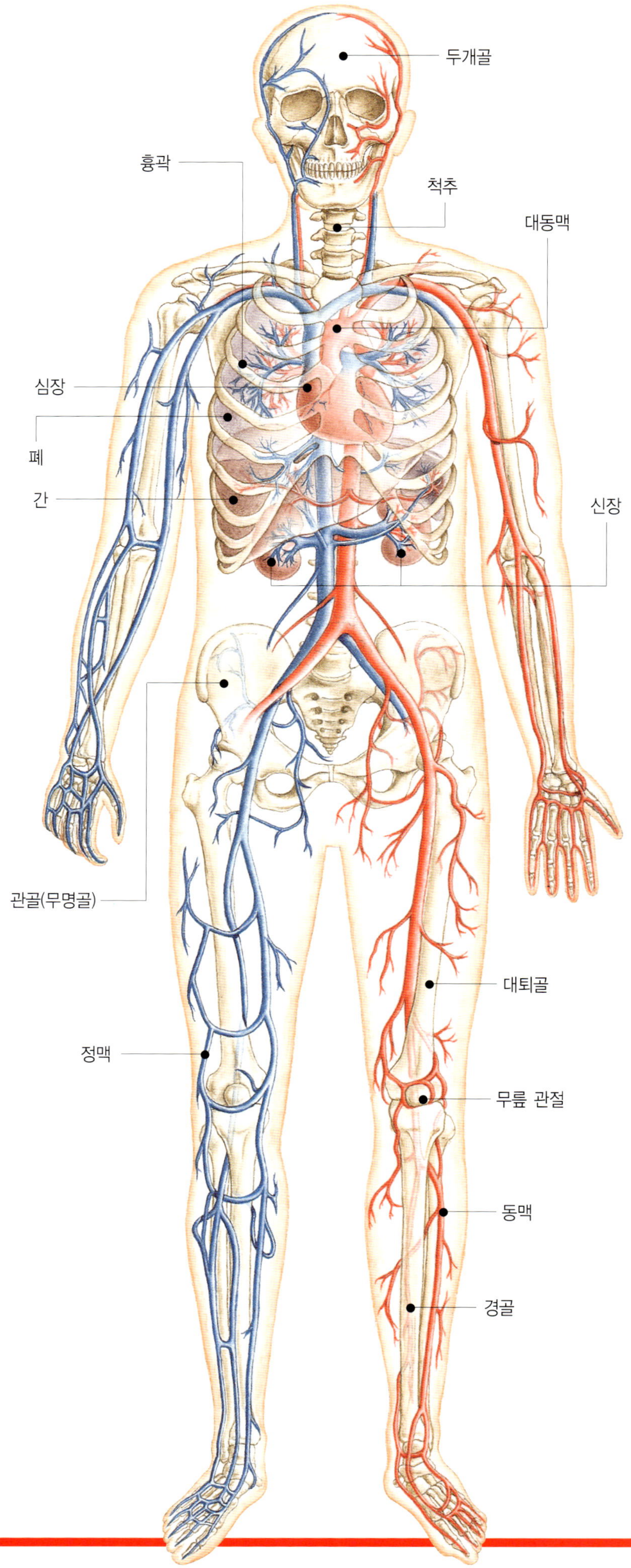

믿을 수 없는 인체 여행

몸속 여행의 첫 출발 장소는 입이에요. 입은 소화계로 들어가는 입구이지요. 우리가 먹은 음식은 이로 잘게 부서지고 침과 섞여 식도를 지나 위로 들어갑니다. 위로 들어간 음식물은 위액과 섞여 소장, 대장으로 보내지지요.

이제 간으로 가 볼까요?

간은 음식물로부터 얻은 영양소를 저장하고 몸에 에너지를 공급하는 일을 합니다.

심장은 우리 몸에 피를 순환시키는 펌프 역할을 합니다. 폐는 우리가 마시는 공기로부터 산소를 뽑아 혈액에 전달하고 이산화탄소는 다시 몸 밖으로 내보내는 역할을 하지요. 또, 신장은 영양분이 빠져나간 음식물 찌꺼기를 걸러주는 역할을 합니다. 그리고 마지막으로 우리는 모든 신경의 중앙 관리실이라고 할 수 있는 뇌와 우리가 살아가는 데 꼭 필요한 시신경이 있는 눈에 대해서도 배우게 될 거예요.

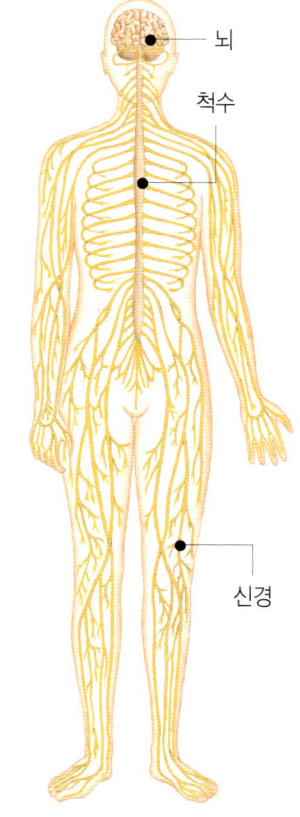

우리 몸의 신경들은 두뇌에서 몸속 각 기관과 근육까지 연결되어 있어요. 그 통로가 바로 척수랍니다.

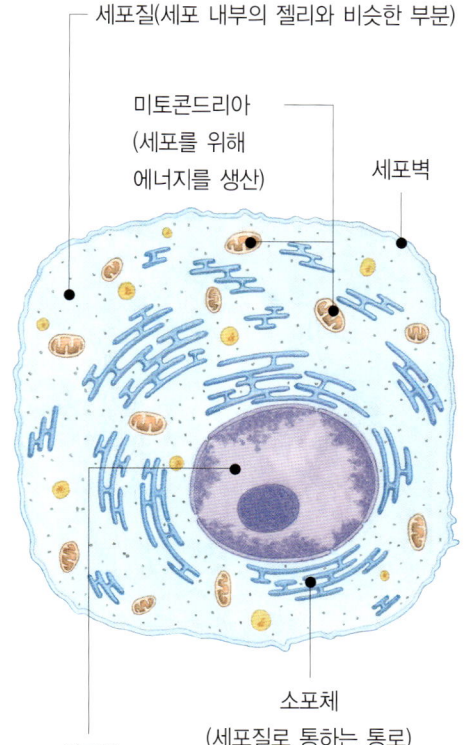

우리 몸은 아주 작은 벽돌 모양을 하고 있는 세포로 이루어져 있어요. 보통 사람의 몸은 750조가 넘는 세포로 구성되어 있지요. 세포들은 각 기관마다 다른데, 혈구, 신경세포, 간세포, 뇌세포 등 각 기관에 있는 세포들은 하는 일들이 모두 다르답니다.

하지만 대부분 비슷한 구조를 하고 있지요.

가장 중앙에는 세포핵이 있어요. 세포핵 안에는 마치 실과 같은 모양으로 염색체가 있지요. 염색체는 DNA라고 하는 유전형질을 포함하고 있는데, DNA는 부모로부터 물려 받은 유전에 관련된 정보를 비롯해 신체에 관한 모든 비밀이 기록되어 있지요.

우리 몸을 구성하고 있는 신체 기관들은 '골격'이라고 하는 튼튼한 뼈로 보호받고 있습니다. 우리 몸 안에는 200여 개의 뼈가 있으며, 이 뼈들은 연결되어 있는 관절에 의해 움직여지지요. 두개골과 흉각은 몸속의 기관들을 보호하는 역할을 하고, 손에 있는 27개의 뼈들은 아주 예민한 손놀림을 가능하게 합니다.

오른쪽 그림은 근육으로 이루어진 사람의 몸이에요. 근육은 강한 힘줄에 의해 뼈와 연결된 세포 조직의 띠라고 할 수 있지요. 뇌에서 근육에 수축하도록 명령을 내리면 뼈가 잡아 당겨지게 되면서 몸이 움직이는 거예요.

피부는 우리 몸의 뼈와 근육을 덮고 있어요. 피부는 해로운 광선으로부터 우리 몸을 보호하고 체온을 일정하게 유지시켜 줍니다. 또 몸에 닿는 촉감이나 아픔 등의 감각을 느끼게 해 주지요.

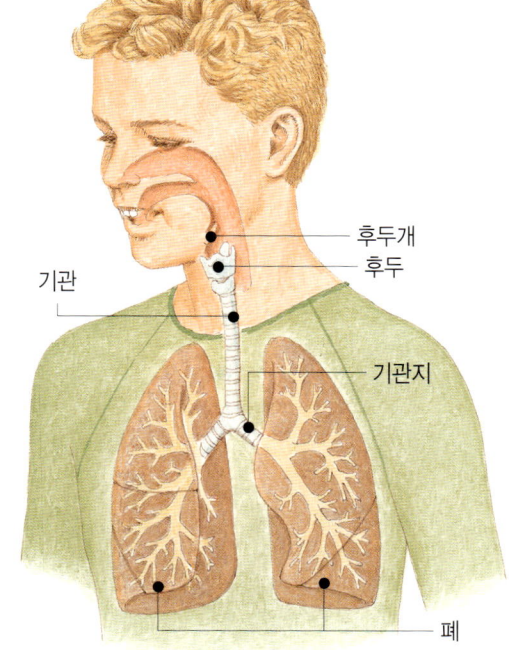

우리는 숨을 쉬면서 공기 중에 떠다니는 산소를 들이마시게 되요. 폐에서는 혈액이 끊임없이 출입하는데, 폐에 들어간 혈액은 산소를 운반하고 이산화탄소를 내려놓기도 하지요.

입

몸속 여행은 입에서부터 출발합니다. 입은 약 10미터 길이의 소화관 입구인데, 소화관은 식도, 위, 장까지 연결된 터널이지요. 대부분의 음식물은 소화관의 소화기관을 거치면서 일부는 영양분으로 흡수되고 나머지 찌꺼기는 몸 밖으로 다시 나오게 됩니다.

작은 음식물의 입장에서 보면 입은 마치 커다란 동굴 같습니다. 그 동굴 속에는 턱과 연결돼 있는 이가 있지요.

이는 음식물을 씹어서 잘게 부수는 일을 하고 있습니다. 입술은 음식이 입 밖으로 흘러나오지 않도록 막아주고, 혀는 음식물을 삼키기 전에 이리저리 굴려가면서 이가 음식물을 씹을 수 있도록 도와준답니다.

혀 아래 있는 침샘에서는 약간 끈적한 액체가 흘러나오는데, 이것이 침이에요. 침은 잘게 부숴진 음식물과 섞여서 음식물을 죽처럼 부드럽고 걸쭉하게 만듭니다.

하루에 생기는 침의 양은 약 1리터가량 되지요. 침은 음식물에 있을지 모를 세균의 일부를 죽이는 일과 함께 몸 안에서 일어나는 소화와 관련된 화학 작용이 가능하도록 하는 효소를 가지고 있습니다. 이 외에도 침은 마치 윤활유와 같이 음식물을 삼키는 것을 도와주고, 혀가 맛을 느낄 수 있도록 해 주는 일도 합니다. 혀 위에는 맛을 느끼게 해 주는 아주 작은 '미뢰'라고 하는 기관이 돋아나 있지요.

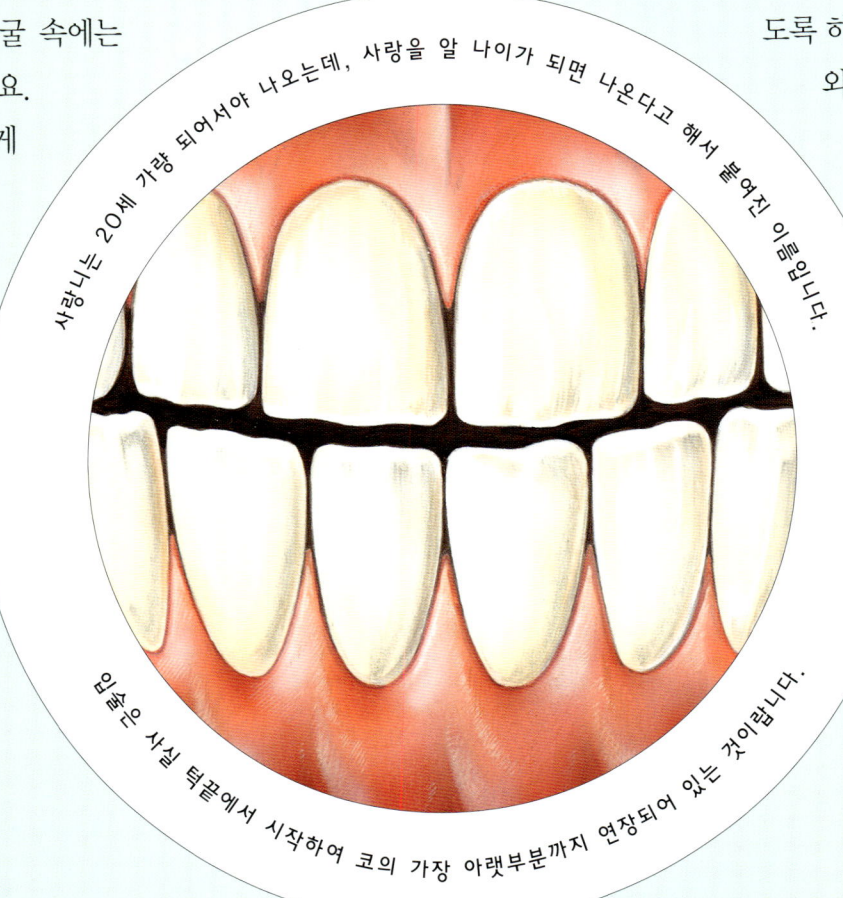

사랑니는 20세 가량 되어서야 나오는데, 사랑을 알 나이가 되면 나온다고 해서 붙여진 이름입니다.

입술은 사실 턱끝에서 시작하여 코의 가장 아랫부분까지 연장되어 있는 것이랍니다.

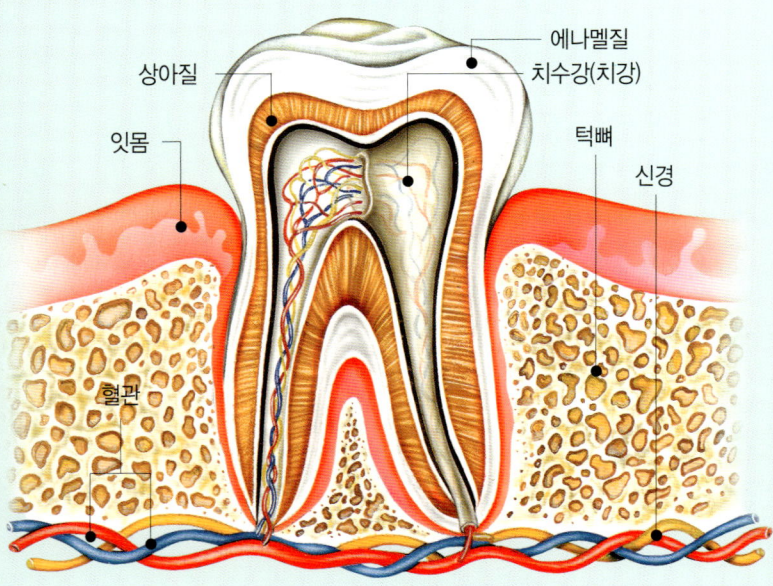

뼈와 같이 단단한 상아질로 만들어진 이의 뿌리는 턱뼈 깊숙이 박혀 있습니다. 치수강이라고 하는 치아 내부의 빈 공간은 작은 혈관과 신경을 담고 있지요. 잇몸 위로 나 있는 이는 우리 몸에서 가장 단단한 물질인 에나멜로 코팅이 돼 있지만 이 사이에 남겨진 미세한 음식물 찌꺼기에서 나오는 박테리아가 만들어낸 산성 물질로 인해 상할 수 있답니다. 이에는 여러 가지 종류가 있는데, 각자 그 기능이 달라요. 앞니는 음식물을 자르는 일을 하고, 송곳니는 음식물을 갈기갈기 찢어 놓는 일을 하며, 어금니는 음식을 잘게 부숴서 씹는 일을 담당하지요.

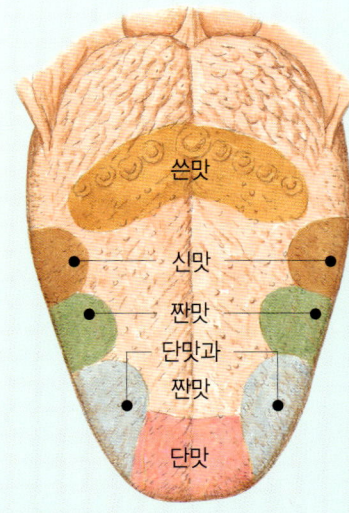

혀 위에 나 있는 수천 개의 작은 돌기(혹)들은 미뢰를 가지고 있는데, 여기서 맛을 느낄 수가 있어요.

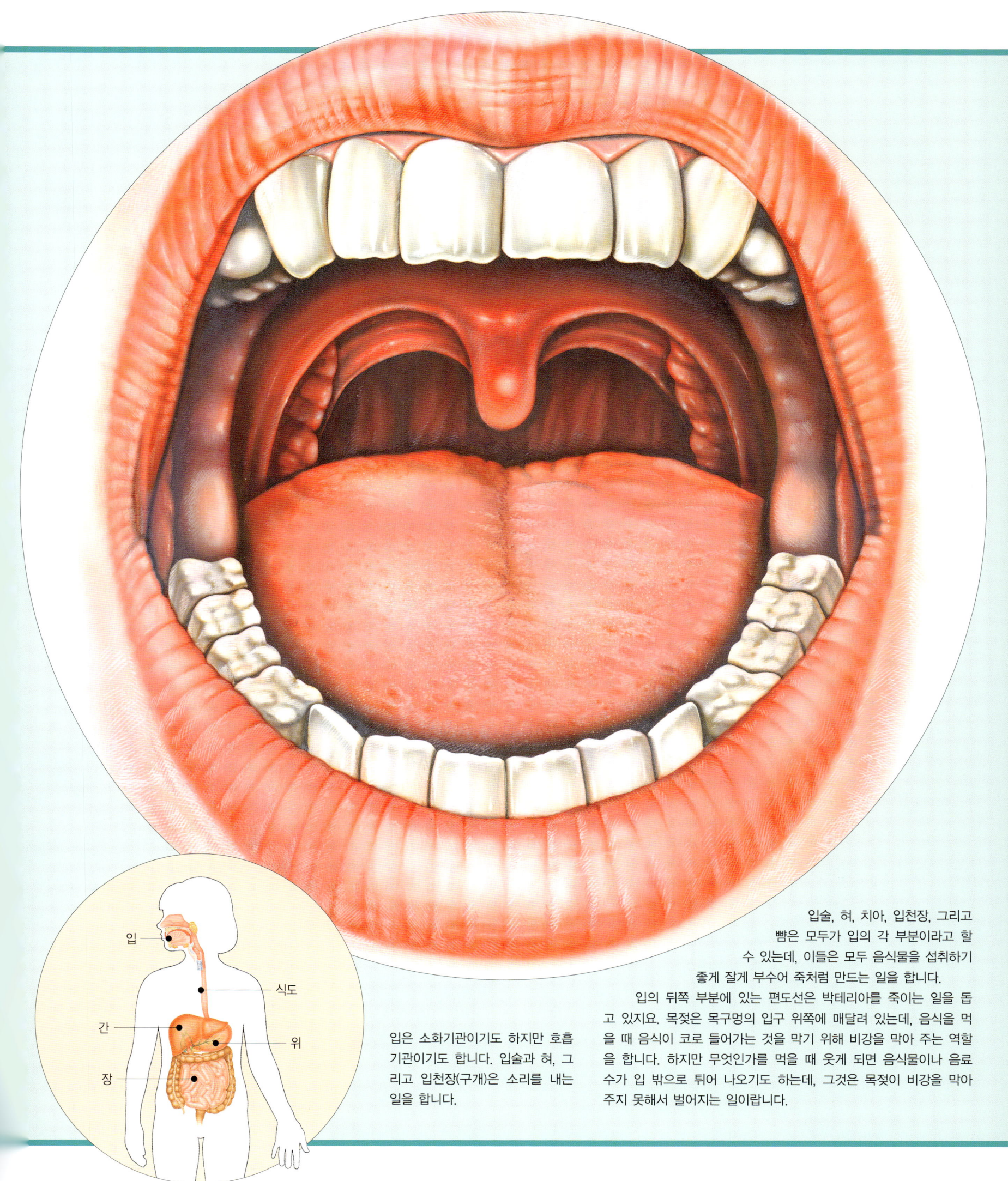

입은 소화기관이기도 하지만 호흡 기관이기도 합니다. 입술과 혀, 그리고 입천장(구개)은 소리를 내는 일을 합니다.

입술, 혀, 치아, 입천장, 그리고 뺨은 모두가 입의 각 부분이라고 할 수 있는데, 이들은 모두 음식물을 섭취하기 좋게 잘게 부수어 죽처럼 만드는 일을 합니다.

입의 뒤쪽 부분에 있는 편도선은 박테리아를 죽이는 일을 돕고 있지요. 목젖은 목구멍의 입구 위쪽에 매달려 있는데, 음식을 먹을 때 음식이 코로 들어가는 것을 막기 위해 비강을 막아 주는 역할을 합니다. 하지만 무엇인가를 먹을 때 웃게 되면 음식물이나 음료수가 입 밖으로 튀어 나오기도 하는데, 그것은 목젖이 비강을 막아 주지 못해서 벌어지는 일이랍니다.

◆ 식도 ◆

음식물이 입속에서 충분히 잘게 부서지고 침과 섞여 부드러워지면(이 과정을 '저작' 이라고 해요) 혀는 음식물을 마치 둥근 원처럼 말아 목구멍으로 밀어 넣습니다. 그러면 음식물은 식도를 따라 넘어가는데, 식도는 소화기관 중에서 가장 좁은 관으로 지름이 약 2.5센티미터 정도이고 총 길이가 25센티미터 정도 됩니다. 식도 벽은 미끈한 점액이 두텁게 묻어 있으며, 이 점액은 음식물이 천천히 아래로 내려갈 수 있도록 도와줍니다. 식도 벽 바로 뒤에 있는 근육은 오그라들었다 늘어났다를 반복하면서 음식물이 제대로 길을 가도록 해 주지요. 입에서 위까지 음식물이 가는 데는 약 5초 정도의 시간이 걸립니다.

음식을 먹은 후 삼키고 난 후에는 모두 자동으로 이루어지지요. 이런 과정을 '반사작용'이라고 합니다.

근육은 음식물 덩어리를 밀어서 아래로 내려가게 하는 동시에 입이나 코로 다시 나오지 않도록 막는 일도 합니다. 기관(외부의 공기가 들어오는 관)의 입구에 있는 후두개는 숟가락 모양을 하고 있는데 음식물을 삼킬 때 후두의 입구를 닫는 뚜껑 역할을 하지요. 후두는 식도와 길이 갈려서 기관으로 내려가는 곳으로, 소리를 내는 곳입니다. 만약 후두개가 역할을 잘 하지 못한다면 음식물은 식도를 통해 위로 내려가지 못하고 일부는 후두를 통하여 기관으로 들어갈 수 있습니다. 이럴 경우 우리 몸은 자동적으로 강한 기침을 하면서 기관으로 들어온 음식물을 밖으로 내보내게 됩니다. 그렇지 않으면 숨이 막혀 죽을지도 모르거든요.

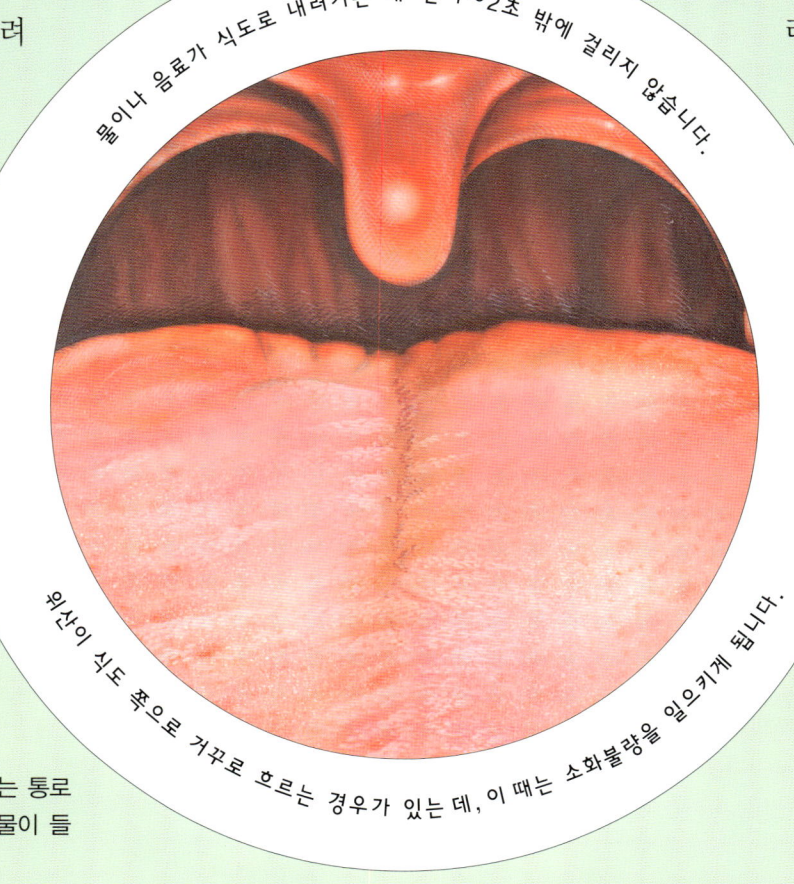

물이나 음료가 식도로 내려가는 데 단 1~2초 밖에 걸리지 않습니다.

위산이 식도 쪽으로 거꾸로 흐르는 경우가 있는 데, 이 때는 소화불량을 일으키게 됩니다.

음식물을 삼킬 때 연구개는 코로 통하는 통로를 막아주고, 후두개는 기관으로 음식물이 들어가지 않게 뚜껑을 닫아 줍니다.

음식물은 스스로 움직여서 식도로 내려가지 못합니다. 근육이 작용하여 밀어주어야 가능하지요. 근육의 움직임을 연동운동이라고 하는데, 음식물 뒤쪽에 있는 근육이 오그라들면서 음식물 덩어리를 아래로 밀어냅니다. ①음식물 아래에 있는 근육은 이완하여 음식물이 내려올 공간을 만들고, ②공간에 음식물 덩어리가 내려오면 잠시 후 다시 뒤쪽 근육이 오그라들면서 음식물을 밀어 내리지요. ③이런 과정을 반복하면서 음식물이 식도를 거쳐 위로 가는 것입니다. 근육의 연동운동은 사람이 거꾸로 매달려 음식을 먹어도 똑같이 작용하며 이러한 연동운동은 뇌에서 모두 통제하고 있답니다.

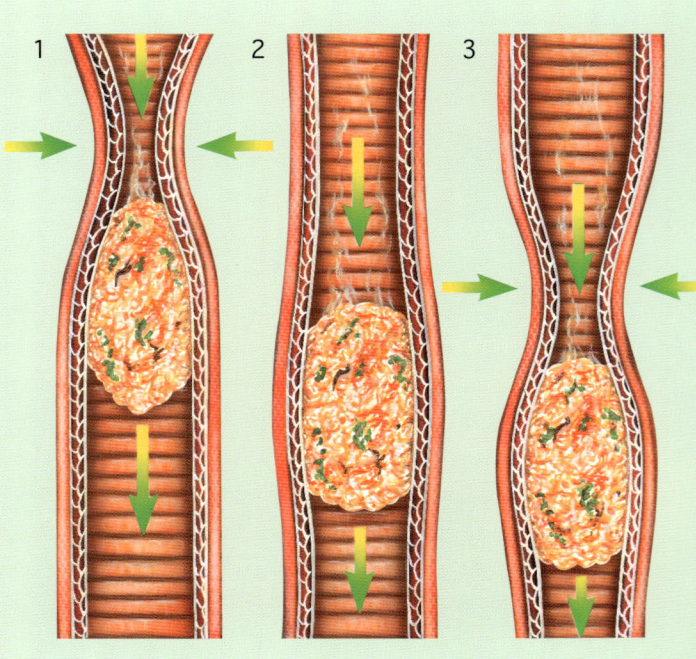

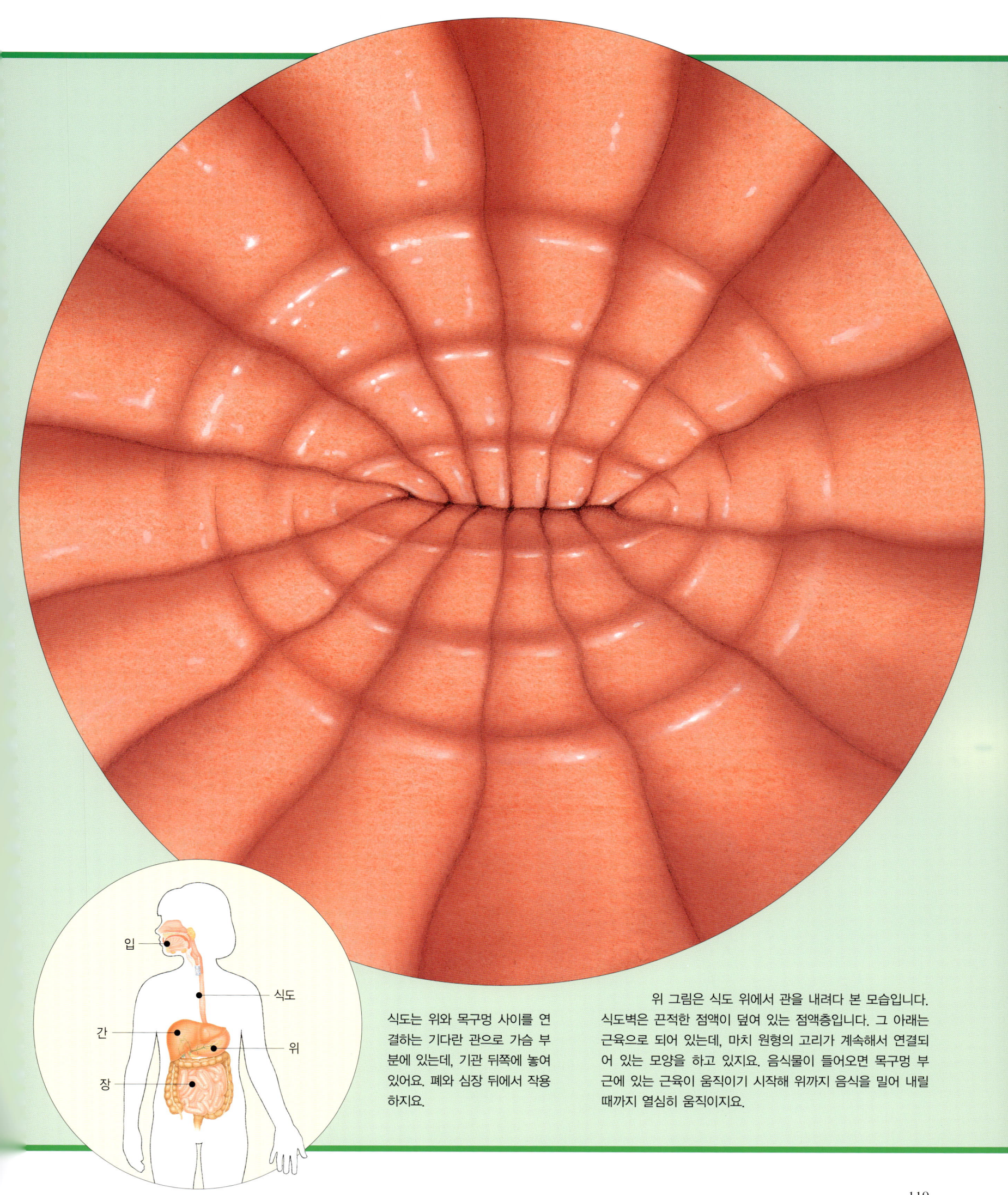

식도는 위와 목구멍 사이를 연결하는 기다란 관으로 가슴 부분에 있어요. 기관 뒤쪽에 놓여 있어요. 폐와 심장 뒤에서 작용하지요.

위 그림은 식도 위에서 관을 내려다 본 모습입니다. 식도벽은 끈적한 점액이 덮여 있는 점액층입니다. 그 아래는 근육으로 되어 있는데, 마치 원형의 고리가 계속해서 연결되어 있는 모양을 하고 있지요. 음식물이 들어오면 목구멍 부근에 있는 근육이 움직이기 시작해 위까지 음식을 밀어 내릴 때까지 열심히 움직이지요.

위

음식물이 입에서 위까지 내려오는 데는 고작 몇 초밖에 걸리지 않습니다. 음식물이 소화되는 위는 소화관에서는 가장 넓은 부분으로 약 1.5리터의 음식과 음료를 담을 수 있는 근육주머니이지요. 또 신축성이 좋아서 많은 음식이 들어왔을 때 알맞게 늘어납니다(위가 너무 늘어날 정도로 많이 먹는 것은 좋지 않아요). 위의 입구라고 할 수 있는 고리 모양의 위 괄약근은 음식을 먹을 때는 길을 열지만 곧바로 위액이 식도로 역류하지 않도록 근육을 조여 문을 닫습니다.

위 근육은 위에 도착하는 음식들을 휘젓기도 하고 꽉 쥐었다가 놓기도 합니다. 동시에 음식에 위산과 효소를 섞어 놓지요. 효소는 음식물들을 아주 작은 단위로 분해시켜 소화시킬 수 있도록 도와주는 화학물질입니다. 결국 음식물은 유미즙이라고 하는 걸쭉한 죽과 같은 상태가 됩니다.

당분이 많은 음식은 분해가 빨리 되지만, 지방이 많은 음식은 분해가 아주 느리답니다. 이 과정에서 산성의 위액으로 인해 음식물에 있던 박테리아의 대부분은 파괴됩니다.

하지만 위산과 효소는 너무 강해서 자칫 위 자체를 파괴할 수도 있어요. 특히 위산은 금속 아연도 녹일 만큼 강력하답니다. 하지만 위벽에는 아주 두껍고 끈적끈적한 점액층이 있어서 산이 위벽을 파괴하는 것을 막아 줍니다. 위에서는 몇 분 단위로 끊임없이 몇십만 개의 세포가 죽고 새로운 세포가 그 자리를 대신하는 상태가 지속됩니다.

부드럽고 끈적끈적한 상태가 된 음식물은 위의 아랫부분에 있는 또다른 괄약근에 의해 소화 효소를 짜내고 음식물은 장으로 넘어가게 되지요.

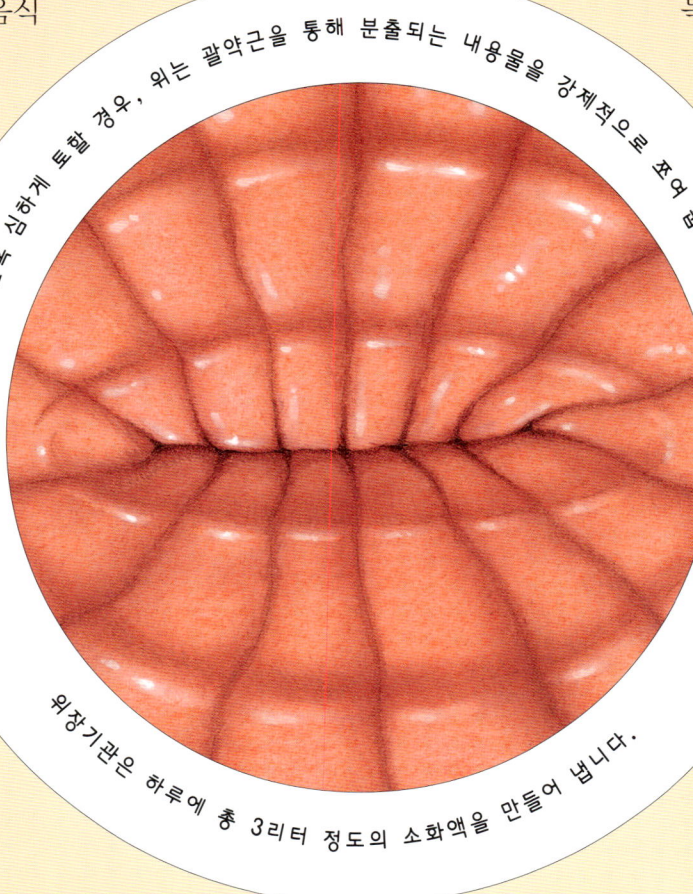

간혹 심하게 토할 경우, 위는 괄약근을 통해 분출되는 내용물을 강제적으로 쪼여 줍니다. 위장기관은 하루에 총 3리터 정도의 소화액을 만들어 냅니다.

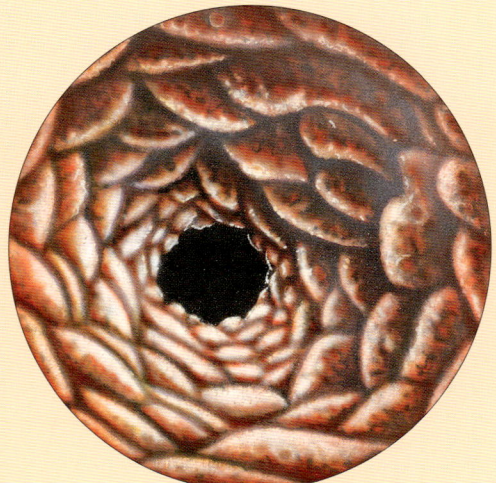

위 그림은 위벽을 크게 확대한 모습입니다. 아래로 보이는 깊은 구멍은 음식물에 쏟아 부을 위산과 효소를 생산하는 작은 분비샘으로 넘어가는 입구입니다.

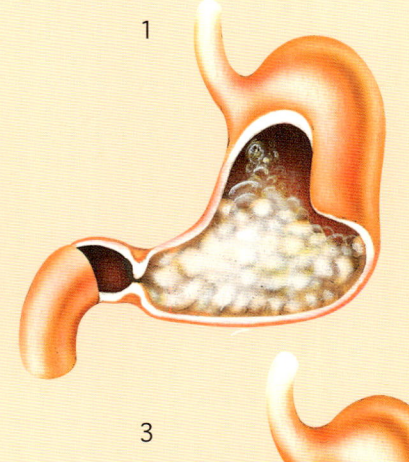
1

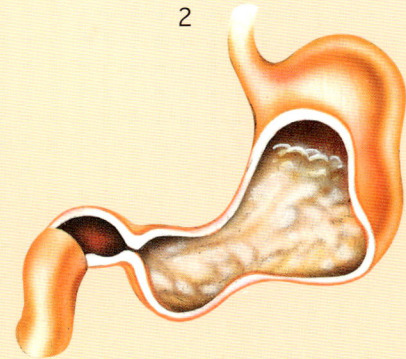
2

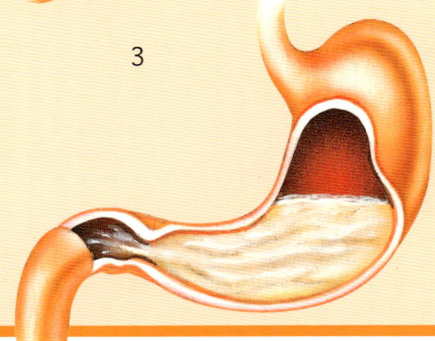
3

위 그림 세 개는 위의 움직임을 순서대로 보여 주는 것이에요. 음식물이 식도를 통해 위에 도착하게 되면①, 음식물은 위의 교반 작용과 화학물질들에 의해 작게 분해가 됩니다②. 결국 음식은 유미즙이라고 하는 걸쭉한 상태로 변하게 되고, 이 음식 혼합물은 위의 아래 쪽으로 내려와 다음 과정으로 밀려 내려가게 됩니다③.

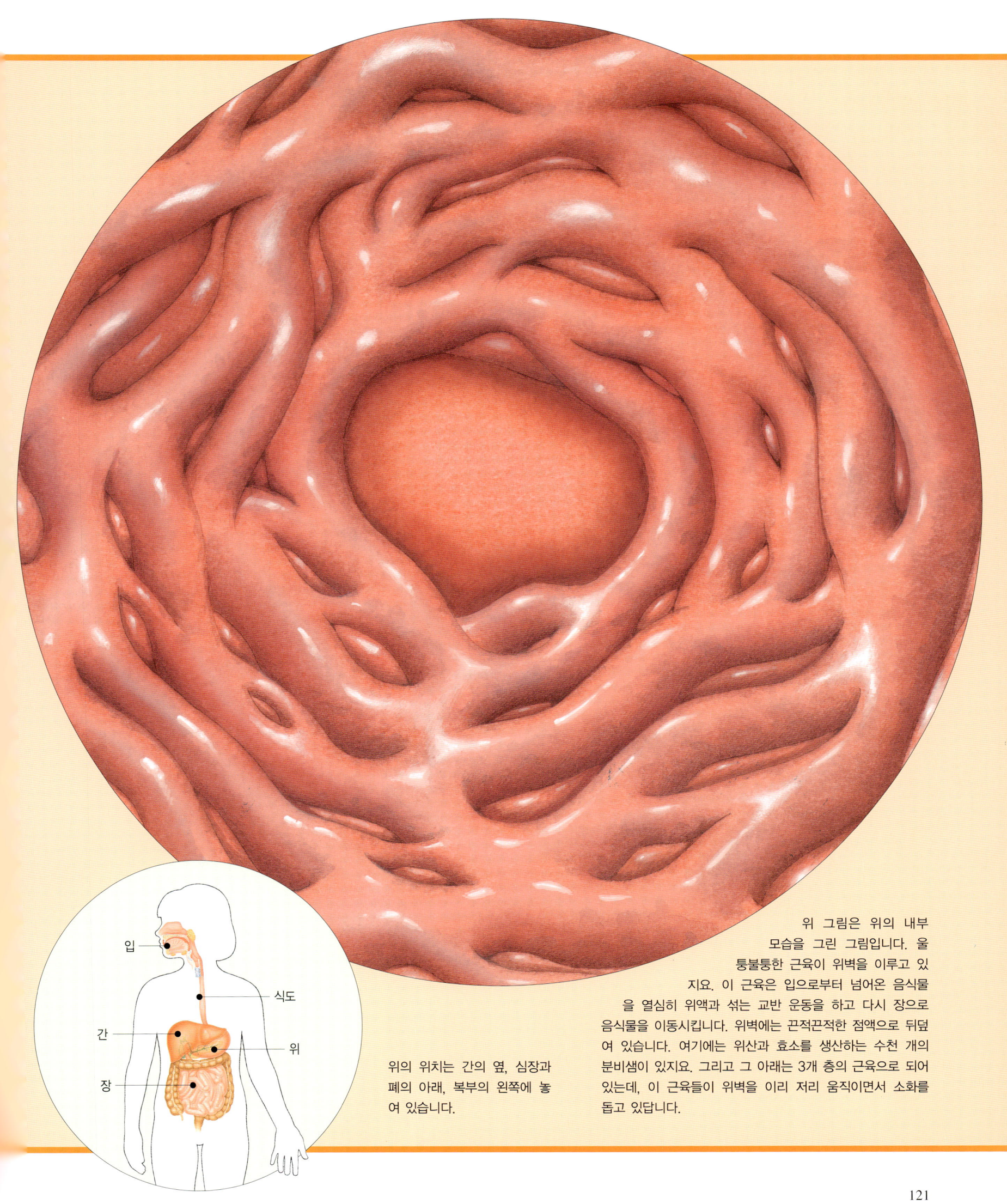

위의 위치는 간의 옆, 심장과 폐의 아래, 복부의 왼쪽에 놓여 있습니다.

위 그림은 위의 내부 모습을 그린 그림입니다. 울퉁불퉁한 근육이 위벽을 이루고 있지요. 이 근육은 입으로부터 넘어온 음식물을 열심히 위액과 섞는 교반 운동을 하고 다시 장으로 음식물을 이동시킵니다. 위벽에는 끈적끈적한 점액으로 뒤덮여 있습니다. 여기에는 위산과 효소를 생산하는 수천 개의 분비샘이 있지요. 그리고 그 아래는 3개 층의 근육으로 되어 있는데, 이 근육들이 위벽을 이리 저리 움직이면서 소화를 돕고 있답니다.

소장·대장

이제 우리는 음식물과 함께 장에 도착했습니다. 장에서는 음식물로부터 얻은 영양분이 혈관으로 흡수됩니다. 소장은 작은 관으로 되어 있는데, 우리가 보통 배라고 부르는 복부 아래쪽에 위치하고 있고, 길쭉한 것이 구불구불하게 여러 번 접혀 있습니다. 소장의 지름은 약 2센티미터밖에 되지 않지만 길이는 약 7미터나 됩니다. 길다란 버스 길이와 비슷하지요. 위를 거쳐 끈적이는 액체 상태가 된 음식물은 이곳에서 약 4시간 정도 천천히 관을 따라 이동합니다.

소장의 벽은 수백만 개의 손가락 모양 돌기들이 쭉 늘어 서 있습니다. 이것을 융모라고 하는데 길이는 대략 0.5~1.5밀리미터가량 됩니다. 소장은 그냥 보기에는 부피가 매우 좁지만 이 융모를 고르게 편다고 생각하면 그 표면적은 3,700평방 피트나 되지요. 농구장 크기 정도랍니다. 융모는 아주 중요한 일을 하는데, 그것은 바로 우리 몸에 필요한 영양분을 흡수하는 일입니다. 융모 안에는 모세혈관이라고 하는 극도로 정밀한 관이 거미줄처럼 얽혀 있습니다. 소장의 벽은 꽤 두꺼운데 영양분이 장에서 혈액으로 손쉽게 이동할 수 있도록 도와줍니다. 하지만 우리가 섭취한 모든 음식물이 혈관으로 가는 것은 아닙니다. 융모에서 흡수할 수 없는 식물성 섬유질이나 해가 없는 박테리아 등의 찌꺼기는 물과 함께 대장이나 결장으로 이동하게 됩니다. 물론 여기서 대부분의 수분은 다시 혈액으로 흡수됩니다. 수분이 빠져나간 음식물 찌꺼기는 고형분의 물질인 대변(똥)이 되는데, 이것은 직장으로 모이게 됩니다. 대변이 직장에 어느 정도 쌓이게 되면 뇌에서 그것을 밖으로 내보내라고 명령하지요. 그러면 우리는 화장실에서 대변을 해결하면 됩니다.

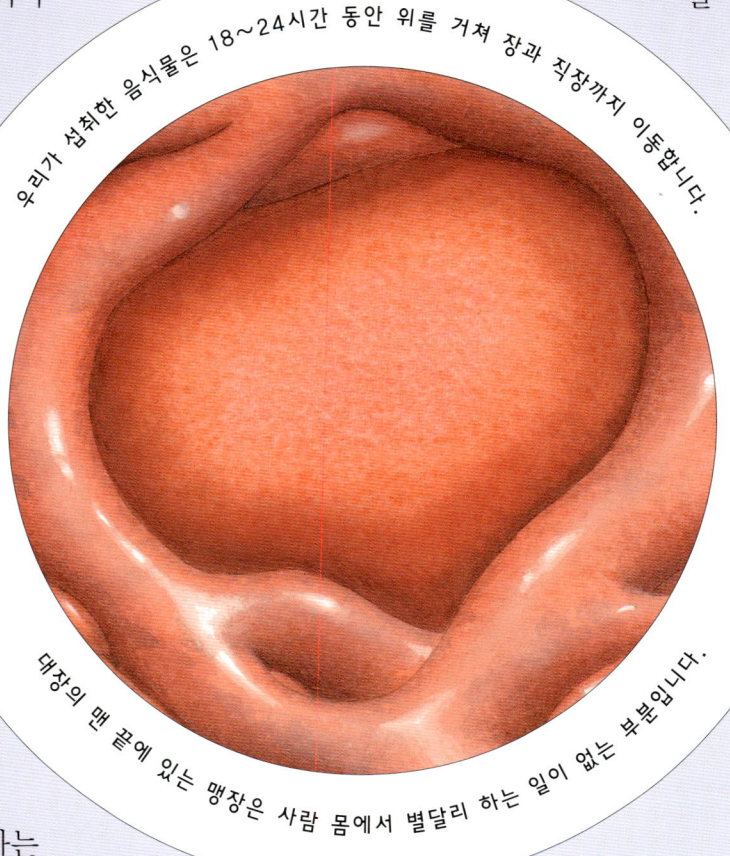

우리가 섭취한 음식물은 18~24시간 동안 위를 거쳐 장과 직장까지 이동합니다.

대장의 맨 끝에 있는 맹장은 사람 몸에서 별달리 하는 일이 없는 부분입니다.

우리 몸 건강을 지키기 위해서는 지방, 탄수화물, 단백질, 비타민, 미네랄 등의 영양소가 반드시 필요합니다. 이 모든 영양분들은 장에서 흡수되지요. 고기와 생선, 우유, 푸른 채소 등에서 얻어지는 단백질은 몸의 각 부분들을 만들고 보충하는 데 도움을 주고, 고기와 유제품 등에서 얻어지는 지방, 밥과 감자 등에서 얻을 수 있는 탄수화물은 우리 몸에 에너지를 공급합니다. 비타민과 미네랄 역시 건강을 위해서 필수적인 물질입니다. 예를 들면 고기와 어패류에서 얻을 수 있는 철분은 피를 만드는 데 필요하고, 과일과 채소에 풍부하게 들어 있는 섬유질은 소화 기관이 건강하게 일을 할 수 있도록 돕는 영양분이랍니다.

아래 그림은 소장 벽면의 점막에 달려 있는 수백만 개의 융모 중 하나예요. 융모 표면은 마치 칫솔모처럼 또 다시 수천 개의 미세한 융모가 줄서 있어요.

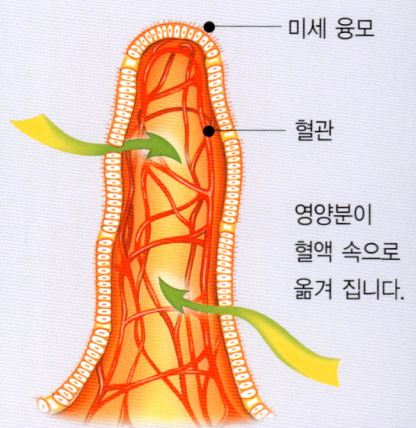

- 미세 융모
- 혈관
- 영양분이 혈액 속으로 옮겨 집니다.

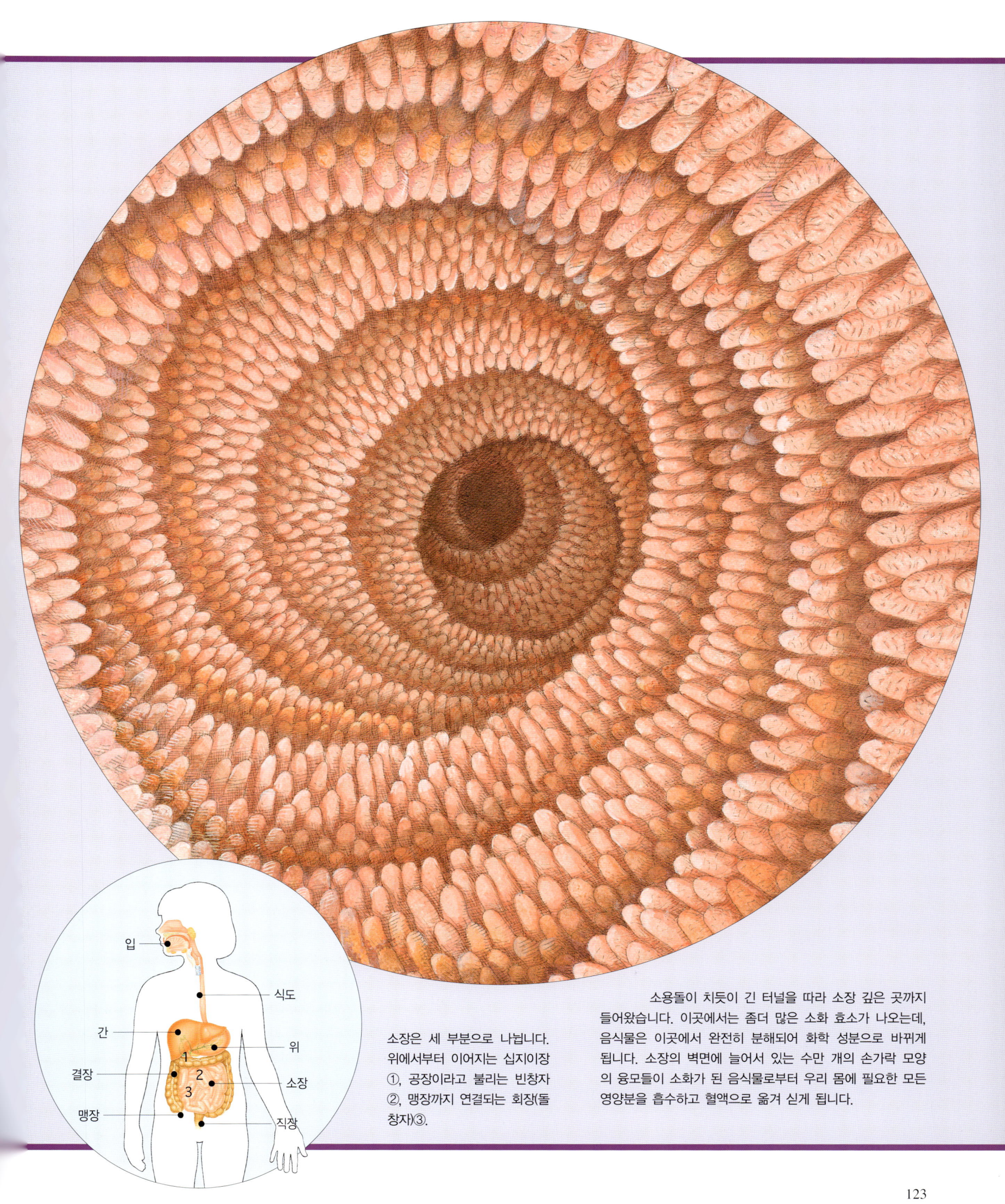

소장은 세 부분으로 나뉩니다. 위에서부터 이어지는 십이지장 ①, 공장이라고 불리는 빈창자 ②, 맹장까지 연결되는 회장(돌창자)③.

소용돌이 치듯이 긴 터널을 따라 소장 깊은 곳까지 들어왔습니다. 이곳에서는 좀더 많은 소화 효소가 나오는데, 음식물은 이곳에서 완전히 분해되어 화학 성분으로 바뀌게 됩니다. 소장의 벽면에 늘어서 있는 수만 개의 손가락 모양의 융모들이 소화가 된 음식물로부터 우리 몸에 필요한 모든 영양분을 흡수하고 혈액으로 옮겨 싣게 됩니다.

◆ 혈액 ◆

지금 여러분이 보고 있는 것은 모세혈관의 내부입니다. 이 혈관의 내벽은 아주 좁지만, 산소와 영양분을 포함해 혈액 속에 있는 물질들을 체세포로 스며들게 해 줍니다. 혈액은 혈구와 혈장 성분으로 구성되어 있으며, 혈구는 적혈구, 백혈구, 혈소판으로 분화돼 만들어집니다. 혈장은 혈액의 55퍼센트 정도를 차지하며 수분으로 이루어져 있지요.

폐로부터 공급받은 신선한 산소를 싣고 체세포로 운반하는 일은 적혈구가 담당합니다. 적혈구는 산소와 재빠르게 결합한 헤모글로빈이라는 물질을 담고 있지요. 백혈구는 외부에서 침투해 들어오는 나쁜 병균이나 박테리아 등을 물리치는 일을 합니다. 만약 나쁜 균이 들어오게 되면 백혈구는 균을 완전히 감싸서 삼켜버린 후 소화시켜 버리거나, 균을 파괴하는 물질을 만들기도 하고, 병원균과 맞서 싸우기도 합니다. 혈소판은 상처에서 피가 날 때 피가 멈출 수 있도록 응고하는 작용을 합니다. 혈장은 액체 성분으로 90퍼센트가 물입니다. 혈장 속에는 생명 유지에 필요한 각종 단백질, 아미노산, 전해질, 탄수화물, 무기염류 등이 용해되어 있지요.

혈장은 적혈구와 함께 이산화탄소를 싣고 와서 폐에 돌려주는 일을 합니다. 혈관 중의 맏형 격인 동맥은 산소와 영양분을 운반하는 혈액의 가장 큰 통로인데, 두껍고 탄력이 있습니다. 혈관을 흐르는 혈액이 심장의 박동으로 압력을 계속 받기 때문입니다.

정맥 역시 피가 지나다니는 통로입니다. 하지만 이곳에서는 몸의 각 부분에서 혈액을 모아 심장으로 운반하는 일을 합니다.

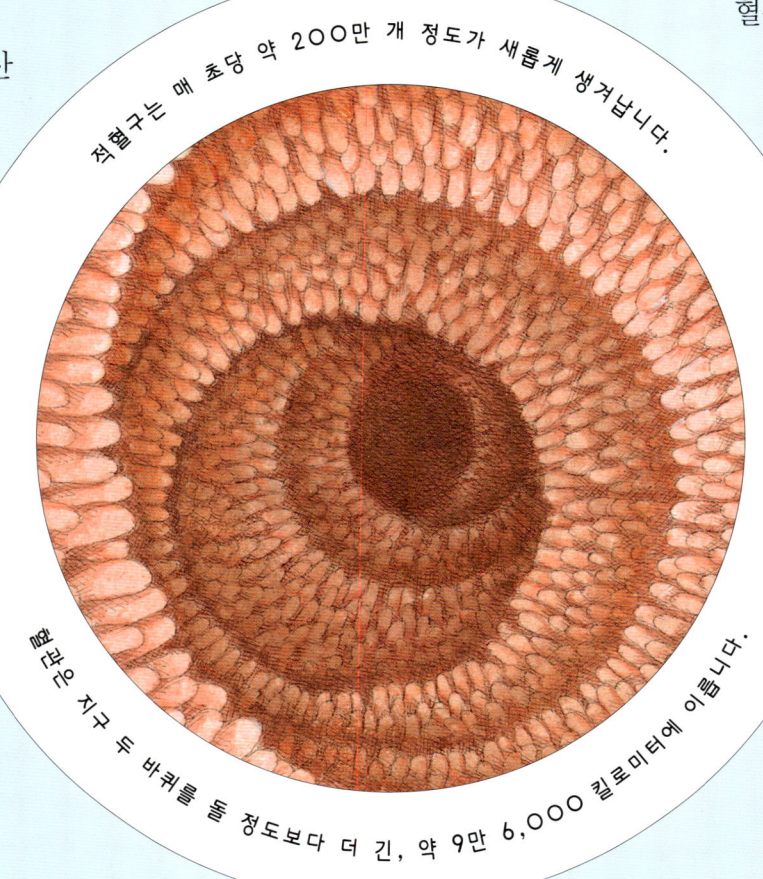

적혈구는 매 초당 약 200만 개 정도가 새롭게 생겨납니다.

혈관은 지구 두 바퀴를 돌 정도보다 더 긴, 약 9만 6,000 킬로미터에 이릅니다.

적혈구, 백혈구, 그리고 혈소판은 골수에서 만들어 집니다. 우리의 뼈 내부에는 스펀지처럼 구멍이 숭숭 뚫린 해면체가 있고 그 안에 젤리와 같은 물질이 있는데, 이것이 골수입니다(왼쪽).

어린이 때에는 뼈의 성장 속도가 매우 빨라 많은 양의 골수를 포함하고 있는데, 하루에 약 200조 개의 혈액 세포가 만들어 집니다. 새로운 혈액 세포는 뼈에 흐르고 있는 혈관을 통해 혈류(피의 흐름)를 만나게 됩니다. 혈액 세포의 생명은 보통 4개월 정도이며, 생명이 다한 혈액 세포들은 비장, 간, 또는 골수로 옮겨져 파괴됩니다.

동맥과 정맥은 모두 여러 층의 근육과 탄력있는 섬유 조직으로 되어 있습니다. 동맥이 더 두꺼운 이유는 높은 혈압을 이겨내야 하기 때문입니다. 정맥은 동맥보다는 큰데, 운하의 갑문처럼 열고 닫을 수 있는 밸브(판막) 장치가 되어 있습니다. 이 밸브는 혈액의 흐름을 항상 일정하게 유지시켜 주고 거꾸로 흐르는 것을 방지해 줍니다.

- 골수
- 뼈의 표면

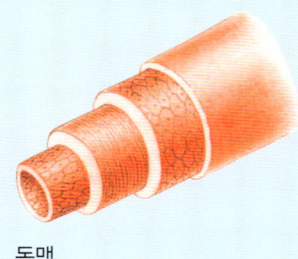
동맥

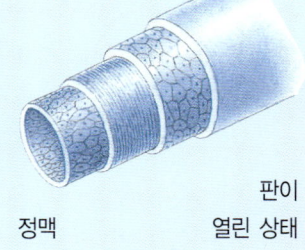
정맥

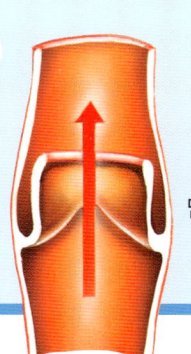
판이 열린 상태

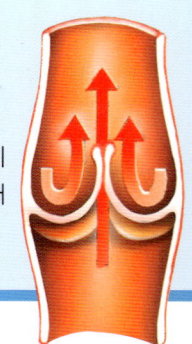
판이 닫힌 상태

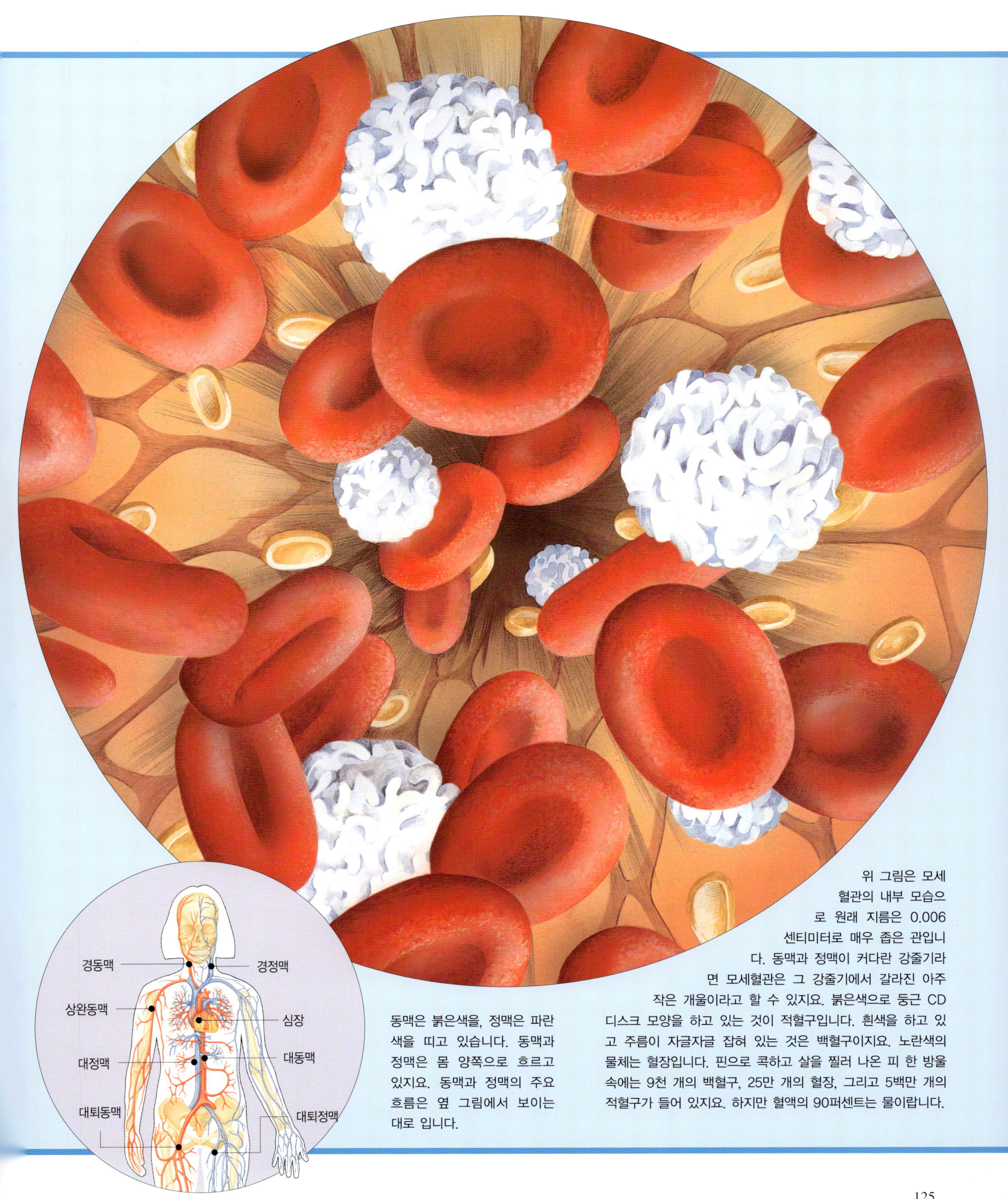

동맥은 붉은색을, 정맥은 파란색을 띠고 있습니다. 동맥과 정맥은 몸 양쪽으로 흐르고 있지요. 동맥과 정맥의 주요 흐름은 옆 그림에서 보이는 대로 입니다.

위 그림은 모세혈관의 내부 모습으로 원래 지름은 0.006 센티미터로 매우 좁은 관입니다. 동맥과 정맥이 커다란 강줄기라면 모세혈관은 그 강줄기에서 갈라진 아주 작은 개울이라고 할 수 있지요. 붉은색으로 둥근 CD 디스크 모양을 하고 있는 것이 적혈구입니다. 흰색을 하고 있고 주름이 자글자글 잡혀 있는 것은 백혈구이지요. 노란색의 물체는 혈장입니다. 핀으로 콕하고 살을 찔러 나온 피 한 방울 속에는 9천 개의 백혈구, 25만 개의 혈장, 그리고 5백만 개의 적혈구가 들어 있지요. 하지만 혈액의 90퍼센트는 물이랍니다.

간

장을 거쳐 나온 혈액은 간을 거쳐 몸의 다른 곳으로 가게 됩니다. 간은 우리 몸에서 피부 다음으로 큰 내장기관으로 하는 일이 많은 기관 중에 하나입니다. 앞장에서 살펴본 것처럼 소장에서는 음식물로부터 영양분을 흡수합니다. 흡수된 영양분은 혈액을 타고 간으로 이동하게 되지요.

간에서는 장에서부터 넘겨받은 혈액에 있는 풍부한 영양분을 새로운 화학물질로 만드는 일을 합니다. 또한 몸에 더 이상 필요하지 않은 물질을 처리하는 일도 함께 담당하고 있답니다.

몸에서 필요하다고 요청하기 전까지는 간은 영양분을 저장하고 있습니다. 예를 들면 몸에서 필요한 양보다 많은 포도당은 글리코겐이라는 물질로 변하여 간에 저장되는 것입니다. 하지만 운동을 한다든지 에너지가 필요하게 되면 글리코겐은 다시 포도당으로 변해 혈액을 타고 온몸에 에너지를 공급하게 됩니다.

때때로 우리가 몸에서 필요한 것보다 많은 양의 단백질을 섭취하면 간은 그 영양분과 아미노산의 일부를 탄수화물로 바꾸어서 몸에 필요한 에너지로 사용하고, 나머지는 요소라고 하는 찌꺼기로 변화시킵니다. 요소는 다음 여행에서 만나게 될 신장으로 보내지는데, 최종적으로 소변이 되어 몸 밖으로 배출됩니다.

이외에도 간이 하는 중요한 일 중에 하나는 해독 기능입니다. 오래된 혈액에 들어 있는 알코올, 약품, 독, 그리고 혈액에 포함되어 있는 기타 여러 가지 불순물들을 해독하는 것이지요. 일부 화학 성분의 찌꺼기들은 담즙으로 바꾸어 담낭에 저장합니다. 소장으로 음식물이 들어오면 담즙은 십이지장으로 흘러들어서 음식물의 지방 성분이 소화되도록 돕는답니다.

피의 약 4분의 1정도가 간에 몰려 있는 순간이 있는데, 이때 피는 깨끗하게 정화가 되고 포도당이 저장됩니다. 간은 매우 놀라운 재생력을 가지고 있는데, 간의 90% 가량을 잘라내도 제 기능을 회복한답니다.

간은 어떻게 그토록 많은 일을 하고 있을까요? 소장에서 영양분을 실은 혈액은 문맥을 통해 간으로 들어 갑니다. 그러고는 간 전체에 뻗쳐 있는 수백만 가지의 혈관을 통해 간 구석구석까지 퍼집니다. 간은 여섯 면을 가진 작은 입사귀 모양의 간소엽이라는 것으로 되어 있으며, 간세포를 포함하고 있습니다. 이 간세포가 여러 가지 물질을 만들고 찌꺼기를 해독하는 일 등 간이 하고 있는 일의 대부분을 담당하지요. 혈액은 간소엽을 통과하면서 소엽의 중심축을 지나는 문정맥을 향해 흐릅니다. 그러고는 간정맥으로 들어가 심장으로 이동하게 됩니다.

- 혈관
- 간정맥
- 담낭(쓸개)
- 문정맥
- 간동맥
- 담관
- 간의 일부를 절개한 내부 모습

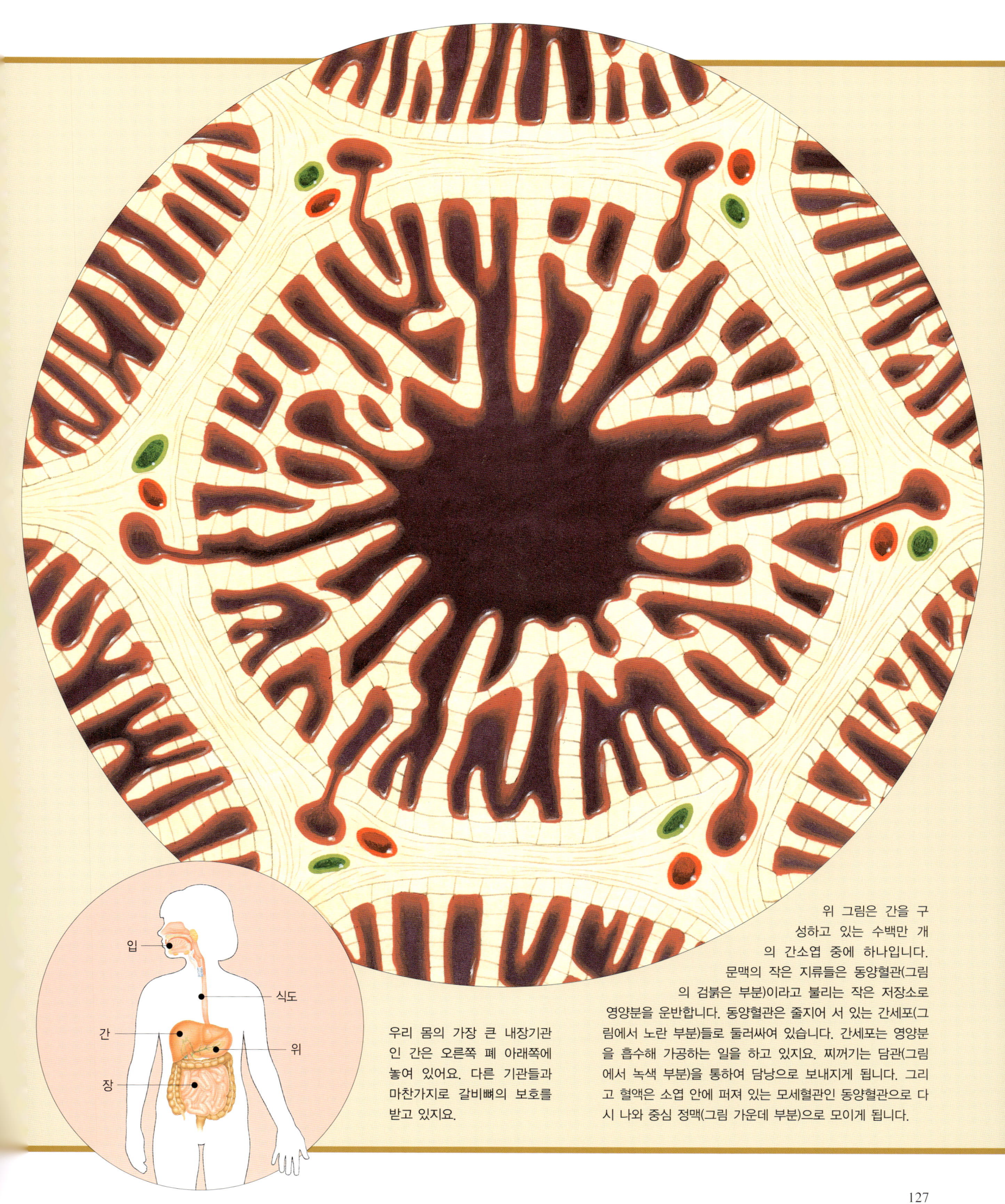

우리 몸의 가장 큰 내장기관인 간은 오른쪽 폐 아래쪽에 놓여 있어요. 다른 기관들과 마찬가지로 갈비뼈의 보호를 받고 있지요.

위 그림은 간을 구성하고 있는 수백만 개의 간소엽 중에 하나입니다. 문맥의 작은 지류들은 동양혈관(그림의 검붉은 부분)이라고 불리는 작은 저장소로 영양분을 운반합니다. 동양혈관은 줄지어 서 있는 간세포(그림에서 노란 부분)들로 둘러싸여 있습니다. 간세포는 영양분을 흡수해 가공하는 일을 하고 있지요. 찌꺼기는 담관(그림에서 녹색 부분)을 통하여 담낭으로 보내지게 됩니다. 그리고 혈액은 소엽 안에 퍼져 있는 모세혈관인 동양혈관으로 다시 나와 중심 정맥(그림 가운데 부분)으로 모이게 됩니다.

♦ 심장 ♦

간정맥은 새롭게 가공된 혈액을 싣고 우리 몸의 큰 강이라고 할 수 있는 대정맥으로, 그리고 다시 심장으로 흘러들어 갑니다. 어른 주먹만 한 크기의 심장은 놀랄만한 힘을 가진 근육으로 된 기관입니다.

심장의 가장 큰 역할은 우리 몸 구석구석에 피를 보내는 것인데, 이를 위해 끊임없이 펌프질을 하고 있지요. 우리는 이것을 '심장박동'이라고 하지요. 사람이 70년을 산다고 했을 때 심장은 약 26억 번의 박동, 1억 5,000만 리터의 피를 퍼올리는 것으로 추측할 수 있습니다. 매 시간마다 약 350리터의 피를 퍼올리고 있는 셈이지요.

정맥에서는 간에서 뿐만 아니라 신체의 모든 근육과 신체 조직으로부터 피를 실어 나릅니다. 정맥에 흐르는 피는 산소가 거의 남아 있지 않기 때문에 신선한 산소를 얻기 위해서는 폐로 가야 합니다. 동시에 이미 폐에 있었던 피들도 폐정맥으로 도착합니다. 심장은 2개의 폐로부터 혈액을 빨아들이는데, 심장에 혈액이 가득 채워지면 오그라드는 수축 작용을 하면서 산소가 풍부한 혈액을 대동맥으로 밀어냅니다. 그리고 산소가 부족한 혈액은 폐동맥 속으로 밀어 내지요. 대동맥을 통해 보내진 혈액은 대동맥에서 줄기가 뻗은 모세혈관까지 우리 몸 구석구석 각 부분을 돌게 됩니다. 강력한 심장 근육은 혈액에 높은 압력을 가해 머리에서 발끝까지 몸 전체를 충분히 돌 수 있게 해 주지요.

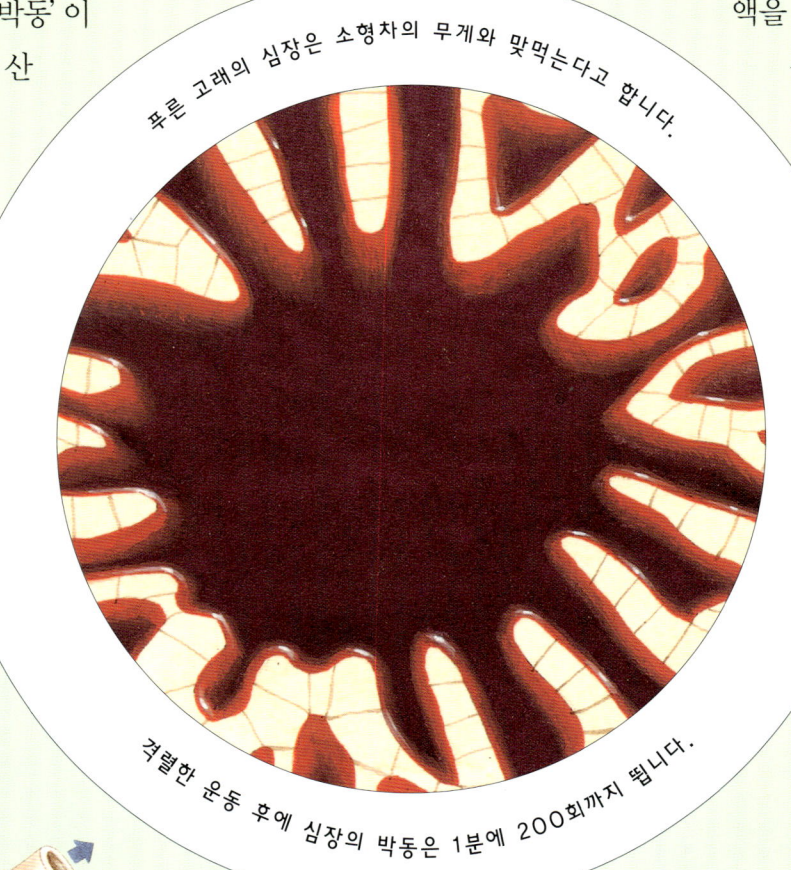

푸른 고래의 심장은 소형차의 무게와 맞먹는다고 합니다.

격렬한 운동 후에 심장의 박동은 1분에 200회까지 뜁니다.

심장에는 4개의 방이 있습니다(좌심방, 좌심실, 우심방, 우심실). 판막은 일단 혈액이 각 방으로 들어가게 되면 거꾸로 피가 역류하거나 다른 방으로 흘러들어 가는 것을 방지하도록 문을 닫지요. 우리가 들을 수 있는 심장의 박동 소리는 바로 이 판막이 쿵하고 닫히는 소리랍니다. 오른쪽 그림은 심장이 어떻게 동작하는지를 보여주고 있지요. 혈액은 폐(붉은색 부분)로부터 폐정맥을 따라 심장으로 들어오게 됩니다. 이곳은 정맥 중에서는 유일하게 산소가 풍부한 혈액이 흐르지요. 그리고 나머지 혈액은 신체의 여러 곳으로부터 대정맥(그림에서 파란색 부분)을 타고 심장으로 모여듭니다. 그리고 심장은 강한 압력의 수축 작용을 통해 피를 다시 내보내게 됩니다.

- 대동맥
- 대정맥
- 폐동맥
- 좌심방
- 폐정맥
- 우심방
- 판막
- 건삭
- 좌심실
- 우심실
- 산소가 풍부한 혈액의 흐름
- 산소가 부족한 혈액의 흐름

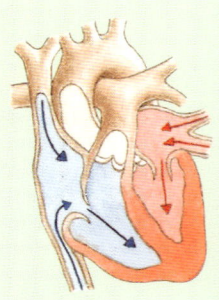

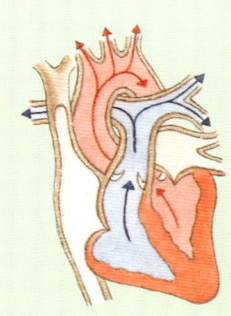

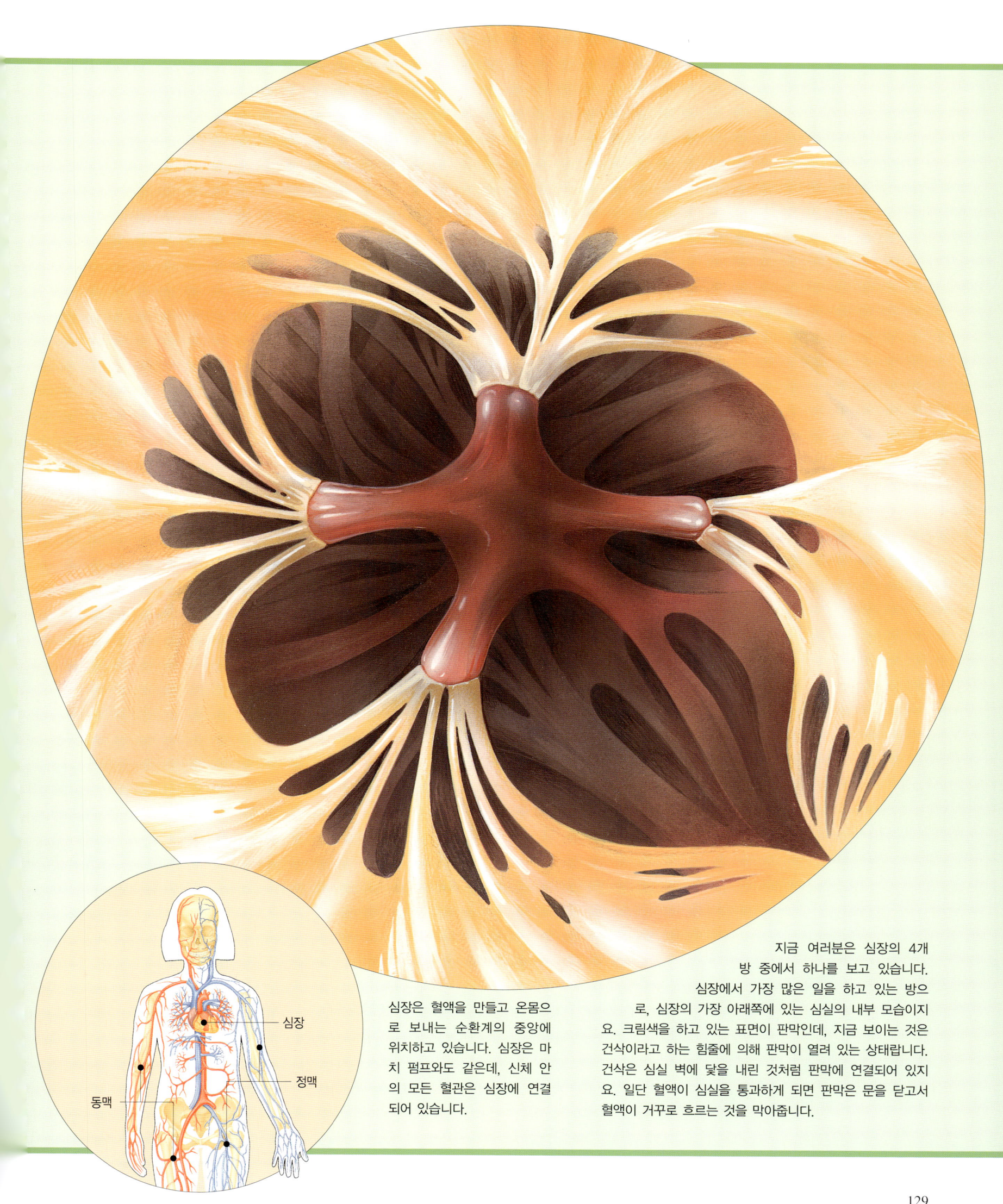

지금 여러분은 심장의 4개 방 중에서 하나를 보고 있습니다. 심장에서 가장 많은 일을 하고 있는 방으로, 심장의 가장 아래쪽에 있는 심실의 내부 모습이지요. 크림색을 하고 있는 표면이 판막인데, 지금 보이는 것은 건삭이라고 하는 힘줄에 의해 판막이 열려 있는 상태랍니다. 건삭은 심실 벽에 닻을 내린 것처럼 판막에 연결되어 있지요. 일단 혈액이 심실을 통과하게 되면 판막은 문을 닫고서 혈액이 거꾸로 흐르는 것을 막아줍니다.

심장은 혈액을 만들고 온몸으로 보내는 순환계의 중앙에 위치하고 있습니다. 심장은 마치 펌프와도 같은데, 신체 안의 모든 혈관은 심장에 연결되어 있습니다.

- 심장
- 정맥
- 동맥

폐

혈액이 몸속을 순환하는 길을 따라 우리는 폐까지 도착했습니다. 사람의 체세포는 에너지를 사용하면 산소가 필요합니다. 앞에서 살펴본 것처럼 산소는 혈액에 의해 운반되는데, 산소를 다 써 버린 혈액에 다시 신선한 산소를 공급하는 일을 하는 곳이 바로 폐입니다. 체세포는 당분을 태워서 에너지를 공급받는데, 이때 산소가 필요하지요. 이 과정에서 이산화탄소가 발생하는데, 혈액은 이산화탄소를 폐로 싣고 와서 내려놓게 됩니다.

폐동맥은 심장에서 폐로 연결되어 있습니다. 가슴 양쪽으로 한 쌍을 이루고 있는 폐는 마치 스펀지와 같은 모양을 하고 있으며, 여러 개의 관이 번갈아가면서 싸여진 격자 구조입니다. 이 폐동맥은 다시 수백만 개의 아주 작은 모세혈관으로 갈라집니다. 또한 폐에는 기관지가 있는데, 이것은 기관으로 연결되어 있지요.

기관은 앞에서 살펴본 것처럼 입과 코를 통해 공기가 드나드는 통로입니다. 기관지 역시 세기관지라고 하는 아주 작은 수백만 개의 공기 통로로 갈라집니다. 세기관지의 끝에는 폐포라고 하는 아주 작은 공기 방이 방울 모양을 하고 포도처럼 송이를 이루고 있지요. 각 폐포에는 조밀한 모세혈관이 거미줄처럼 얽혀 있는데, 우리가 숨을 쉬게 되면 공기가 기관과 기관지를 통하여 폐의 깊숙한 곳 폐포까지 들어오게 됩니다. 이때 폐포에서는 산소가 혈액 속으로 녹아 들어가지요. 동시에 혈액 속에 있던 이산화탄소는 폐포의 아주 얇은 벽을 통해 세기관지 속으로 들어갑니다. 우리가 숨을 내쉴 때는 이산화탄소가 입과 코를 통해 몸 밖으로 나오게 됩니다.

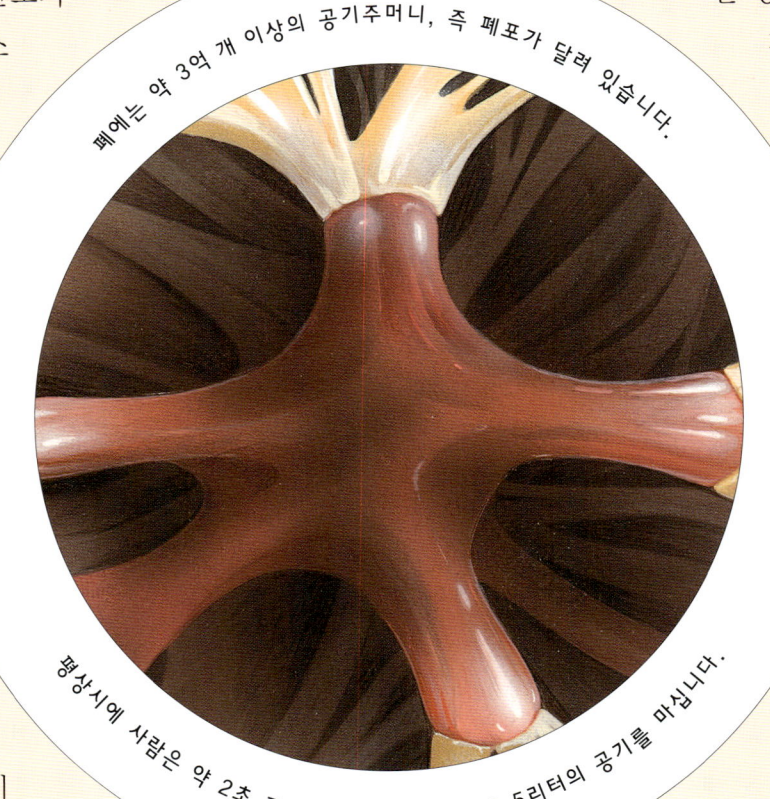

폐에는 약 3억 개 이상의 공기주머니, 즉 폐포가 달려 있습니다.
평상시에 사람은 약 2초 간격으로 숨을 쉬면서 0.5리터의 공기를 마십니다.

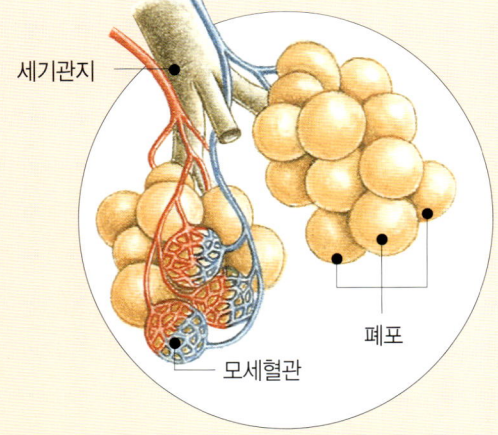

세기관지 / 폐포 / 모세혈관

마치 포도송이처럼 주렁주렁 달려 있는 폐포는 넓은 표면적을 확보하고 있어요. 그래서 산소를 이산화탄소로 교환하는 데 아주 효과적이고 빠르답니다.

기관의 내부에는 후두라고 하는 소리내는 곳이 있습니다. 두 개의 띠(성대)가 후두를 가로질러 놓여 있는 것입니다. 사람이 숨을 쉴 때 빠져나가는 공기의 영향으로 성대가 떨리면서 여러 가지 소리가 만들어지는 것이지요.

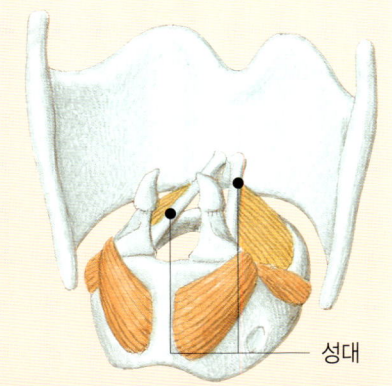

성대

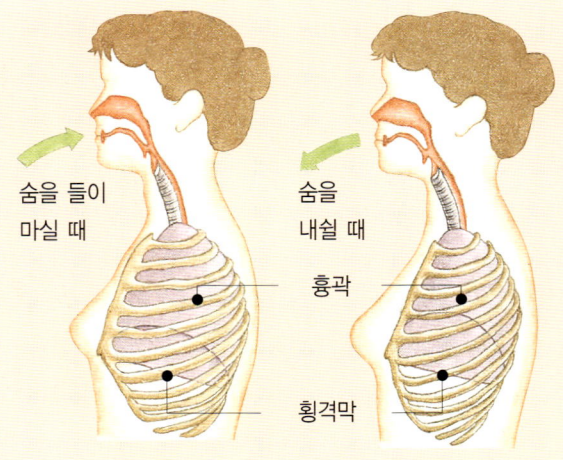

숨을 들이 마실 때 / 숨을 내쉴 때 / 흉곽 / 횡격막

숨을 들여 마시면, 횡격막(폐의 아래 쪽에 놓여 있는 근육으로 된 막)이 아래로 잡아당겨지면서 폐의 공간이 더 넓어지게 됩니다. 빈 공간을 공기가 채우게 되는 것입니다. 반대로 숨을 내쉬면 근육은 이완되면서 정상의 크기로 돌아갑니다. 그리고 공기는 몸 밖으로 밀려 빠져 나오게 됩니다.

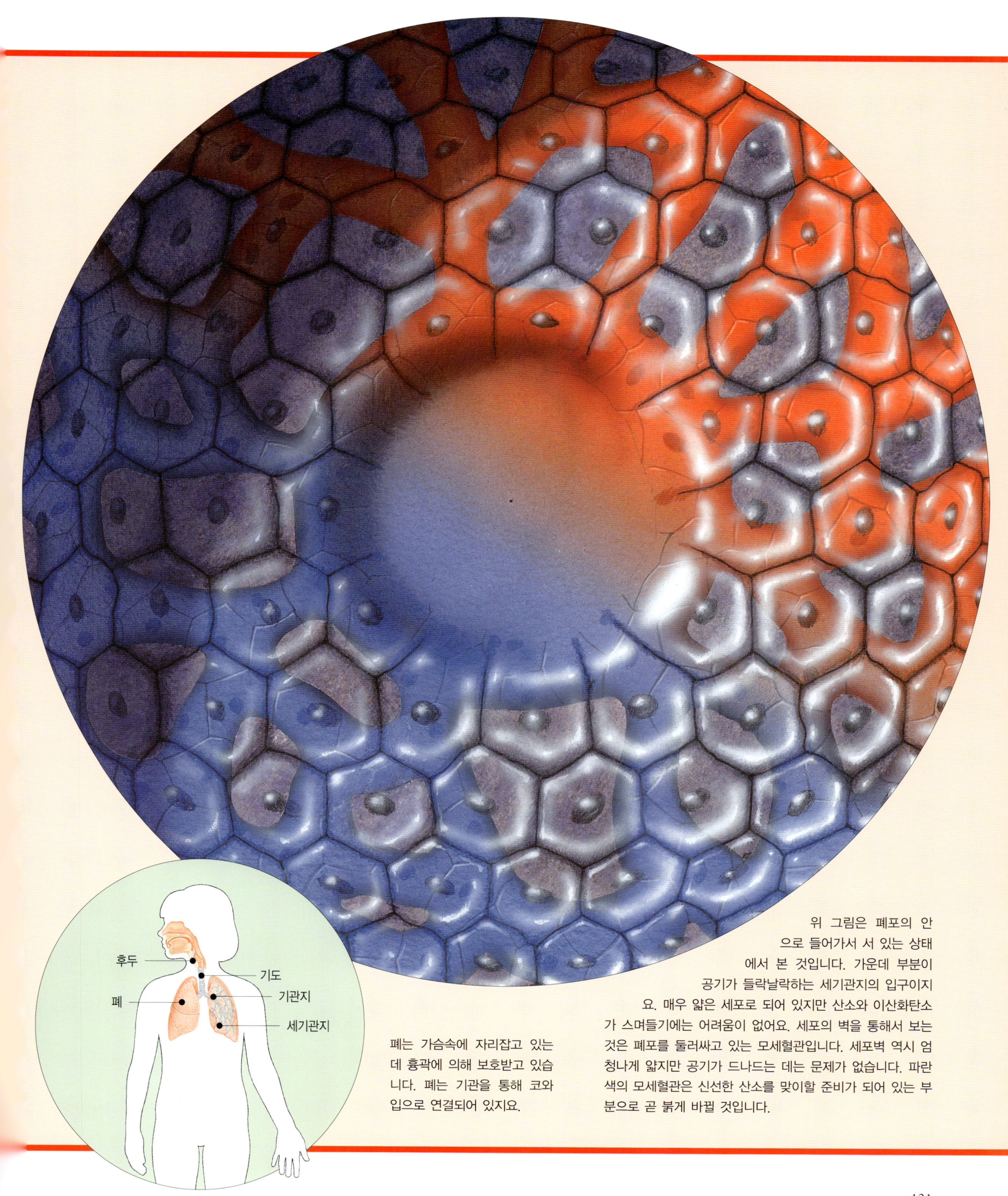

후두
기도
폐
기관지
세기관지

폐는 가슴속에 자리잡고 있는데 흉곽에 의해 보호받고 있습니다. 폐는 기관을 통해 코와 입으로 연결되어 있지요.

위 그림은 폐포의 안으로 들어가서 서 있는 상태에서 본 것입니다. 가운데 부분이 공기가 들락날락하는 세기관지의 입구이지요. 매우 얇은 세포로 되어 있지만 산소와 이산화탄소가 스며들기에는 어려움이 없어요. 세포의 벽을 통해서 보는 것은 폐포를 둘러싸고 있는 모세혈관입니다. 세포벽 역시 엄청나게 얇지만 공기가 드나드는 데는 문제가 없습니다. 파란색의 모세혈관은 신선한 산소를 맞이할 준비가 되어 있는 부분으로 곧 붉게 바뀔 것입니다.

◆ 신장 ◆

콩팥이라고도 불리는 신장은 사람 몸에 2개가 있는데, 심장으로부터 나온 동맥 중에 한 줄기는 곧장 신장으로 직행합니다. 신장은 약 6센티미터가량의 크기로 모양이 콩을 많이 닮았습니다. 신장을 기계에 비유한다면 혈액을 깨끗하게 세탁해 주는 세탁기라고 할 수 있지요. 간에서 만들어진 요소 등의 찌꺼기들을 포함해서 쓸모없는 물질들을 혈액에서 제거해 주는 일을 하니까요. 물론 쓸모가 있는 물질은 남겨 놓습니다. 또한 몸속의 수분의 양과 혈액에 포함되어 있는 염분의 농도를 조절하는 일도 합니다.

신장의 작업 능력은 매우 놀라운데, 약 1분 정도의 시간 동안 전체 혈액의 4분의 1 가량을 걸러낼 수 있지요.

혈액은 대동맥에서 내려온 줄기가 두 갈래로 갈라진 신동맥을 통해 신장으로 흐릅니다. 신동맥은 혈압이 매우 높은 혈관으로 다시 작은 동맥혈관들로 갈라져 네프론이라고 하는 아주 조밀한 필터의 덩어리 속으로 이어집니다. 2개의 신장은 각기 백만 개 이상의 네프론으로 구성되어 있지요. 신장은 마치 가루를 걸러내는 체와 같이 물과 용해되어 액체 형태로 된 찌꺼기만을 통과시키는데, 용해된 찌꺼기(오줌)는 수뇨관을 통해 방광으로 모이게 됩니다.

방광은 일종의 찌꺼기 보관 창고라고 할 수 있으며, 수뇨관을 통해 들어온 오줌이 일정 양이 될 때까지 모아둡니다(방광은 최대 약 0.5리터까지 오줌을 담을 수 있어요). 어느 정도 오줌이 모이게 되면 방광 근육이 늘어나면서 소변을 보고 싶은 느낌(변의)을 갖게 되는데, 이때 뇌에서 오줌을 몸 밖으로 내보내라고 신호를 보내지요. 한편 신장에서 찌꺼기를 걸러낸 혈액은 신정맥으로 가서 남은 여행을 계속하게 됩니다.

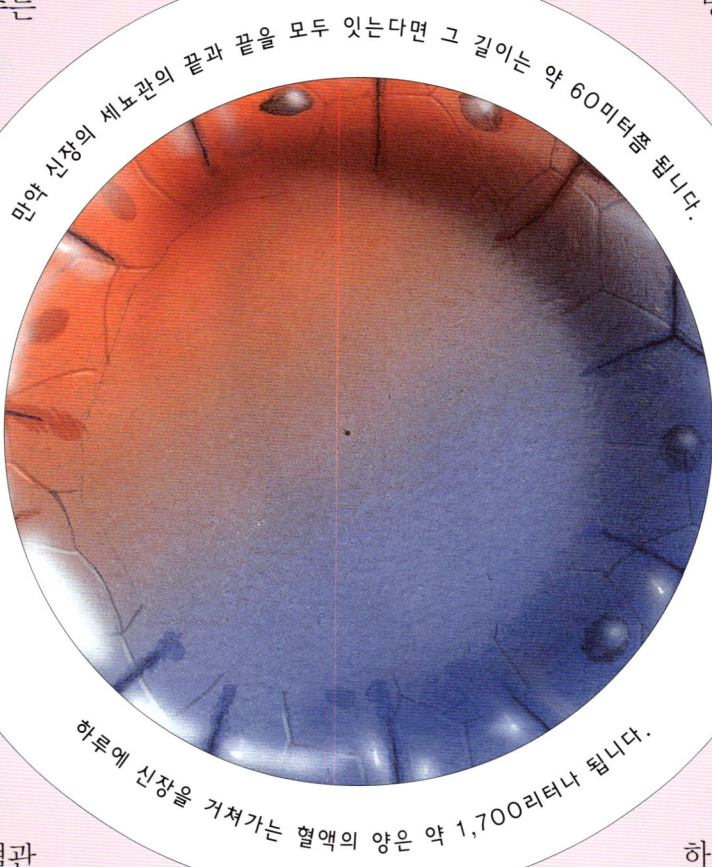

만약 신장의 세뇨관의 끝과 끝을 모두 잇는다면 그 길이는 약 60미터쯤 됩니다.
하루에 신장을 거쳐가는 혈액의 양은 약 1,700리터나 됩니다.

신장의 단면도

신동맥을 타고 들어온 혈액은 거미줄과 같은 혈관의 지류 또는 모세혈관을 흘러 네프론을 통과합니다. 모든 네프론은 두 개의 부분으로 되어 있지요. 하나는 신사구체인데, 보먼주머니 안에 있는 미세한 모세혈관이 모여서 실뭉치처럼 뭉쳐진 것이에요. 또 다른 하나는 세뇨관으로 이곳에서는 물과 영양분이 혈액 속으로 다시 흡수됩니다.

신사구체의 혈관 벽에는 아주 작은 구멍이 있는데 이 작은 구멍을 통해 혈장 속의 단백질을 제외한 성분들이 걸러져 보먼주머니로 나와 오줌이 됩니다. 하지만 아직 오줌에는 우리 몸에 필요한 물질들이 녹아 있습니다. 세뇨관에서는 이러한 성분들을 한번 더 걸러내어 모세혈관으로 보내고 남은 찌꺼기는 수뇨관을 통해 방광으로 보내지요.

네프론을 확대한 모습

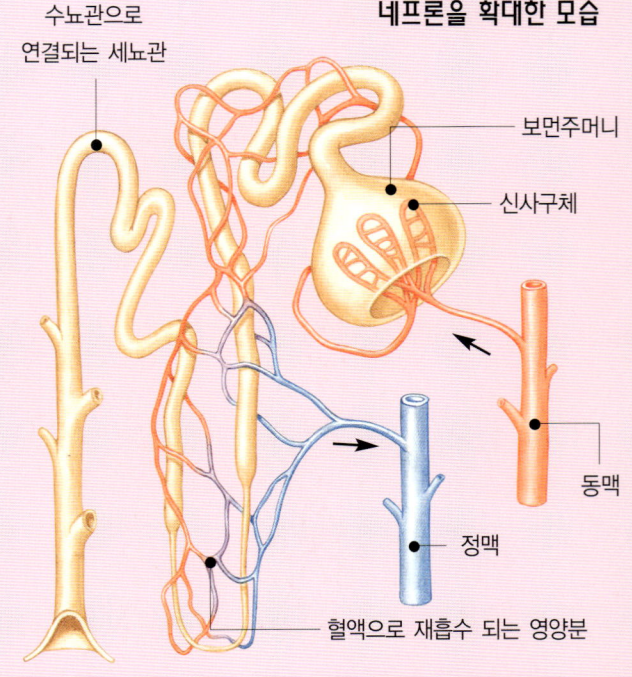

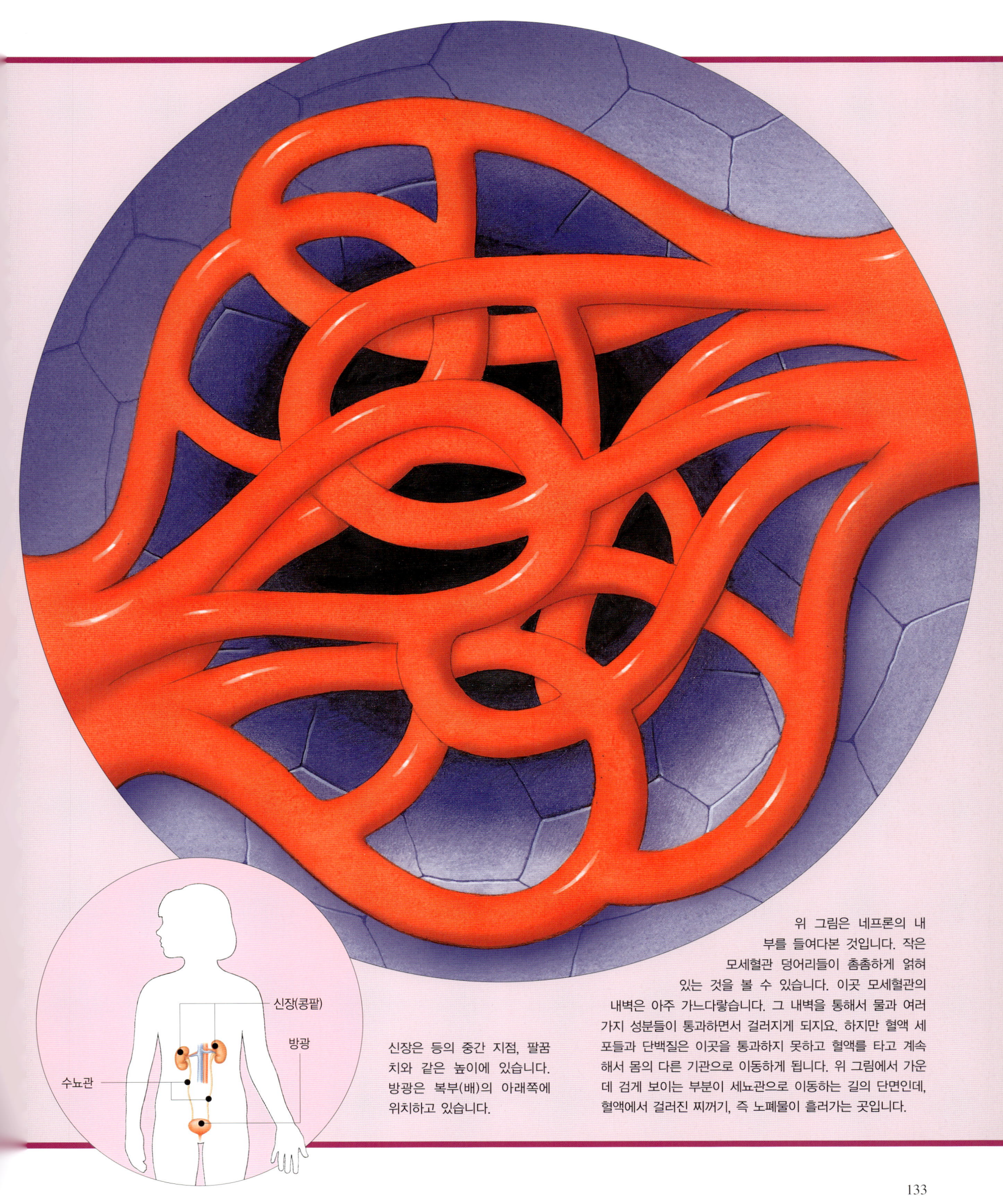

신장은 등의 중간 지점, 팔꿈치와 같은 높이에 있습니다. 방광은 복부(배)의 아래쪽에 위치하고 있습니다.

위 그림은 네프론의 내부를 들여다본 것입니다. 작은 모세혈관 덩어리들이 촘촘하게 얽혀 있는 것을 볼 수 있습니다. 이곳 모세혈관의 내벽은 아주 가느다랗습니다. 그 내벽을 통해서 물과 여러 가지 성분들이 통과하면서 걸러지게 되지요. 하지만 혈액 세포들과 단백질은 이곳을 통과하지 못하고 혈액를 타고 계속해서 몸의 다른 기관으로 이동하게 됩니다. 위 그림에서 가운데 검게 보이는 부분이 세뇨관으로 이동하는 길의 단면인데, 혈액에서 걸러진 찌꺼기, 즉 노폐물이 흘러가는 곳입니다.

뇌

우리 몸에서 가장 큰 혈관은 심장에서 나와 목을 거쳐 뇌가 있는 머리로 올라갑니다. 이번에 우리가 여행할 곳이 바로 뇌입니다. 뇌는 비록 전체 몸무게에서 2.5퍼센트밖에는 차지하지 않지만 숨쉬는 산소의 4분의 1을 필요로 합니다. 뇌세포가 몸의 다른 어떠한 세포보다도 많은 에너지를 사용하기 때문입니다.

뇌는 우리 몸의 조종실입니다. 어디로 움직여야 하는지를 명령하고, 얼만큼 숨을 쉬어야 할지 또 얼마나 빨리 심장이 박동해야 할지를 결정하지요. 이외에도 생명 유지와 관련된 모든 일을 명령합니다.

또 무엇을 생각하며, 어떤 것을 생각할지 등을 결정하고 경험하는 모든 것에 대해 기억하는 일을 담당합니다. 이런 수많은 일을 하기 위해서 뇌는 수많은 정보를 담고 있으면서 항상 분석하고 결정하지요.

뇌가 필요로 하는 정보들은 믿기 힘들 정도로 아주 조밀한 신경의 망을 따라 떠돕니다. 신경은 가느다란 섬유 모양을 하고 있는 신경 세포 다발로, 신경은 마치 전화선과도 같이 우리 몸의 어디든지 퍼져 있습니다.

신경의 대부분은 척수에 연결되어 있지요. 척수는 뇌에서 등뼈를 타고 내려온 손가락 굵기의 신경 다발입니다. 눈, 귀 등의 감각 기관으로부터 받아들인 각종 신호, 즉 냄새, 맛, 촉감 등의 감각은 신경을 타고 뇌로 전달되지요. 물론 이외에도 온도, 갈증, 배고픔 등 여러 가지 정보들을 뇌에 전달하는 감지기는 많이 있습니다. 뇌는 호흡, 소화, 근육 운동 등 우리 몸에서 자동적으로 일어나고 있는 모든 것에 대해서도 조종하는 일을 하고 있답니다.

신경 신호는 신경 세포를 따라 1초에 약 100미터의 속도로 이동합니다.

오른쪽 뇌는 논리적인 부분을, 왼쪽 뇌는 예술적인 부분을 담당합니다.

뇌는 크게 전뇌, 소뇌, 그리고 뇌간으로 나누어 집니다. 전뇌의 주요 부분이 대뇌인데, 전체 뇌의 85퍼센트를 차지하지요. 이곳에서는 생각하고 행동하는 일을 담당합니다. 시상하부 역시 전뇌에 속하는데, 이곳에서는 잠자고, 먹는 등의 자동적으로 일어나는 일을 제어합니다. 뇌간은 심장의 박동, 호흡, 혈압, 기타 생체 기능 등을 제어합니다. 소뇌는 몸의 움직임에 관련된 일을 담당하지요. 대뇌의 바깥층인 대뇌피질의 어떤 영역들은 운동, 감각, 고도의 정신적인 행동 등 특별한 기능을 담당합니다.

뇌의 단면도

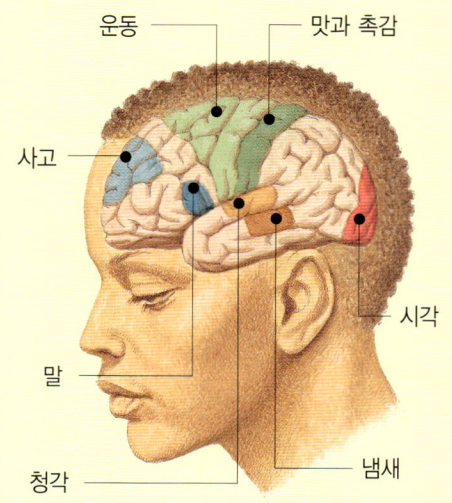

대뇌피질은 여러 겹의 층으로 구성되어 있으며, 각 부분은 말하기, 듣기, 생각하기 등 특별한 기능을 담당하고 있습니다.

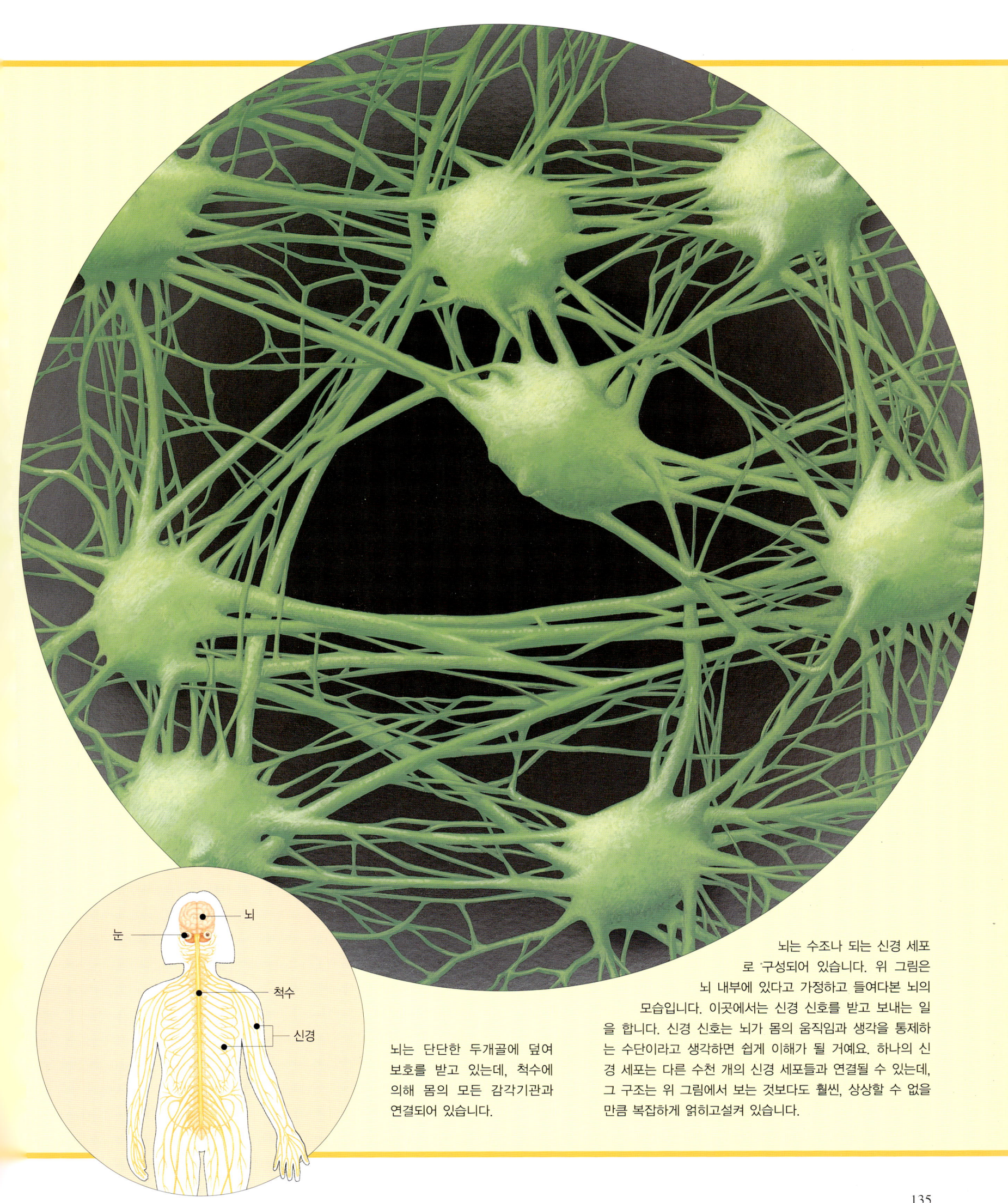

뇌는 수조나 되는 신경 세포로 구성되어 있습니다. 위 그림은 뇌 내부에 있다고 가정하고 들여다본 뇌의 모습입니다. 이곳에서는 신경 신호를 받고 보내는 일을 합니다. 신경 신호는 뇌가 몸의 움직임과 생각을 통제하는 수단이라고 생각하면 쉽게 이해가 될 거예요. 하나의 신경 세포는 다른 수천 개의 신경 세포들과 연결될 수 있는데, 그 구조는 위 그림에서 보는 것보다도 훨씬, 상상할 수 없을 만큼 복잡하게 얽히고설켜 있습니다.

뇌는 단단한 두개골에 덮여 보호를 받고 있는데, 척수에 의해 몸의 모든 감각기관과 연결되어 있습니다.

눈

우리는 눈을 알아보기 위해 시신경을 따라 눈으로 내려왔습니다. 그리고 이곳은 눈이 바라보는 모든 물체의 상이 맺히는 망막의 뒤쪽이지요. 망막은 안구의 가장 안쪽 벽면에 굽어진 부분에 있으며, 이곳에 시세포가 있습니다. 시세포는 빛을 받아들이는 감각 세포이지요. 이곳에서는 다발을 이루고 있는 백만 개 정도의 신경 세포가 눈으로 보고 있는 사물에 대한 정보를 시신경을 통해 뇌로 보내는 일을 합니다. 시각은 우리가 느끼는 감각 중에서 가장 중요하다고 할 수 있는데, 뇌에서 가공되고 있는 정보의 4분의 3이 눈으로부터 들어오기 때문입니다.

빛은 눈의 앞쪽 부분에 있는, 투명하면서 반원으로 된 각막을 통해 눈의 안쪽으로 들어옵니다. 각막이 하는 일의 대부분은 망막에 물체의 모습이 정확하게 맺히도록 초점을 잡는 일이지요. 그 겉표면은 상피조직이라고 하는데, 가운데 부분은 두께가 약 0.1밀리미터로 아주 얇습니다. 홍채는 눈 구조 중에서 색을 띠고 있는 부분이며, 그 안에는 동공이라는 텅빈 부분이 있습니다. 빛이 눈으로 들어오는 입구라고 할 수 있지요. 홍채는 동공의 크기를 조절하는 둥근 근육입니다. 홍채는 카메라의 조리개 같은 역할을 합니다. 너무 많은 양의 빛이 동공으로 들어오면 동공의 크기는 줄어들고, 반대로 너무 빛이 적으면 동공은 커집니다. 동공의 크기는 이렇게 홍채에 의해서 자동으로 조절되어 빛이 들어오는 양을 조절합니다. 홍채의 뒤로는 부드럽고 탄력있는 수정체가 있습니다. 수정체는 눈에 비친 상의 선명함을 조절하는 일을 하지요. 카메라에 비교한다면 렌즈의 역할입니다. 눈의 본체는 맑은 젤리와 비슷한 유리액으로 채워져 있는데 눈을 단단하게 고정시키고 둥근 형태를 유지하도록 도와줍니다.

눈의 근육은 하루에 10만 번 눈을 움직입니다. 잠잘 때도 예외는 아니지요.

수정체는 렌즈, 홍채는 조리개, 망막은 필름, 눈은 몸속의 카메라입니다.

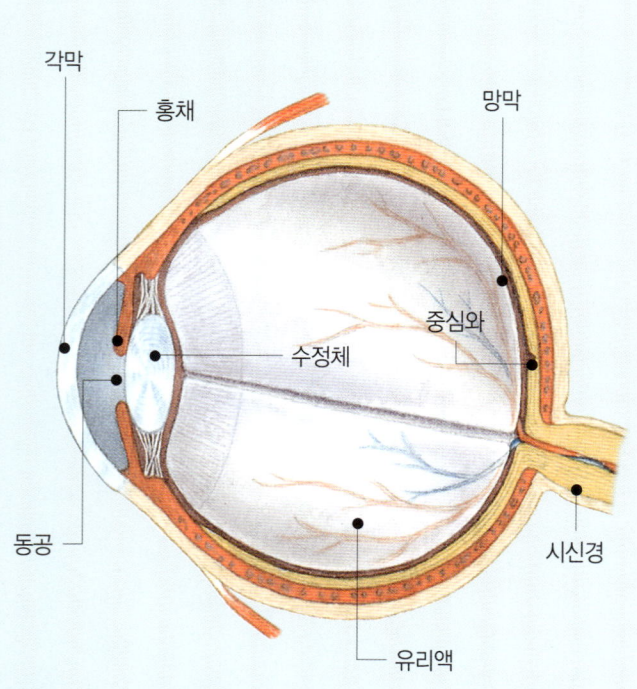

왼쪽 그림은 눈의 단면도입니다. 사람이 눈으로 물체를 본다는 것은 그 물체로부터 반사된 빛을 각막과 수정체에서 초점을 맞추고 망막에 물체의 상이 맺게 된다는 것입니다. 멀리 있는 물체와 가까이 있는 물체를 볼 때 눈의 근육은 수정체를 잡아당겼다가 놓았다를 반복하면서 초점거리를 자동으로 조절하게 합니다. 이것을 원근조절반사라고 하는데, 카메라의 렌즈가 들어갔다 나왔다 하는 원리와 같다고 할 수 있지요. 망막은 2개의 다른 형태의 세포로 구성되어 있습니다. 하나는 약한 빛에 반응하는 막대 모양의 간상세포이고, 다른 하나는 원뿔 모양을 하고 있고 빛의 명암뿐 아니라 색깔까지 느끼는 원추세포입니다.

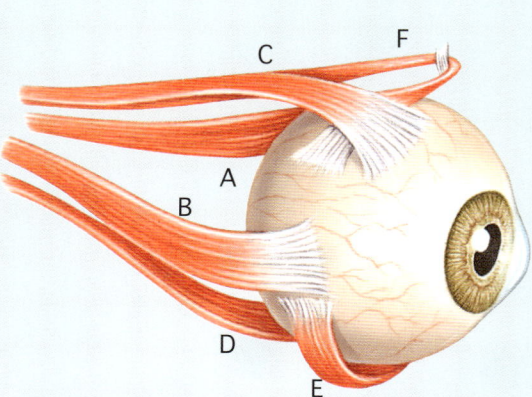

6개의 근육은 안구의 각기 다른 방향에서 작용합니다. A 근육은 안구를 왼쪽으로 B는 오른쪽으로, C는 위로, D는 아래로 회전시킵니다. E와 F 근육은 안구를 비스듬하게 회전시킵니다.

위 그림은 눈이 사람의 모습을 보고 있는 것을 표현한 것입니다. 둥글게 굽은 외벽에 망막이 줄을 지어 있는데, 아주 복잡한 작은 혈관의 망이 촘촘히 얽혀 있습니다. 색깔을 가진 둥근 모양의 근육인 홍채에 의해 동공의 크기가 늘었다 줄었다 합니다. 위 그림에 여자의 모습이 보이는 부분은 사실은 투명한 유리창인 각막으로 덮여 있습니다. 그림에서 여자의 모습은 망막 위에서 그 상이 맺혀진 것인데, 사실 그 상은 뒤집혀 있습니다. 하지만 뇌에서는 그 상을 바로 세워 느끼게 해 주지요.

안구는 약 1센티미터 정도의 지름으로 뇌의 앞부분에 두개골 깊이 박혀 있습니다. 눈썹과 눈꺼풀, 속눈썹은 땀이나 외부의 더러운 것들로부터 눈을 보호하는 일을 하지요.

여행을 떠나기 전에

나는 막 여행에 나섰습니다. 좀 특별한 여행이죠. 우리가 매일 하듯, 이곳에서 저곳으로 가는 여행이 아닙니다. 모든 것으로부터, 아무것도 아닌 것으로의 여행! 상상할 수 없을 정도로 큰 것에서부터 믿을 수 없을 정도로 작은 것으로의 여행! 우주에서부터 원자를 구성하는 소립자로의 여행! 여행을 하는 동안 여러 장면을 보게 될 것입니다. 여러분에게 내가 경험하는 세계를 생생하게 들려드리겠습니다.

의자든, 곤충이든, 우리 주위의 공기든, 여러분은 이미 이 모든 것들이 원자라는 아주 작은 입자로 구성되어 있다는 걸 알고 있을 거예요. 하지만 원자도 더 작은 입자로 구성되어 있다는 걸 아세요? 너무 작아서 아무리 현미경으로 들여다보아도 볼 수가 없습니다. 하지만 그 입자들은 집을 지을 때 쓰는 벽돌처럼 이 우주를 구성하고 있습니다.

그 입자들이 모여 원자가 되고, 원자들이 모여 분자가 됩니다. 생명체를 이루는 기관들은 분자로 구성되어 있습니다. 동식물을 포함한 모든 생명체가 지구에서 사이좋게 살아갑니다. 그런데 지구는 태양계의 가족입니다. 그리고 태양은 은하수에 속해 있는 별입니다. 은하수는 우주를 이루고 있는 수십 억 개의 은하 중 하나입니다.

우주로 향하는 여행에 여러분을 초대합니다.

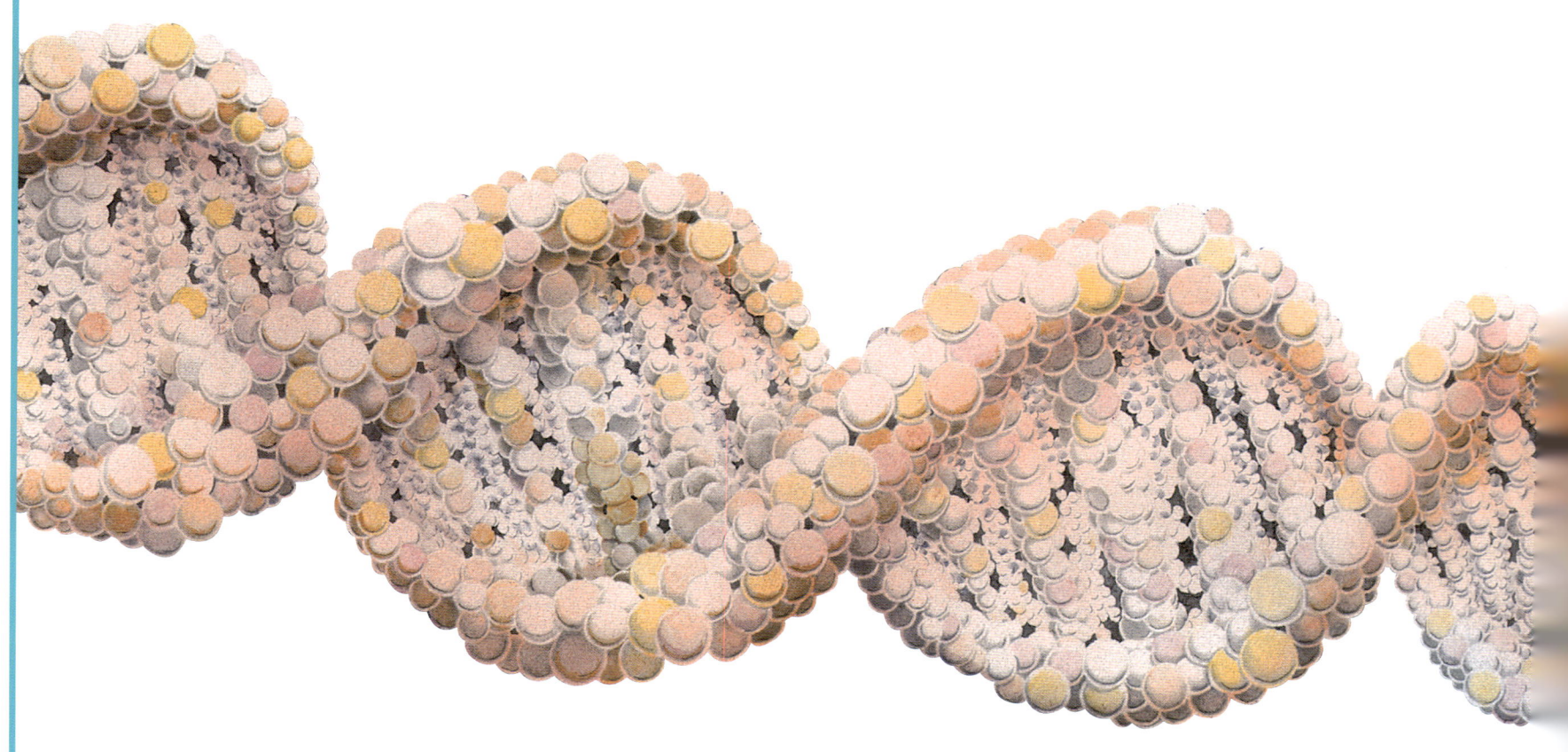

믿을 수 없는
원자 여행

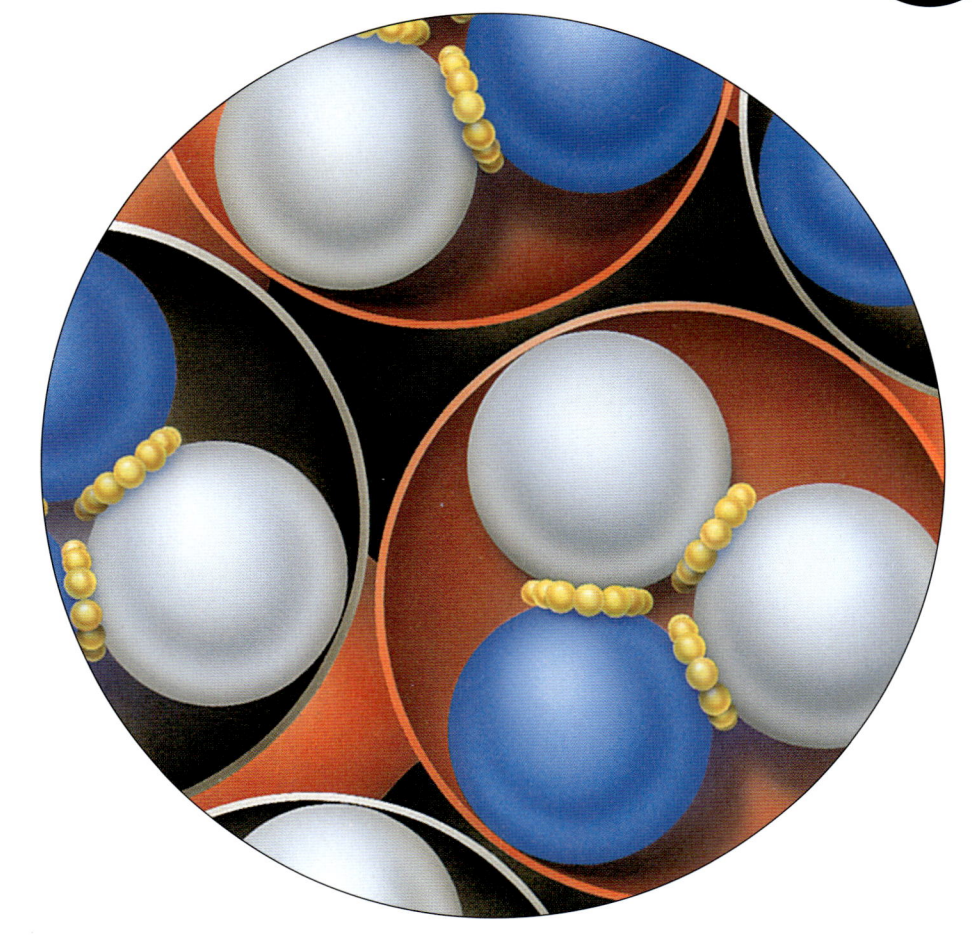

◆ 우주 ◆

"우주는 정말 춥고, 정말 조용하고, 정말 어둡습니다. 멀리서 빛이 번쩍입니다. 불빛을 받은 눈송이 같습니다. 나는 그 중 하나를 향해 달려갑니다. 그러자 그 빛은 더 작은 수백 개의 빛으로 나누어집니다. 더 작은 빛을 향해, 영원을 향해 계속 여행합니다. 그 빛 역시 빛의 덩어리로 이루어져 있습니다. 30개 정도의 빛이 여기저기 흩어져 있습니다. 그러나 그 빛들은 서로 다른 모양을 하고 있습니다. 어떤 것은 구 모양이고, 어떤 것은 물방울 모양이고, 어떤 것은 소용돌이 모양입니다. 흥미를 느낀 나는 깜빡이는 소용돌이 모양의 빛을 향해 달려가고 곧 장엄한 광경과 마주합니다……."

거대한 은하에는 1,000억 개의 은하가 있을지 모릅니다. 우주에는 1,000억 개의 은하가 있을 것입니다. 꽃 속에 숨어있는 우주처럼 설레는 100억 개의

우주의 운명에 대한 예측(1)
우주는 영원히 팽창을 계속할 것입니다.

우주

우주는 우리가 살고 있는 곳입니다. 그리고 그 이상입니다. 우주는 공간, 별, 행성, 별, 그리고 여러분 주변에 있는 것(여러분 자신을 포함하여)을 모두 아우르는 평범한 용어입니다.

우주는 다른 어떤 것에 비해서도 거대합니다. 끝이 없는 것 같아 보입니다. 태양계는 우리가 살고 있는 곳이며, 우주를 우리 은하수(약 9조 5,000억 킬로미터)를 사용하여 약 130억 광년 이상 뻗어 있는 것 같습니다.

지금까지 발견된 우주에서 가장 먼 것 중 하나가 130억 년 전의 은하수입니다. 우리의 태양계는 이 거대한 공간에 있어서 아주 작은 부분에 지나지 않습니다. 은하들은 대단히 크고 수많은 별들의 집단입니다. 우리 은하인 은하수 속에는 약 천억 개 이상의 별이 있습니다. 태양이 속해 있는 은하수 속에는 우리 태양과 같은 별이 적어도 30억 개 있을 것으로 추정됩니다. 은하수 속에 있는 수많은 별들 중에 우리 태양과 매우 비슷한 별들도 많이 있는 것으로 밝혀졌습니다. 이렇듯 태양계 같은 곳이 수없이 많을 수 있다는 것을 보여줍니다. 마찬가지로, 우리 은하인 은하수도 우주 속에 있는 수많은 은하 중 하나에 지나지 않습니다. 은하수 속에 1,500억 개 이상의 별들이 있다고 과학자들은 말합니다. 또한 최근 과학자들이 150억 년 전 태양계가 생겨나기 이전에는 다른 어떤 것도 존재하지 않았으며, 그 이전에는 시간도, 공간도, 물질도, 에너지도 없는 상태였다고 말합니다. 그렇다면 "태초"에 무엇이 있었을까요? 바로 신이었습니다.

우주의 공간이 대폭팽창 이후(2)

우주가 탄생한 후 수축하기 시작하여, 이것이 바로 대붕괴입니다.

우주에는 수십억 개의 은하가 있습니다.

우주가 수십억 개의 은하가 있습니다.

조개 이상의 별이 있을지 모릅니다. 지구 근처에 있는, 처녀자리 은하단 에는 적어도 2,500개의 은하가 있습니다. 밤하늘의 은하수

◆ 은하 ◆

" 은하는 회전하는 거대한 불꽃 같습니다. 별과 가스가 거대하고 반짝이는 나선 모양을 이루어 내 앞에서 천천히 회전합니다. 노란색, 주황색, 빨간색, 파란색 빛들이 밝은 하얀색 바다에서 반짝입니다. 중심에는 무엇인가가 밀고 나온 것처럼 안쪽에서 바깥쪽으로 튀어나온 부분이 있습니다. 그 부분에서 몇 개의 나선 팔이 뻗어 나와 있습니다. 나선 팔은 별과 먼지가 뒤섞인 구름으로 이루어져 있습니다. 그 구름 속에서 푸른 별이 점점이 반짝이고 있습니다. 나선 팔은 소용돌이치며 바깥으로 뻗어 나와 우주 속으로 희미하게 사라집니다. 빈 우주 공간을 오랫동안 여행한 뒤라, 너무나도 섬세한 은하의 모습이 경이로워 보입니다. "

· 블랙홀은 믿을 수 없을 만큼 강한 중력을 가지고 있어서 빛조차도 빠져나올 수 없습니다. · 우리의 은하수는 우주에 있는 수십억 개의 은하 중 하나입니다. · 제트기로 우리 은하의 끝에 도달하려면 1,000억 년이 걸릴 것입니다.

블랙홀

시그너스 X-1 : 거대한 별로부터 발생한 가스가 점차 블랙홀로 끌려들어 갑니다.

◆ 태양계 ◆

"나는 반짝이는 노란 별을 향해 갔습니다. 그 별을 향해 가는 동안 서로 다른 색깔의 행성이 우주를 떠다니는 것이 보였습니다. 작은 회색의 행성이 하나, 커다란 푸른색 행성이 둘, 그리고 반짝이는 고리를 두른 거대한 황금색 행성이 하나 보였습니다. 정말 환상적이었습니다. 불쑥 나타난 거대한 행성이 금색, 흰색, 노란색, 주홍색 띠를 두른 채 천천히 돌고 있었습니다. 얼음 덩어리가 나를 휙 지나 노란 별을 향해 갔습니다. 차가운 안개 같은, 길고 밝은 흰색 꼬리가 그 뒤에 뻗어 있었습니다. 그러더니 사방에 크고 작은 돌이 나타났습니다. 나는 그 돌들을 피했습니다. 이제 붉은색의 작은 행성이 보였습니다. 그러더니 곧 군데군데 흰색 띠를 두른 푸른색 행성이 나타났습니다. 태양 가까이에는 2개의 행성이 더 있었지만 나는 푸른색에 흰 띠를 두른 매혹적인 행성으로 다가갔습니다."

• 우주의 130만 개 이상의 지구가 들어갈 수 있습니다. • 태양은

• 지구가 속한 은하계는 우주의 16개의 은하들

태양은 아주 뜨거운 가스로 이루어져 있습니다.

태양은 은하수에 있는 수십억 개의 별 중 하나입니다.

◆ 지구 ◆

"아름답고 밝은 행성이 천천히 회전하면서 내 눈앞으로 지나갑니다. 거의 짙은 푸른색이고 군데군데 하얀 무늬가 휘감고 있는 거대한 구슬 같습니다. 좀더 가까이 다가가자 그 행성의 표면이 좀더 자세히 보입니다. 흰색과 푸른색 말고 갈색, 노란색, 초록색 같은 색도 보입니다. 그 행성의 꼭대기에서부터 바닥까지 커다란 하얀색 조각들이 덮고 있습니다. 멀리 떨어지지 않은 곳에 달이 보입니다. 달은 지구와는 아주 다릅니다. 푸른색도, 초록색도, 노란색도 전혀 보이지 않습니다. 단조로운 회갈색 표면에 분화구가 여기저기 흩어져 있습니다. 내가 거대한 푸른색 행성으로 떨어지는 동안 처음으로 속도가 늦추어지는 것이 느껴졌습니다. 그리고 온기도 느낄 수 있었습니다."

◆ 지구 ◆

지구는 태양계의 세 번째 행성입니다. 8개의 행성 가운데 생명체가 사는 유일한 곳이지요. 지구는 태양과 적당히 떨어져 있기 때문에 너무 춥지도, 너무 덥지도 않습니다. 그 덕분에 생명체가 사는 데 꼭 필요한 물이 존재하는 것이에요.

지구의 대기는 주로 질소와 산소로 구성되어 있습니다. 여기 약간의 이산화탄소와 수증기가 섞여 있지요. 대기는 햇빛이 뚫고 지나올 수는 있지만 자외선 같은 해로운 방사선은 대부분 막아줍니다. 대기는 담요처럼 지구의 온도를 일정하게 유지해 주고 생명체가 숨 쉴 수 있는 공기를 제공해 줍니다.

반면에 달에는 대기도, 물도 없습니다. 그 때문에 달 표면의 온도는 너무 낮아서 생명체가 살 수 없어요.

지구는 여러 층으로 이루어져 있어요. 중심에는 주로 철로 이루어진 내핵이 있고, 그 주위에는 외핵이 있습니다. 외핵은 액체 상태의 금속으로 이루어져 있고, 두껍고 단단한 맨틀이 그 외핵을 에워싸고 있지요.

지구의 표면을 덮고 있는 단단한 지각은 몇 개의 지각판으로 이루어져 있는데, 그 지각판은 퍼즐 조각처럼 서로 꼭 들어맞습니다. 지각판은 맨틀 위를 항상 떠다니는데, 이렇게 지각판을 움직이는 에너지원을 맨틀대류라고 해요. 지각판이 서로 부딪힐 때 지진이 발생하고 지각이 솟구쳐 산이 됩니다. 이때 맨틀의 마그마가 화산을 통해 솟구쳐 나오기도 하지요.

지각은 지각판으로 이루어져 있습니다.
빨간 선으로 표시한 것이 지각판입니다.

지각은 지각판들로 이루어져 있습니다.
빨간 선으로 표시한 것이 지각판입니다.

지구는 완벽한 구형을 향합니다. · 지구는 완벽한

태양과 대륙이 지표면을 이루고 있습니다.

대양과 대륙이 지표면을 이루고 있습니다.

대기는 항상 둥글게 돌아 정확히 8분 후 지구를 걸립니다.

햇빛이 지구에 닿는 데 걸립니다. · 달립니다.

365, 26일이

◆ 땅 ◆

"바다 위로 솟아 있는 땅은 거대하고 불규칙한 형태를 띠고 있고, 색깔도 갈색과 초록색을 띠고 있습니다. 산이 있는 곳은 구겨진 담요처럼 보입니다. 계곡에는 깊은 그림자가 드리워져 있고 산꼭대기에는 눈과 얼음이 하얗게 덮여 있습니다. 지표면을 헤치며 나아가는 강은 길고 가늘고 검은 선 같습니다. 많은 강들이 바다로 흘러들어 가기 전에 가지를 친 나뭇가지처럼 하나로 모여듭니다. 편평하고 넓은 땅도 있는데, 그곳의 색깔은 주로 초록색과 노란색입니다. 나는 들판에 수놓인 규칙적인 열십자 무늬와, 길고 곧게 뻗은 길을 알아볼 수 있었습니다. 도시는 회색의 얼룩 같습니다. 갑자기 바로 내 아래에서 비행기가 소리를 내며 지나갑니다. 비행기의 몸체에 햇빛이 반짝입니다."

· 1883년 인도네시아의 크라카토아 화산이 폭발하면서 엄청난 해일이 발생했습니다. 이 해일은 지구 반대편까지 도달했습니다. 해일이 지나간 자리에는 5m 높이의 새까만 진흙이 남았습니다.

· 대양과 대륙이 지구의 지표면을 이루고 있습니다. 대양은 대륙보다 지구의 지표면을 이루고 있는 면적이 넓습니다.

물의 순환

- 물은 바다(그리고 땅)에서 증발합니다.
- 구름(압축된 수증기 덩어리)이 만들어집니다.
- 구름이 육지 위로 이동하여 비가 되어 떨어집니다.
- 빗물이 산에서 흘러내려 강과 호수가 됩니다.
- 강물이 바다로 흘러듭니다.

◆ 땅 ◆

지 표면, 지각은 몇 킬로미터 두께의 바위로 구성되어 있습니다. 그중 3분의 2이상이 바다 아래에 놓여 있습니다. 그리고 나머지 3분의 1가량이 땅(대륙과 섬)을 이루고 있습니다. 지각에서는 3가지 형태의 암석이 발견됩니다.

화강암 같은 화성암은 마그마(암석이 녹은 것)가 화산을 통해 분출되었다가 식어서 굳어지면서 만들어집니다. 석회석 같은 퇴적암은 식물과 동물의 잔해가 암석 입자와 함께 압축되고 굳어진 것입니다. 대리석 같은 변성암은 화성암이나 퇴적암이 지하의 높은 압력과 온도에 의해 변화한 것입니다.

지표면에서 증발한 수증기는 위로 올라가 구름이 되었다가 비(또는 눈)가 되어 땅으로 떨어집니다. 물의 순환은 땅이 만들어지는 데 중요한 역할을 합니다. 물과 얼음은 암석을 마모시키거나 부식시킵니다. 예를 들어 비나 눈은 암석으로부터 느슨한 입자를 떼어내거나 광물을 녹일 수도 있습니다. 암석의 틈으로 흘러들어 간 물이 얼면서 팽창하면 암석이 쪼개집니다. 수천 년에 걸쳐 강은 계곡을 점점 넓어지게 하는 동시에 암석을 쪼갭니다. 추운 지역에서 빙하는 깊은 계곡을 잘라냅니다.

부식된 암석 입자는 강, 호수, 바다로 흘러들어 가 퇴적됩니다. 수백만 년 후 퇴적물이 암석으로 굳어지고 다시 순환 과정이 시작됩니다.

암석의 순환
부식한 암석이 물에 의해 운반됩니다.

화산이 식어 화성암이 됩니다.

입자가 퇴적물로 쌓입니다.

암석의 순환

퇴적물이 암석이 됩니다.

화성암이 지하에서 변성암이 됩니다.

바다에서 가장 깊은 곳은 태평양의 마리아나 해구입니다. 마리아나 해구는 깊

지구의 높은 산들은 늘 움직이며 새로이 생겨나고 있습니다.

지구의 높은 산들이 위치하고 있습니다.

지구의 거의 모든 곳에서 생명체가 발견됩니다.

지구의 산들은 늘 움직이며 새로이 생겨나고 있습니다.

◆ 환경 ◆

> "땅으로 떨어지는 동안 아래의 장면이 점점 더 선명하게 눈에 들어왔습니다. 퀼트처럼 조각조각 맞추어진 노랑, 초록, 갈색의 들판은 편평하고 부드러웠습니다. 대부분의 들판에는 곡식이 줄지어 자라고 있었습니다. 숲은 짙은 초록색과 갈색을 띠고 있었고, 불규칙하고 거칠게 짜여 있는 것 같았습니다. 멀리서 볼 때는 가느다란 선처럼 보였던 강이 이제는 들과 숲을 에워싼 짙은 푸른색의 리본처럼 보였습니다. 물이 세차게 흘러드는 곳에는 하얀 물보라가 생겨납니다. 길(어떤 길은 곧게 뻗어 있고 어떤 길은 구불거립니다)은 회색의 줄같이 풍경을 열십자로 나눕니다. 여기저기에서 집과 농장의 붉은 지붕이 보입니다. 하늘을 나는 새들이 짧고 높은 울음소리를 내며 내 곁을 지나쳐갑니다."

세계의 환경(1)

• 환경이 다르면 풍경도 다릅니다.
• 녹는 가장 뜨거운 곳은 리비아 사막으로, 그늘에서도 온도가 88℃까지 올라갑니다. • 한낮에 사막지대의 지표면 온도는 섭씨 90℃까지 올라갑니다. • 지구의 모든 생명체 중 절반 정도가 열대우림지대에 살고 있습니다.

◆ 환경 ◆

환경은 대기, 대륙, 대양, 그리고 그곳에 사는 모든 생명체를 포함합니다. 살아 있는 미생물은 공동체를 이루고 살아갑니다. 공동체란 같은 곳에서 살며 서로의 생존에 영향을 주는 동물과 식물의 집단을 의미합니다. 식물은 동물의 먹이가 되고, 그 동물은 다시 다른 동물의 먹이가 됩니다. 더 작은 미생물은 동식물의 사체를 분해하여(토양 참고) 식물이 흡수할 수 있는 영양분을 만들어냅니다.

암석을 비롯하여 기후와 풍경이 그 지역의 토양은 물론, 그 지역에 살 수 있는 식물의 종류를 결정합니다. 마찬가지로 식물이 그 지역에 살 수 있는 동물의 종류를 결정합니다. 지역마다 기후와 풍경이 다양하기 때문에 다양한 환경이 만들어집니다. 예를 들어 사막, 열대우림, 초원은 저마다 독특한 생태계를 지니고 있습니다.

삼림지대에는 곤충과 거미 등 작은 동물들이 나무나 땅에서 살아갑니다. 다양한 새와 포유동물이 이들을 먹고살고, 마찬가지로 그 새들과 포유동물은 맹금류에게 잡아먹힙니다.

농사를 짓거나 도시를 건설하거나 상품을 생산하는 등 인간의 활동은 자연환경을 크게 변화시킵니다. 세계 여기저기에서 인간의 활동으로 시골의 풍경이나 그곳에 사는 동식물이 달라집니다.

◆ 토양 ◆

"부드럽고 검은 흙이 사방에서 눌러옵니다. 흙은 따뜻하고 축축해 기분이 좋습니다. 나의 뺨에 수백만 개의 작고 보이지 않는 알갱이들이 와서 부딪히고 미끄러지는 것이 느껴집니다. 공기에는 강렬하고 달콤한 수풀 냄새가 배어 있습니다. 거대하고 하얀 손가락(아마 식물의 뿌리일 것입니다)이 나의 뺨을 털어줍니다. 갑자기 흙이 흔들리더니 나를 짓누릅니다. 우르릉 하는 소리가 점점 더 크게 들려옵니다. 흙이 흩어지더니 크고 축축하고 푹신한 벽이 나타나 나를 뒤쪽으로 밀쳐냅니다. 그 녀석은 나를 미끄러지듯이 넘어갑니다. 길고 미끄러운 증기 롤러 같습니다. 잠시 후 기분 나쁜 끽끽 소리와 함께 뭔가가 움직이는 소리가 들립니다. 머리를 들어보니 거대한 집게 같은 턱이 코앞에 있습니다."

식물은 잎을 통해 광합성작용을 하여 영양분을 만들어냅니다.
1. 이산화탄소를 흡수하여 광합성작용을 통해 영양분을 만듭니다.
2. 흙에서 물을 얻습니다.
3. 햇빛이 에너지를 제공합니다.
4. 이산화탄소와 물이 상호작용하면서 잎에서 당이 만들어집니다.
5. 당은 식물 전체로 이동합니다.

• 1평방 킬로미터의 흙 안에 약 2억 5,000만 마리의 거미가 살고 있습니다. 그는 50만 마리 이상의 지렁이 동물과 (단 뺨은) 곰팡이 이상의 동물이 살고 있습니다.

• 흙은 중요한 역할을 합니다.

◆ 토양 ◆

토양은 작은 암석입자와 부식(썩는 과정에 있는 식물 성분)으로 이루어져 있습니다. 입자들 사이에는 커다란 공기층이 있는데, 이런 공기층을 통해 물이 빠집니다. 또한 이런 공기층은 식물의 뿌리나 흙 속의 미생물에 산소를 공급합니다. 땅에 사는 모든 생명체는 흙이 없으면 살 수 없습니다. 식물은 흙에 뿌리를 내리고 물과 광물질을 빨아들인 다음 줄기를 통해 잎으로 전달합니다. 그러면 잎은 광합성(햇빛을 이용한 화학작용)을 통해 식물의 식량을 만듭니다. 땅에 사는 대부분의 동물들은 흙에서 자라거나 흙에 사는 미생물을 먹고삽니다. 동물들은 미생물을 직접 잡아먹거나, 그 미생물을 먹고사는 다른 동물을 잡아먹습니다.

흙은 거대한 공장과 같습니다. 흙 속의 수많은 미생물들이 죽은 동물과 식물의 사체를 영양분으로 바꾸고, 식물의 뿌리가 이 영양소를 빨아들입니다. 흙 속의 미생물 중 가장 작은 것은 박테리아입니다. 한 줌의 흙 속에는 100억 개 이상의 박테리아가 들어 있습니다.

하나의 세포로 이루어져 있는 미생물은 원생동물이라 불리는데 박테리아를 먹고삽니다. 그리고 이 원생동물은 벌레 같은 더 큰 동물에게 잡아먹힙니다. 지렁이는 흙에 굴을 파서 공기가 들어오고 물이 빠져나가게 해 주는 동시에, 서로 다른 토양층이 섞이게 해 줍니다. 곤충, 거미, 지네는 흙 속에서 사냥을 하고 두더지나 들쥐 같은 더 큰 동물은 흙 속에 굴을 팝니다.

생명의 순환
동물들은 흙에서 자라는 식물을 먹고삽니다.

◆ 동물 ◆

"턱 위에 둥글고 커다란 2개의 눈이 있습니다. 그 녀석이 나를 보고 있는 건지 알 수가 없습니다. 눈 속에는 눈동자도, 홍채도 없습니다. 단지 눈을 덮고 있는 거즈 같은 것만 보입니다. 턱 아래에 있는 더 작은 구기(口器)가 침을 흘리며 위협적으로 실룩대고 있습니다. 2개의, 기다란 막대 같은 더듬이가 머리에서 눈앞으로 뻗어 있습니다. 더듬이는 끊임없이 왔다갔다 하면서 앞쪽을 더듬습니다. 그 녀석이 굴착기처럼 다리를 땅속에 들이미는데 쩍 하고 갈라지는 소리가 들립니다. 그 녀석이 서서히 앞으로 움직이는 동안 그 녀석의 머리가 이쪽저쪽으로 움직입니다. 이제 그 녀석의 초록색 등이 보입니다. 매끈거리고 반짝이고 군데군데 규칙적으로 노란 점이 박혀 있습니다. 그 녀석은 중세의 갑옷을 입은 로봇 같습니다."

곤충은 삽니다… 지구에는 사람보다 곤충이 100만 배나 많이 삽니다… 많은 벌레들이 흙 속에서 살고 있습니다… 흙 속에 알을 하나씩 낳습니다… 작은 생명체들이 흙에서 발견됩니다.

길앞잡이의 일생
어른벌레가 짝짓기를 합니다. 흙 속에 알을 하나씩 낳습니다. 알에서 애벌레가 나옵니다. 애벌레가 자라서 번데기가 됩니다. 봄이 되면 번데기에서 어른벌레가 나옵니다.

◆ 동물 ◆

지구에는 200만 종 이상의 동물이 살고 있습니다. 그 크기는 미생물에서부터 몸무게가 160톤이나 나가는 흰긴수염 고래에 이르기까지 다양합니다. 동물들의 절반은 몸집이 작은 곤충입니다. 곤충은 땅에 살며, 매끈하고 반짝이는 갑옷 같은 껍질로 덮여 있습니다. 곤충의 몸은 머리, 가슴, 배, 3부분으로 나뉩니다. 곤충은 6개의 발이 있고 대개 날개가 있어서 하늘을 날 수 있습니다. 곤충 중 딱정벌레류가 가장 종류가 많습니다.

동물과 식물의 가장 큰 차이점은 먹이에 있습니다. 대부분의 식물은 흙과 공기로부터 화학물질을 받아들인 다음, 햇빛을 이용하여 이들을 당으로 바꿉니다(토양 참고). 반대로 동물들은 식물이나 다른 동물을 먹고삽니다. 일단 먹이를 삼키고 나면 먹이는 분해(소화)된 뒤 혈관(심장박동에 의해 펌프질 된 혈액이 흐르는 관입니다)을 타고 몸 여기저기로 전달됩니다. 음식물은 화학적으로 변형되어 몸을 구성하기도 하고 분해되어(이때 동물이 들이마시는 산소의 도움을 받습니다) 에너지로 쓰이기도 합니다. 노폐물은 몸 밖으로 배출됩니다.

동물은 눈과 귀 같은 감각기관을 통해 주변의 상황을 파악하고 먹이를 구합니다. 신경계는 감각기관으로부터 받아들인 정보를 뇌로 전달합니다. 그러면 뇌는 근육으로 명령을 보내 몸을 움직이게 합니다.

· 모든 동물은 세포로 이루어져 있습니다.

도룡 그림은 세포가 이어져 생강되니다.

곤충의 내부기관

· 빨간색 : 혈관

· 청록색 : 신경계(일부)

· 파란색 : 생식계

· 노란색 : 근육계

· 주황색 : 소화계

모든 사람의 무게를 합하면 모든 곤충의 무게를 합한 것보다 10배는 무겁지만, 사람보다 수가 많은 곤충을 모두 모으면 그 무게는 모든 사람들을 합한 것보다 10배는 무겁습니다.

◆ 세포 ◆

"나는 거의 뚫을 수 없을 것처럼 단단한 벽을 뚫고 들어갔습니다. 이제 나는 비누를 잔뜩 풀어놓은 것 같은 곳을 떠다닙니다. 원반 같은 것들이 나를 지나쳐 떠갑니다. 그 표면에서는 물집이 생겼다 터지면서 작고 끈적거리는 구를 만들어냅니다. 거대한 구가 흔들거리며 지나갑니다. 거대한 구가 아주 가까이 떠 있는 작은 구를 삼켜버립니다. 이 속에는 너무 작아서 눈에는 보이지 않지만, 살아 있는 것들이 가득한 것 같습니다. 커다란 담배 모양의 것들이 머리 위쪽에서 떠다닙니다. 그때 내 앞에 거대하고 부드러운 벽이 솟아 있는 게 보입니다. 가까이 다가가자 그 벽은 마치 내가 거기 있는 걸 아는 것처럼 입을 벌립니다. 나는 헤엄쳐 들어갑니다. 수천 개의 꿈틀거리는 뱀장어 같은 것이 기어가고 있습니다. 모두 너무 작아서 잘 보이지 않습니다."

▶ 직사각형 모양의 세포가 곤충의 껍질을 이루고 있습니다.

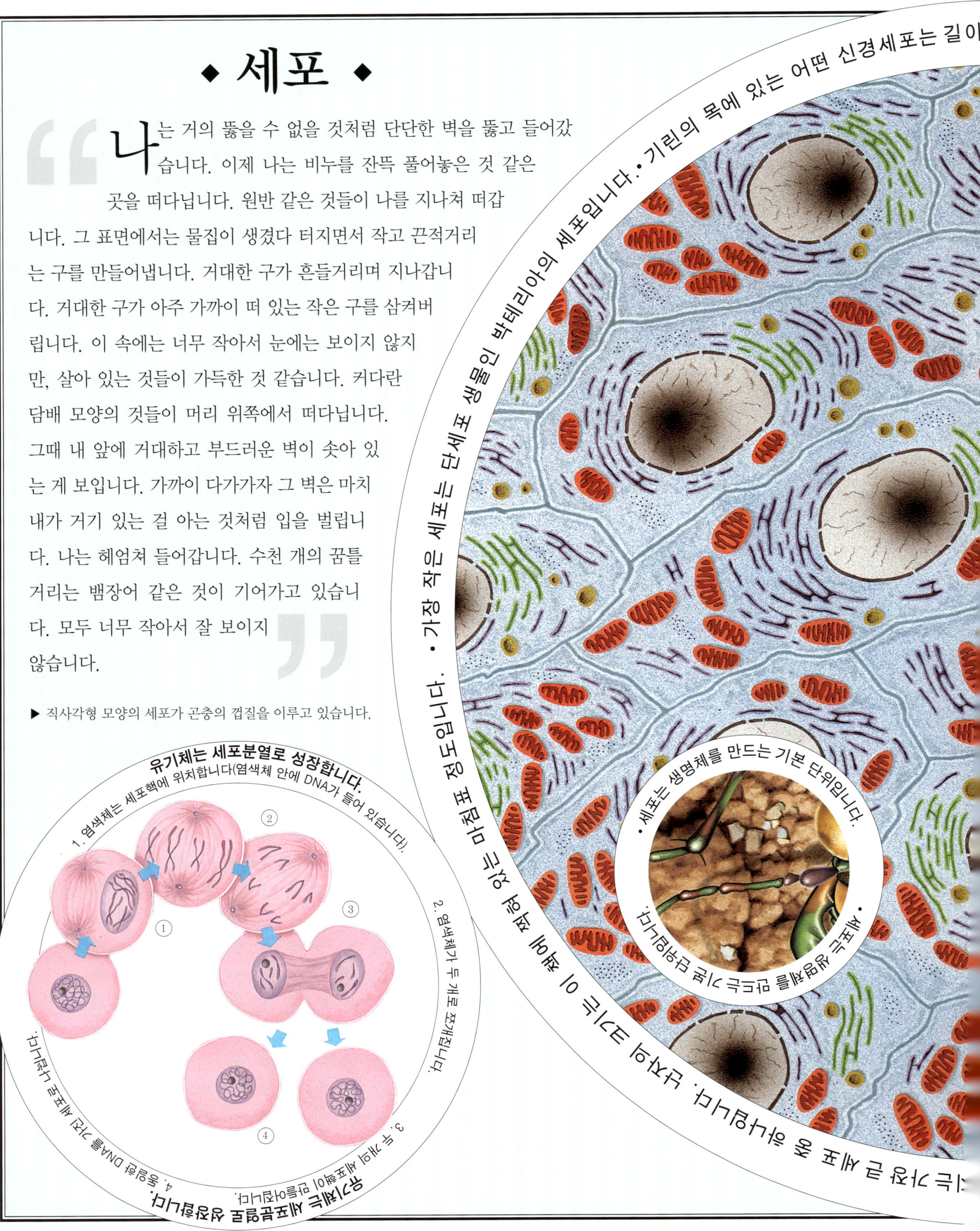

• 가장 작은 세포는 단세포 생물인 박테리아의 세포입니다. • 기린의 목에 있는 어떤 신경세포는 길이가 몇 미터나 됩니다. 식물세포의 벽은 매우 단단합니다. 동물세포는 끊임없이 많은 형태를 만들어 냅니다.

• 세포는 생명체를 만드는 기본 단위입니다. 세포는 양분을 태워서 에너지를 만들어 냅니다.

유기체는 세포분열로 성장합니다.

1. 염색체는 세포핵에 위치합니다(염색체 안에 DNA가 들어 있습니다).
2. 염색체가 두 개로 쪼개집니다.
3. 두 개의 세포핵이 만들어집니다.
4. 동일한 DNA를 가진 세포가 둘이 됩니다.

◆ 세포 ◆

대부분의 동식물은 수백만 개, 때로 수십억 개의 세포로 이루어집니다. 세포는 현미경으로만 볼 수 있을 만큼 작지만, 우리 몸의 대부분을 구성하고 있습니다. 그리고 세포는 모양과 크기도 다양합니다. 모든 세포는 얇은 세포막에 싸여 있습니다. 세포막은 어떤 물질이 세포 안으로 드나드는 것을 통제합니다. 세포막 안은 젤리 같은 것이 채워져 있고 그 안을 세포의 여러 구성물이 떠다닙니다. 세포는 다양한 화학물질이 분해되고 만들어지는 공장과도 같습니다. 미토콘드리아(그림에 빨간색으로 그려진 것)는 세포가 사용할 에너지를 생산합니다. 또한 세포 안에는 특정 물질을 만들어내는 구조물도 있는데, 옆 그림의 세포들은 곤충의 딱딱한 껍질을 구성하는 키틴질을 만들어냅니다. 세포 안에 복잡하게 뻗어 있는 관은 세포 구석구석까지 화학물질을 전달합니다.

세포 중앙에 있는 핵(그림에 회색으로 그려진 것)은 세포를 움직이는 컴퓨터 프로그램과 같습니다. 핵에는 염색체가 들어 있고 염색체 안에는 DNA가 들어 있습니다.

대부분의 동식물은 하나의 수정란에서 태어납니다. 그 동식물이 자라는 동안 수정란은 여러 번 분열하는데, 염색체는 한 번 분열할 때마다 2배씩 늘어납니다. 그 때문에 그 생명체는 성장한 후에도 수정란 때와 동일한 세포를 갖게 됩니다.

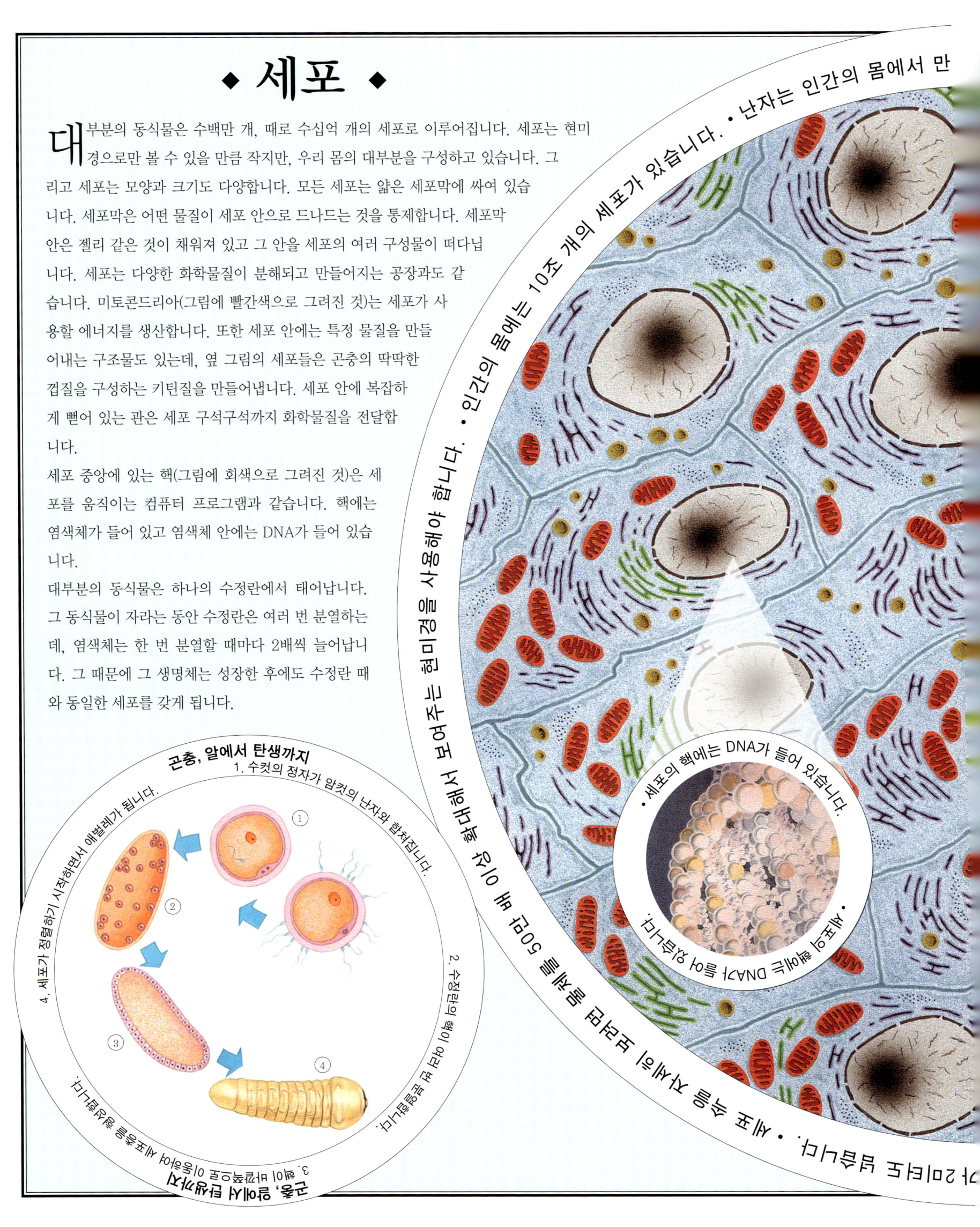

곤충, 알에서 탄생까지

1. 수컷의 정자가 암컷의 난자와 합쳐집니다.

2. 수정란의 핵이 여러 개로 갈라집니다.

3. 핵이 바깥쪽으로 이동하여 세포층을 형성합니다.

4. 세포가 정렬하기 시작하면서 애벌레가 됩니다.

• 인간의 몸에는 10조 개의 세포가 있습니다. • 난자는 인간의 몸에서 만

• 현미경은 작은 물체를 약 50만 배까지 확대합니다. • 세포는 끊임없이 이해해야 합니다.

• 세포의 핵에는 DNA가 들어 있습니다.

• 세포의 핵에는 DNA가 들어 있습니다.

◆ DNA ◆

" 내 앞에 엉켜 있는 밧줄 같은 것이 놓여 있습니다. 가까이 다가가 보니 2개의 줄이 꼬여 있습니다. 2개의 줄 사이에는 셀 수 없이 많은 다른 줄들이 이어져 있습니다. 그 밧줄에서 모든 일이 벌어집니다. 밧줄 가장자리에 쌓여 있는 커다란 덩어리들은 서로 붙었다가 다시 떨어져 나갑니다. 나는 그 밧줄의 풀린 부분들을 보았습니다. 풀려 있는 줄 중 하나를 자세히 보니 무엇인가가 빠르게 움직이고 있습니다. 커다란 덩어리가 그 줄을 따라 미끄러져 움직이고 그 뒤에 새로운 줄이 만들어집니다. 새로운 줄은 분리되고 밧줄은 다시 합쳐집니다. "

▶ DNA는 긴 나선형으로, 세포핵 안에서 발견됩니다.

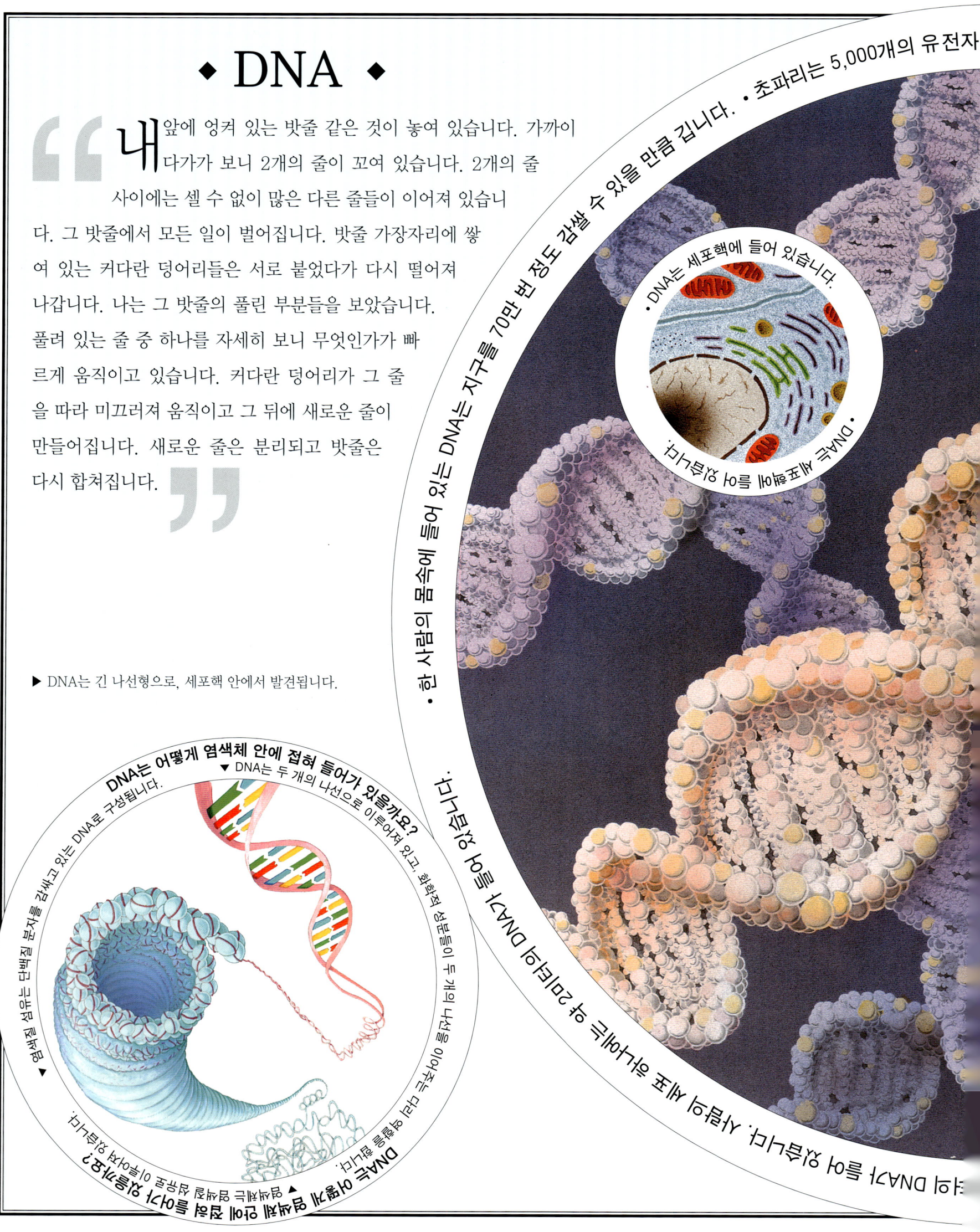

• 초파리는 5,000개의 유전자를 • 한 사람의 몸속에 들어 있는 DNA는 지구를 70만 번 정도 감쌀 수 있을 만큼 깁니다.

• DNA는 세포핵에 들어 있습니다.

• DNA는 세포핵에 들어 있습니다.

• 각 세포에는 2쌍의 염색체가 있습니다. 사람의 세포 염색체는 DNA가 나선형으로 꼬여 있습니다. 화학적 성분들이 두 개의 나선 사이에 이어져 있습니다.

DNA는 어떻게 염색체 안에 접혀 들어가 있을까요?

▶ DNA는 두 개의 나선으로 이루어져 있고, 화학적 성분들이 두 개의 나선 사이에 이어져 있습니다.

▼ 염색체 섬유는 단백질 분자를 감싸고 있는 DNA로 구성됩니다.

▶ 염색체 속에 있는 유전자는 몇 개의 단어로 이루어져 있을까요? DNA 속 유전자는 몇 개의 단어로 이루어져 있습니다.

◆ DNA ◆

DNA(디옥시리보핵산)은 세포핵에서 발견되는 커다란 분자입니다. 길고 복잡한 DNA 에는 세포를 만들고 유지하는 데 필요한 명령이 들어 있습니다. 한 동물이나 식 물의 세포는 대부분 동일한 DNA로 이루어져 있고, 동물이나 식물의 몸 전체를 구성하는 명령도 DNA 안에 들어 있습니다.

DNA 분자는 기다란 나선의 사다리 같아서 때로 이중 나선이라고 불립 니다. 꼬여 있는 사다리의 두 발은 사다리의 발판 역할을 하는 화학 적 성분들로 연결되어 있습니다. 사다리의 발판을 이루는 화학 물 질은 4가지입니다. 그 4가지 성분이 나타나는 정확한 순서는 암 호와 같습니다.

DNA에서 유전자가 차지하는 비율은 아주 작습니다. 유전 자 암호에는 단백질을 만드는 방법을 담은 명령이 들어 있 습니다. 단백질은 세포를 만드는 데 필요한 재료가 되어 줍니다. 세포 안에는 수천 가지의 단백질이 들어 있고 각각의 단백질은 고유의 임무를 가지고 있습니다. DNA 분자 일부가 풀려서 사다리의 발판 부분에 있는 화학적인 코드에 노출됩니다. 그러면 그 코드가 복사 되고 복사된 코드는 그 핵에서 떨어져 나갑니다. 그 러면 그 세포는 특정 단백질을 만들라는 지시를 받게 됩니다.

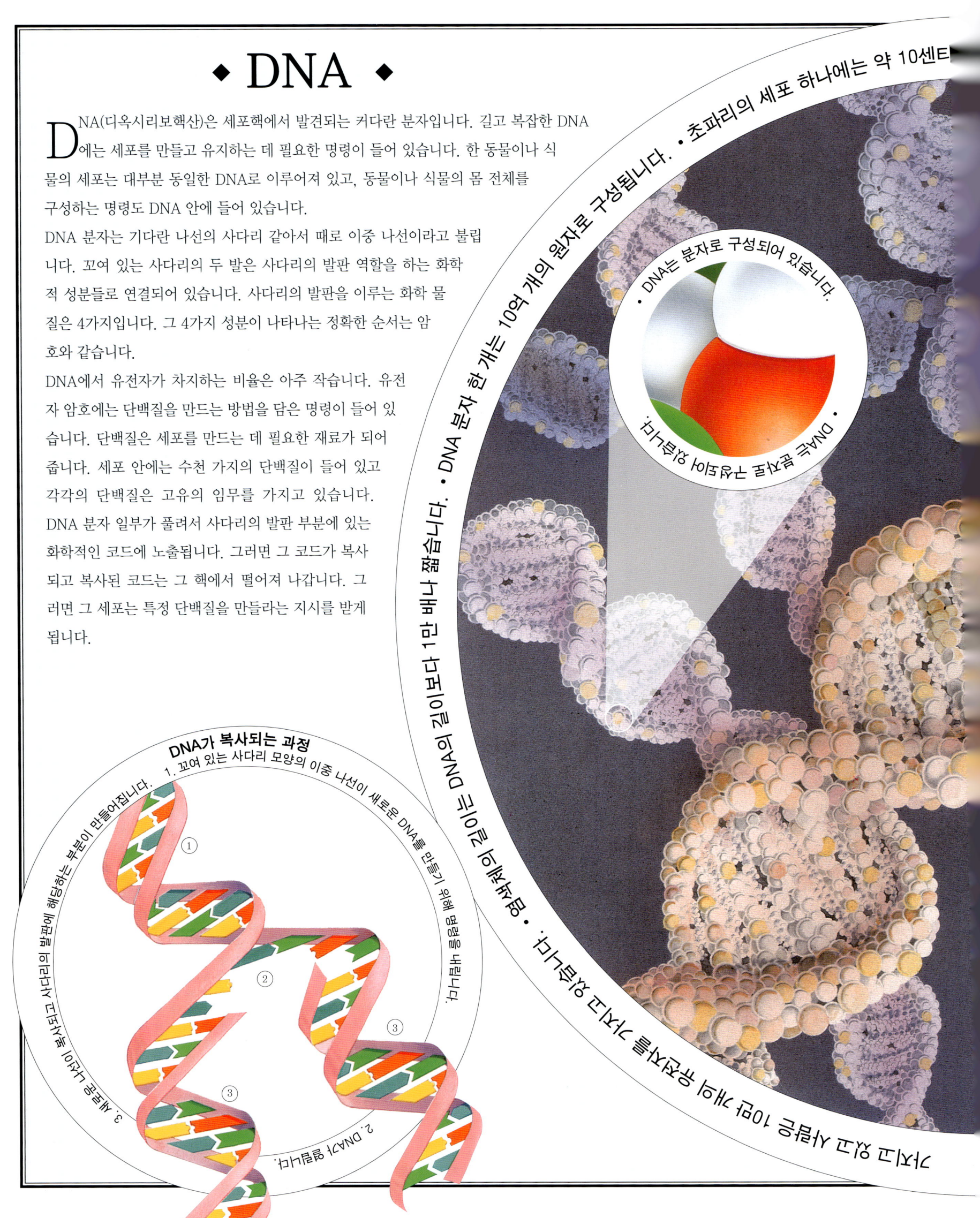

• 초파리의 세포 하나에는 약 10센티

DNA 분자 한 개는 10억 개의 원자로 구성됩니다.

• DNA는 분자로 구성되어 있습니다.

• DNA는 곧게 펴면 길이가 길어집니다.

• DNA의 길이는 너비보다 1만 배나 짧습니다.

• 사람은 약 10만 개의 유전자를 갖고 있습니다.

미터 길이의 DNA가 들어 있습니다.

DNA가 복사되는 과정

1. 꼬여 있는 사다리 모양의 이중 나선이 새로운 DNA를 만들기 위해 명령을 내보냅니다.

① ② ③ ③

2. DNA가 풀립니다.

3. 새로운 나선의 발판에 해당하는 부분이 만들어집니다.

◆ 분자 ◆

"이중 나선은 수천 개의 구슬 같은 것들이 모여서 만들어졌습니다. 구슬은 모여서 고리를 이루기도 하고 사슬을 이루기도 합니다. 그러나 그 안에는 질서가 있습니다. 같은 모양이 반복적으로 나타나기도 합니다. 모든 구슬은 마치 살아 있는 것처럼 꿈틀거리고 흔들거립니다. 때로 구슬들은 꼬이고 뒤틀리기도 합니다. 특히 다른 구슬 덩어리가 지나갈 때 그렇습니다. 사실 내 앞뒤로 작은 구슬들이 총알같이 왔다갔다 하고 있습니다(그 작은 구슬들은 거대한 사슬을 이루고 있는 구슬들보다 훨씬 빠른 속도로 움직입니다). 나는 한 덩어리의 구슬을 향해 떨어졌습니다. 그 구슬 덩어리와 가까워지는 동안 나는 구슬의 표면이 단단하지 않은 걸 알게 되었습니다."

▶ DNA 같은 분자는 원자들이 결합하여 만들어진 것입니다.

• 탄소를 기반으로 한 분자들은 살아 있는 세계 속에 존재합니다. • 생명체의 모든 분자들은 대개 기다란 사슬 모양의 분자입니다. • 모든 사물은 분자로 이루어져 있습니다.

• DNA는 탄소를 기반으로 한 분자입니다.
• DNA는 기다란 이중나선 모양의 분자입니다.

가스(예, 수증기)
분자는 빠르게 움직이고 넓게 퍼집니다.

액체(예, 물)
분자는 천천히 움직이고, 모양이 일정하지 않습니다.

고체(예, 얼음)
분자는 빠르게 움직입니다.

◆ 분자 ◆

원자들은 강한 화학적 결합에 의해 분자를 구성합니다(원자 참고). 어떤 경우 분자는 같은 형태의 원자 2개 이상으로 구성되기도 합니다. 예를 들어 산소 분자(화학식으로 나타내면 O_2)는 산소 원자 2개로 구성되어 있습니다. 다른 형태의 원자 2개 이상으로 구성된 분자는 정말 많습니다.

예를 들어, 물분자(H_2O)는 2개의 수소 원자와 1개의 산소 원자로 이루어져 있고, 이산화탄소(CO_2)의 분자는 1개의 탄소 원자와 2개의 산소 원자를 포함하고 있습니다.

생명체에는 형태와 크기가 다양한 수만 개의 분자가 들어 있습니다. 생명체에 가장 많이 들어 있는 분자인 동시에, 가장 간단한 분자는 바로 물입니다. 가장 큰 분자는 디옥시리보핵산(DNA)입니다. 생명체의 경우, 크고 중요한 분자들은 탄소를 포함하고 있습니다.

DNA 같은 커다란 분자는 더 작은 분자들이 결합하여 만들어집니다. DNA의 경우 이런 분자들은 함께 2개의 기다란 사슬을 만듭니다.

동식물의 몸속에 들어 있는 원소들은 공기나 암석에서도 찾아볼 수 있습니다(땅 참고). 다만 이런 원소들이 분자를 구성하는 방식이 다를 뿐입니다. 생명체 속의 분자들은 생명체를 유지하고 수리할 뿐 아니라 똑같은 형태의 새로운 분자를 만들어냅니다.

◆ 원자 ◆

"나는 빈 공간으로 떨어지고 있습니다. 빛나는 공들이 내 옆을 쉿 하고 지나갑니다. 전기를 띤, 그 작은 공들은 딱딱 소리를 내며 지나갑니다. 움직이는 공은 모두 6개이고 별처럼 반짝이는 일곱 번째 공은 좀 떨어진 곳에서 움직이지 않고 있습니다. 그러고 보니 나는 그저 아래로 떨어지고 있는 게 아니라 그 일곱 번째 공을 향해 끌려가고 있었습니다. 커다란 자석인가? 나는 점점 더 빨리 움직입니다. 나를 끌어당기는 힘에 저항할 수가 없습니다. 전기가 빠직대는 소리가 크게 들려옵니다. 그 일곱 번째 공은 회전하고 있습니다. 그 일곱 번째 공이 끌어당기는 힘은 너무 강합니다. 그 힘은 나를 짓누르기 시작합니다. 몇 분의 1초가 지나자 내 눈에는 그 공밖에 보이지 않습니다. 그 공 쪽으로 곧장 빨려가는 동안 나의 감각기관은 모두 마비되는 것 같습니다."

▶ 탄소 원자 안에서 전자가 원자핵 주위를 돕니다. 원자핵은 양성자와 중성자로 이루어져 있습니다.

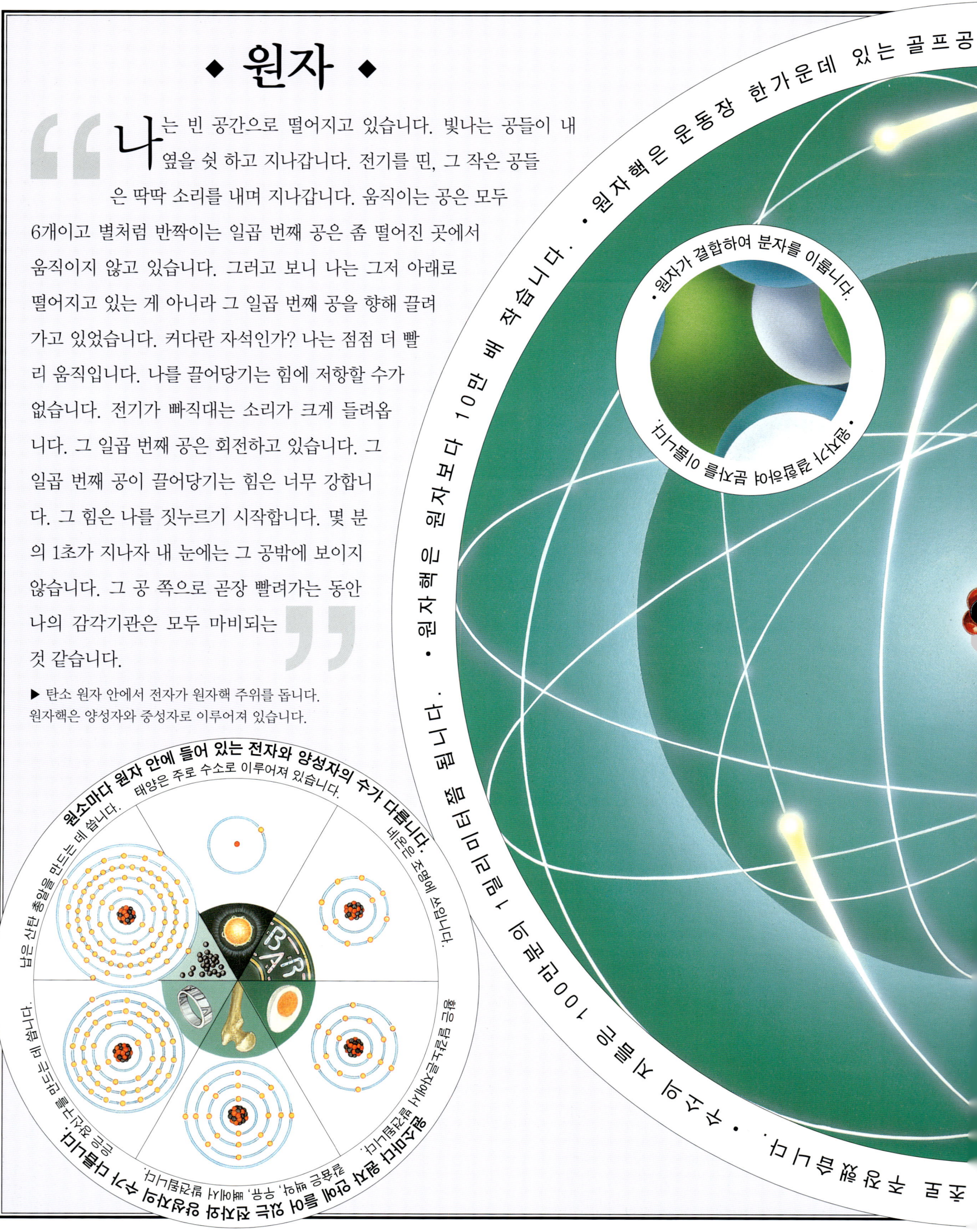

· 원자핵은 운동장 한가운데 있는 골프공에 맞먹을 만큼 작습니다. · 원자핵은 원자보다 10만 배 작습니다. · 금은 미세한 알갱이 100만 개로 나눌 수 있습니다. · 수소는 우주의 주요 성분입니다.

· 원자가 결합하여 분자를 이룹니다.

원소마다 원자 안에 들어 있는 전자와 양성자의 수가 다릅니다.

태양은 주로 수소로 이루어져 있습니다.

남은 산탄 총알을 만드는 데 씁니다. · 공룡 뼈의 나이를 측정하는 데 씁니다. · 풍선, 비행선, 조명에 쓰입니다. · 네온은 조명에 쓰입니다. · 금은 장신구와 치과용 금을 만드는 데 씁니다. · 양성자가 있는 원자는 모두 전자를 같은 수만큼 가집니다.

◆ 원자 ◆

모든 물질은 92가지 원소로 구성되어 있습니다. 원소는 조금씩 다른 원자들의 집합을 이르는 말입니다. 문장 끝에 찍는 마침표에도 10억 개 이상의 원자가 들어 있을 정도로 원자는 매우 작습니다.

주로 텅 빈 공간으로 구성된 원자에는 양성자, 중성자, 전자가 들어 있습니다. 양성자와 중성자는 원자 중앙에 있는 원자핵을 이룹니다. 작은 에너지 덩어리인 전자는 핵 주위를 빛의 속도로 회전합니다. 원자가 움직이지 않는 것처럼 보이는 것도 전자 때문입니다. 아주 빠르게 움직이는 프로펠러가 움직이지 않는 것처럼 보이는 것과 같은 원리입니다.

원자 안에는 양성자와 똑같은 수의 전자가 있습니다. 양성자는 양의 전하, 전자는 음의 전하를 띠는데, 서로 다른 두 전하는 서로를 끌어당기기 때문에 원자가 형태를 유지할 수 있습니다. 92개의 원소마다 원자 안에 들어 있는 양성자와 전자의 수가 다릅니다.

전자는 하나의 원자를 또 다른 원자와 결합시켜 분자를 만듭니다. 2개의 원자가 한 쌍의 전자를 공유할 때 공유결합이라고 합니다. 하나의 전자가 원래의 원자를 떠나 또 다른 원자로 들어가면 두 원자는 이온이 됩니다. 이를 이온결합이라고 합니다. 그 밖에 금속결합과 수소결합이 있는데, 수소결합은 물분자에서 발견할 수 있습니다.

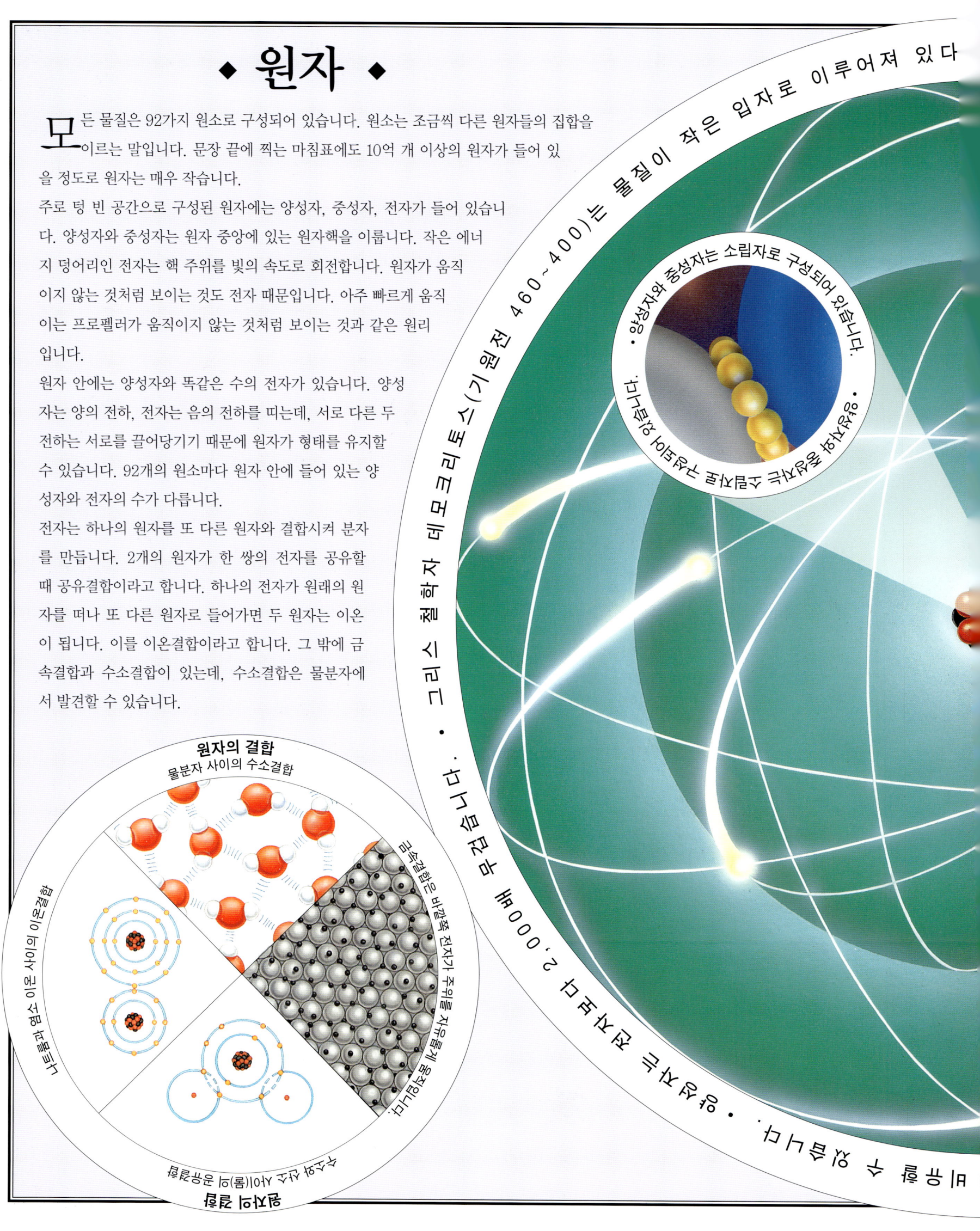

원자의 결합
물분자 사이의 수소결합

◆ 소립자 ◆

"**나**는 지금 누군가가 잔뜩 잡아 늘였다가 놓아버린 고무줄 같습니다. 나는 다시 원래의 모습으로 돌아갑니다.

내 주위의 모든 것들이 아주 빠른 속도로 움직이고 있습니다. 크고 흐릿한 물체가 나타나더니 내가 미처 초점을 맞춰 바라보기도 전에 사라져 버렸습니다. 그런 물체들이 수백 개쯤 반짝하고 나타났다가 순식간에 사라집니다. 하지만 누가 알겠습니까? 어쩌면 그것은 수백 개가 아니라 하나였을지도 모릅니다. 하나가 미친 듯이 뱅뱅 도는 것이었을지도 모릅니다. 여기도 나를 잡아당기는 힘이 엄청나게 셉니다. 내가 조금 앞으로 나아가려 할 때마다 고무줄 같은 것이 나를 당깁니다. 내가 여기서 빠져나갈 수 있을지 모르겠습니다."

▶ 원자의 중심에 자리 잡은 양성자(그림에 빨간색으로 그려진 것)와 중성자(그림에 검은색으로 그려진 것)에는 쿼크(그림에 파란색과 하얀색으로 그려진 것)와 글루온(그림에 노란색으로 그려진 것)이 들어 있습니다.

· 쿼크라는 이름은 미국의 200가지 이상의 소립자가 발견되었습니다.

· 소립자는 원자의 가장 기본이 되는 입자입니다.

· 크기는 원자의 가장 기본이 되는 입자보다 1,000,000,000,000,000배 작습니다.

핵융합

1. 두 개의 수소핵이 충돌합니다.
2. 수소핵이 결합하여 헬륨 원자가 됩니다.
3. 충돌시에 빠져나오면서 엄청난 에너지가 나옵니다.

· 태양이 에너지를 만들어내는 방식과 아주 비슷합니다.

◆ 소립자 ◆

원자는 물질의 가장 작은 단위입니다. 그러나 원자 안에는 원자보다 더 작은 소립자가 있습니다. 소립자들은 대부분 원자 중심에 있는 작은 핵을 구성하고 있습니다 (전자는 예외입니다. 원자 참고). 양전하를 띤 소립자인 양성자와 전하를 띠지 않는 소립자인 중성자는 원자핵 내부의 공간을 차지하려고 서로 경쟁합니다. 아주 강력한 힘이 이 두 종류의 소립자를 한데 묶어 줍니다. 이는 '강한 핵력' 이라 불리고 원자핵 내부의 아주 짧은 거리에서 작용합니다. 놀랍게도 양성자와 중성자는 쿼크라 불리는 더 작은 소립자로 구성됩니다. 양성자와 중성자에는 각각 3개의 쿼크가 들어 있는데, 3개의 쿼크는 서로 영향력이 다른 2가지 쿼크(업 쿼크, 다운 쿼크)로 나누어집니다. 중성자는 하나의 업 쿼크와 2개의 다운 쿼크로 이루어져 있고 양성자는 2개의 업 쿼크와 하나의 다운 쿼크로 이루어져 있습니다. 쿼크 중 하나를 교환함으로써 양성자는 중성자로, 중성자는 양성자로 바뀝니다.

원자핵의 강한 핵력은 글루온이라는 또 다른 소립자에 의해 전달됩니다. 글루온은 쿼크들 사이에 존재합니다. 핵에너지(원자력)는 원자핵이 쪼개질 때에도 발생합니다. 이 과정은 핵분열이라 부르는 데, 원자력 발전소에서 이용됩니다.

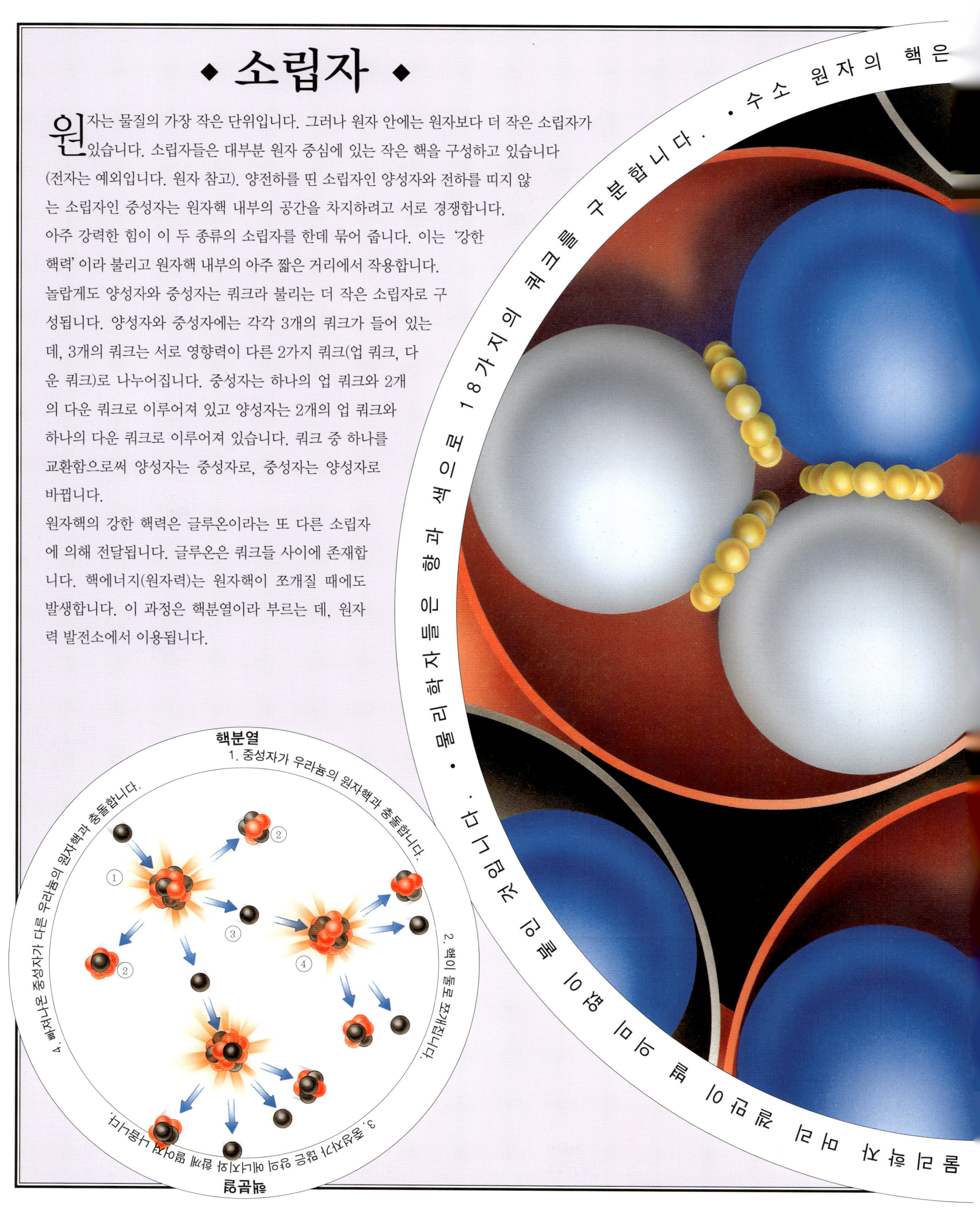

핵분열
1. 중성자가 우라늄의 원자핵과 충돌합니다.
2. 핵이 둘로 쪼개집니다.
3. 충돌자기 받은 우라늄의 원자핵과 충돌합니다.
4. 빠져나온 중성자가 다른 우라늄의 원자핵과 충돌합니다.

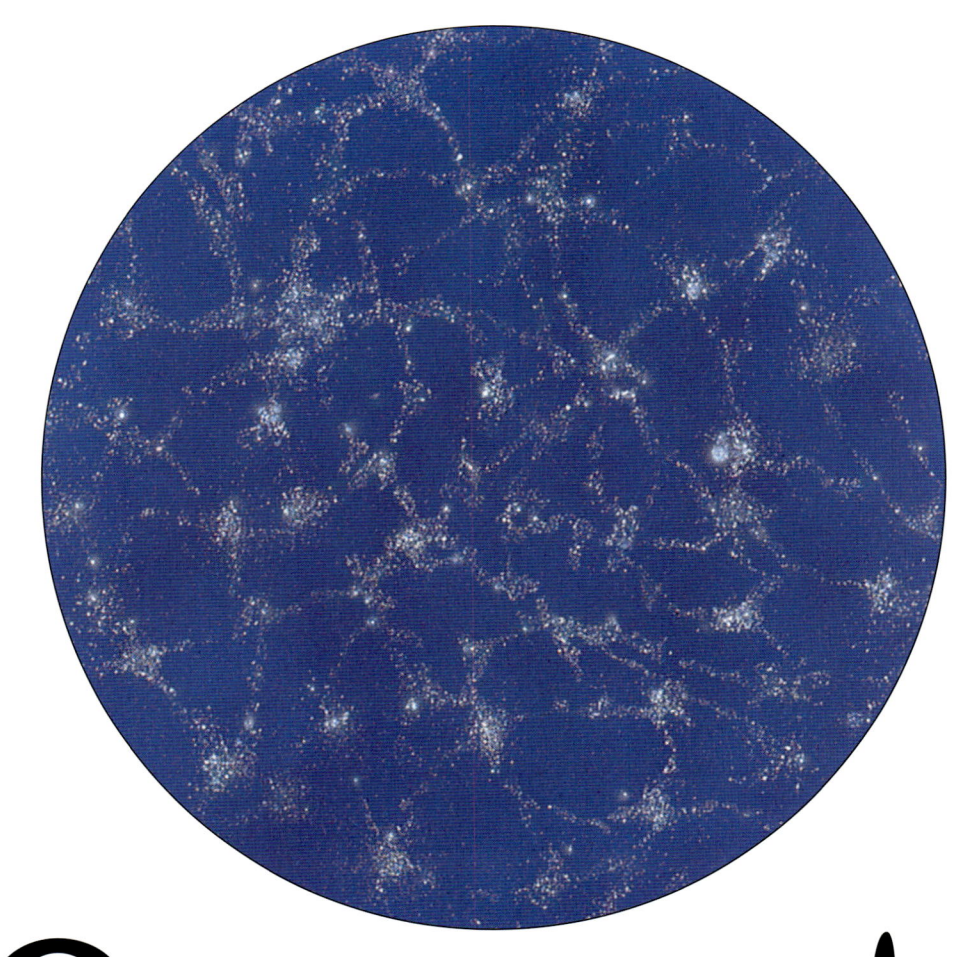

우주의 탄생

중학교 과학